Beltz Taschenbuch 883

STEP stammt aus den USA und ist dort führend unter mittlerweile mehr als 500 Elternbildungsprogramme. Die Kursreihe basiert auf dem STEP Modell der Familientherapeuten Don Dinkmeyer Sr. Ph.D., Gary D. McKay Ph.D. und Don Dinkmeyer Jr. Ph. D. und auf den Forschungsergebnissen der Individualpsychologen Alfred Adler und Rudolf Dreikurs.

Das Konzept:

- ☞ Die Teenagerjahre als Entwicklungsphase verstehen, die neue Elternrolle annehmen: STEP vermittelt Informationen über diese Phase der Veränderung, u.a. über den Einfluss von Medien, von Gleichaltrigen, Sexualität und Drogenkonsum. STEP hilft uns, über unsere Rolle als Erziehende nachzudenken. Wir lernen, loszulassen und gleichzeitig Orientierung zu geben, Freiräume und Rechte mit Verantwortung und Pflichten zu verknüpfen.
- ☞ Neue Perspektiven erkennen: STEP hilft uns, sowohl das Verhalten unserer Teenager zu verstehen und bewusst anders als erwartet zu reagieren, als auch unsere Haltung zu überdenken und eventuell zu ändern. Wir schaffen die Voraussetzungen für Beziehungen, die auf gegenseitigem Respekt und Wertschätzung basieren.
- ☞ Respektvolle Kommunikation praktizieren: STEP hilft uns, durch »aktives Zuhören« und »Ich-Aussagen« so mit unserem Teenager zu sprechen, dass er sich verstanden fühlt und uns zuhört.
- ☞ Ermutigen: STEP hilft uns, durch Ermutigung das Selbstbewusstsein und Selbstwertgefühl unseres Teenagers zu fördern.
- ☞ Kooperation fördern: STEP hilft uns, unseren Teenager dazu anzuleiten, Verantwortung für seine eigenen Probleme zu übernehmen bzw. mit anderen zu kooperieren, um Probleme zu lösen.
- ☞ Disziplin sinnvoll ausüben: STEP hilft uns, die Selbstdisziplin unseres Teenagers zu fördern, indem wir ihm ermöglichen, Entscheidungen innerhalb angemessener Grenzen zu treffen und aus den Konsequenzen seiner Entscheidungen zu lernen.
- ☞ Den Mut entwickeln, nicht perfekt zu sein: STEP hilft uns, Fehler als Erfahrungswert zu verbuchen und mutig nach vorne zu blicken.

Die Autoren:

Dr. Don Dinkmeyer, Sr., Autor innovativer und erfolgreicher Trainingsprogramme für Eltern, hat mehr als 20 Bücher und über 100 Zeitschriftenartikel veröffentlicht.

Dr. Gary McKay und *Joyce L. McKay* sind approbierte Psychologen und Mitglieder der amerikanischen Gesellschaft für Ehe- und Familienberatung. Zahlreiche Veröffentlichungen auf dem Gebiet der Erziehungsberatung.

Dr. Don Dinkmeyer Jr., Professor an der Western Kentucky University, ehemals Präsident der Nordamerikanischen Gesellschaft für Adlerianische Psychologie, Autor zahlreicher Bücher auf dem Gebiet der Beratung und Therapie.

Die Herausgeberinnen:

Trudi Kühn hat nach ihrer pädagogisch-philologischen Hochschulausbildung an einem Gymnasium in Hamburg unterrichtet, viele Jahre in London gelebt und Fortbildungen, insbesondere in der Humanistischen Psychologie absolviert sowie als Trainerin für Verhandlungsführung gearbeitet. Sie hat zwei erwachsene Kinder und lebt mit ihrem Mann in Düsseldorf.

Roxana Petcov ist Sprachwissenschaftlerin und hat sich im individualpsychologischen Bereich fortbilden lassen. Sie hat die Fremdsprachenabteilung eines Erwachsenen-Weiterbildungsinstituts geleitet und im Qualitätsmanagement gearbeitet. Sie ließ sich bei Dr. Don Dinkmeyer Jr. in den USA zur STEP Kursleiterin ausbilden. Sie ist verheiratet, Mutter zweier erwachsener Kinder und lebt in Düsseldorf.

Don Dinkmeyer Sr. · Gary D. McKay ·
Joyce L. McKay · Don Dinkmeyer Jr.

STEP
Das Elternbuch
Leben mit Teenagern

**Herausgegeben von
Trudi Kühn und Roxana Petcov**

**Aus dem Amerikanischen von
Trudi Kühn und Roxana Petcov**

Mit Illustrationen von John Bush

Dieses Buch ist erhältlich als:
ISBN 978-3-407-22883-3 Print
ISBN 978-3-407-86966-1 E-Book (EPDF)

10. Auflage 2025

© 2005 Beltz Verlagsgruppe GmbH & Co. KG
Werderstr. 10, 69469 Weinheim
service@beltz.de
Alle Rechte vorbehalten

Titel der Originalausgabe: Parenting Teenagers, Systematic Training for Effective Parenting of Teens (STEP) by Don Dinkmeyer Sr., Gary D. McKay, Joyce L. McKay, Don Dinkmeyer Jr.
© 1998, AGS® American Guidance Service, Inc.
All rights reserved. English language edition published exclusively by AGS® American Guidance Service, Inc., 4201 Woodland Road, Circle Pines, Minnesota 55014-1796 USA

Umschlaggestaltung: Federico Luci, Odenthal unter Verwendung des Logos von InSTEP® Elterntraining GbR, Düsseldorf
Bildnachweis: © oneinchpunch – fotolia

Satz: WMTP, Birkenau
Druck und Bindung: Beltz Grafische Betriebe, Bad Langensalza
Beltz Grafische Betriebe ist ein Unternehmen mit finanziellem Klimabeitrag
(ID 15985-2104-1001)
Printed in Germany

Weitere Informationen zu unseren Autoren und Titeln finden sie unter: www.beltz.de

Inhalt

Zum Geleit

In allen westlichen Gesellschaften beginnt die Lebensphase »Jugend« heute sehr früh. Die Kindheit ist beendet, wenn die »Geschlechtsreife« einsetzt und sich das Mädchen zur jungen Frau und der Junge zum jungen Mann mausert. Der biologische und psychologische Umbruch, der mit der Pubertät einhergeht, scheint in seinen Strukturen und Formen genetisch ziemlich fest programmiert zu sein. Das gilt aber nicht für den Zeitpunkt. Er hat sich in den letzten beiden Jahrhunderten jeweils um zwei bis drei Jahre im Lebenslauf nach vorne verlagert. Wahrscheinlich sind hierfür die Ernährungsgewohnheiten und das gesamte Lebensumfeld moderner Gesellschaften verantwortlich. Jedenfalls hat eine Vorverlagerung und Beschleunigung der Pubertät von 1800 bis heute um wahrscheinlich fünf bis sechs Jahre stattgefunden.

Viele Eltern sind durch diesen sehr frühen Eintritt der Pubertät und damit der »Teenagerzeit« überrascht. Es ist ja nicht nur die körperliche und psychische Veränderung des eigenen Kindes, die sie staunend und irritiert zur Kenntnis nehmen müssen. Es ist auch die Beziehung zum eigenen Kinde, die sich von heute auf morgen in ihrer Form verändert. Mit der Teenagerzeit verbunden ist die gleich nach der Geschlechtsreife einsetzende psychische und soziale Distanz, die Jugendliche gegenüber ihren Eltern aufbauen. Eine schmerzliche und mitunter bittere Erfahrung für Mütter und Väter, denn sie werden nun auf Abstand gehalten, kritisch beäugt und kommentiert und nicht selten auch in öffentlichen Situationen bloßgestellt.

Es gehört zur Teenagerzeit, sich von den Eltern abzunabeln und das auch nach außen zu demonstrieren. Das Jugendalter ist die Zeit im Leben, in der eine unverwechselbare eigene Persönlichkeit aufgebaut werden muss und in der hierfür eine breite Fülle von Entwicklungsaufgaben zu bewältigen ist. Eine dieser Entwicklungsaufgaben, die jeder junge Mann und jede junge Frau zu bewältigen hat, besteht darin, zu den eigenen Eltern ein neues, selbstständiges und ausgereiftes Verhältnis zu gewinnen und sich als Person ihnen gegenüber zu verselbstständigen.

Mit diesen Ablösungs- und Verselbstständigungsbemühungen des eigenen Kindes können Eltern nur dann angemessen umgehen, wenn sie die Zeit nicht zurückdrehen möchten. Mit der Pubertät des eigenen Kindes beginnt nicht nur ein neuer Abschnitt im Leben des Jugendlichen, sondern auch im Leben des Erwachsenen, des Erziehenden. Diese Lektion müssen Eltern lernen, so schwer sie ihnen auch manchmal fällt. Mit dem Eintritt ihres Kindes in das Teenageralter stehen Mütter und Väter vor einer neuen Entwicklungsaufgabe für sie selbst und für ihr Kind – eine echte Herausforderung. Sie müssen sich an völlig veränderte Bedingungen anpassen und eine neue angemessene Haltung ihrem Kind gegenüber einnehmen.

Das vorliegende Elternbuch setzt sich mit allen Aspekten des Teenagerseins auseinander und macht Vorschläge, wie Mütter und Väter auf diese neue Lebensphase ihrer Kinder am besten eingehen können. Wahrscheinlich ist es gegenüber der vorigen Generation von Eltern heute schwieriger geworden, mit dem jugendlichen Kind umzugehen. Umso wichtiger ist es, keine Scheu vor Hilfen und Unterstützungen zu zeigen und sich unbefangen Rat zu holen. Die langjährigen Erfahrungen amerikanischer STEP Elterntrainer und -trainerinnen kommen hier gerade recht. Trudi Kühn und Roxana Petcov haben nun auch das dritte Elternbuch, das sich mit der Gruppe der Teenager beschäftigt, ins Deutsche übertragen und schließen damit eine Lücke in der Informations- und Ratgeberliteratur für Eltern.

Schon die beiden ersten Bände, die sich auf die 0- bis 6-jährigen und die 6- bis 12-jährigen Kinder beziehen, haben in Deutschland eine überwältigende Resonanz gefunden. Ich bin sicher, dass auch der neue Band wieder auf großen Bedarf treffen wird. Das **STEP** Konzept mit seinen inzwischen auch in Deutschland sehr stark verbreiteten Elternkursen findet besonders große Resonanz bei Eltern, weil es nicht auf ein billiges Einüben von Erziehungstechniken ausgerichtet ist, sondern an einer Entwicklung von gegenseitigen Beziehungen zwischen Eltern und ihren jugendlichen Kindern orientiert ist und das Ziel hat, das Leben miteinander anregend und bereichernd zu gestalten. Diese Grundhaltung und pädagogische Idee durchzieht auch das vorliegende Buch, das von vielen Eltern schon dringlich erwartet worden ist.

Klaus Hurrelmann,
Professor an der Universität Bielefeld

Vorwort der Herausgeberinnen

Alle Eltern wollen das Beste für ihre Kinder – natürlich auch für ihre Teenager. Alle Eltern möchten gesunde, selbstbewusste, einfühlsame, kooperative, glückliche, konflikt- und beziehungsfähige Kinder erziehen, die als Erwachsene im Einklang mit sich selbst sind und mit beiden Beinen im Leben stehen.

Während unsere Kinder – insbesondere unsere Teenager – heranwachsen, stellen wir fest, dass wir zwar noch immer unser **Erziehungsziel** haben, wir jedoch im hektischen, oft stressigen Alltag zuweilen nicht wissen, wie wir »das Beste« erreichen – wir wissen nicht, wie wir tagtäglich am Ball bleiben können. Wie schaffen wir es, unser Erziehungsziel im Laufe der Zeit nicht aus den Augen zu verlieren?

Die »Teenagerjahre« verlangen von uns Eltern, scheinbare Widersprüche zu vereinigen: Wir müssen mit **Flexibilität** auf die vielen Veränderungen reagieren, wir müssen loslassen, immer mehr Freiräume gewähren, damit der Jugendliche aus seinen Entscheidungen lernen und Verantwortungsbewusstsein zeigen kann. Gleichzeitig ist es wichtig, noch immer **Vorbild** zu sein, **Orientierung** zu geben und klar nachvollziehbare Grenzen zu setzen. Wir bleiben auf dem Weg zu unserem Ziel, indem wir mit unserem Teenager im Gespräch bleiben. Auch dadurch zeigen wir ihm unseren Respekt, unsere Anerkennung und unsere Liebe.

STEP Das Elternbuch, Leben mit Teenagern hilft uns Eltern, den erzieherischen Herausforderungen während der Teenagerjahre gerecht zu werden und nachhaltig eine bessere Beziehung zu unserem Teenager aufzubauen – sowohl bei normalen Alltagsschwierigkeiten als auch bei größeren Erziehungsproblemen. Die Bandbreite der Herausforderungen, denen wir uns als Eltern gegenübersehen, reicht von verbalen Entgleisungen, Überempfindlichkeit, Launenhaftigkeit und Respektlosigkeit unseres Teenagers bis hin zu aggressivem Verhalten zu Hause und in der Schule und zu Drogenmissbrauch.

STEP gibt uns Eltern Hilfe zur Selbsthilfe, damit wir durch das Auf und Ab, das der Abnabelungs- und Reifungsprozess der Jugendlichen mit sich bringt, und trotz aller Anfechtungen im Alltag am Ball bleiben. Mit STEP können wir lernen, Entwicklungen und Erfahrungen als fruchtbaren Lernprozess für beide – Eltern und Teenager – wahrzunehmen. Die Haltung, die dem vorliegenden Elternbuch zugrunde liegt, ist lebensbejahend und wertschätzend und hilft uns Eltern, auch in Krisenzeiten das Verhalten unseres Teenagers getrennt von seiner Person zu sehen – »die Tat vom Täter zu trennen«.

- STEP vermittelt uns Eltern wichtige **Informationen** über diese Entwicklungsphase als einer Zeit der Veränderung u.a. über den Einfluss von Technologie und Medien, Druck von Gleichaltrigen, Drogenkonsum und Sex.

- STEP hilft uns Eltern über unsere Rolle als Erziehende in dieser Phase **nachzudenken (Selbstreflexion)**: Wo gilt es loszulassen und wo gilt es, richtungsweisend einzugreifen und Orientierung zu geben? Mit STEP erkennen wir, wo wir ganz individuell – entsprechend unserer eigenen Wertvorstellungen und Überzeugungen und unter Einbeziehung der Individualität unseres Teenagers – Freiräume gewähren und Grenzen setzen möchten. Auf diese Weise kann der Jugendliche sich des Zusammenhangs zwischen Rechten und Pflichten bzw. Freiräumen und Grenzen bewusst werden und aus den Konsequenzen seiner Entscheidungen und seines Verhaltens lernen.

- Mit STEP lernen wir Eltern auf systematische Weise hilfreiche **Fertigkeiten** für den täglichen Umgang mit Heranwachsenden. Wir geben unserem Teenager dadurch die Chance, ermutigt und gesund, voller Selbstvertrauen, kooperativ und konfliktfähig, kurz: sozial

11

kompetent heranzuwachsen und so ein verantwortungsvoller Erwachsener zu werden.

- Indem wir Eltern mit STEP unsere **Haltung** überdenken und möglicherweise ändern und Geduld, Ausdauer
  und Beharrlichkeit im Umgang und in der Beziehung
  mit unserem Teenager üben, können wir beispielhaft
  und nachhaltig die Voraussetzung schaffen für tragfähige, freudvolle Beziehungen im Leben unseres Teenagers.

Mit STEP können wir als Eltern lernen, unser Erziehungsziel auch während der auf- und anregenden Teenagerjahre
im Auge zu behalten und mit Herz und Verstand zu erziehen.

Wir, die **Herausgeberinnen des STEP Programms** im
deutschsprachigen Raum – Trudi Kühn und Roxana Petcov –, freuen uns, mit STEP Das Elternbuch, Leben mit
Teenagern, das dritte STEP Elternbuch anbieten zu können.

Im vorliegenden Elternbuch wird STEP speziell als Erzie-
hungskonzept für die Altersgruppe der Teenager vorgestellt. Das Buch ist sowohl zum Selbststudium als auch
als Trainingsmaterial für STEP Elternkurse geeignet. Für
ein optimales Ergebnis, d.h. eine in relativ kurzer Zeit er-
kennbare Änderung des Verhaltens unser Kinder, eine Verbesserung der Beziehungen und dadurch eine stressfreiere
Atmosphäre in der Familie, empfiehlt es sich, an einem
STEP Elternkurs teilzunehmen. In den letzten Jahren wird
das Angebot der STEP Kurse von immer mehr Eltern begeistert angenommen.

Bei der Selbstreflexion in den STEP Kursen überdenken
die Eltern ihre Einstellung den Kindern gegenüber. Sie lernen, ihren Teenager und sein Verhalten aus einem neuen
Blickwinkel zu betrachten. Die praktischen themenspezi-
fischen Übungen und der Erfahrungsaustausch mit anderen Eltern unter Anleitung eines/r **zertifizierten STEP
Kursleiters/in** verschaffen den Eltern die notwendige Praxis und das Vertrauen in ihre eigene Fähigkeit, die STEP

Prinzipien und Fertigkeiten in den entscheidenden Situationen zu Hause authentisch umzusetzen.

In den STEP Elternkursen wird mit dem STEP Elternbuch, den STEP Trainervideos, anschaulichem visuellem Material, Fallbeispielen und Rollenspielen gearbeitet, die speziell für den Kurs entwickelt wurden. Die Kurse laufen in der Regel jeweils 10 Wochen, wöchentlich jeweils 2–$2\frac{1}{2}$ Stunden. Sie sind sowohl für Ehepaare, Alleinerziehende, Adoptiv- und Pflegeeltern sowie für Patchworkfamilien geeignet als auch für alle Menschen, die sich beruflich mit Teenagern beschäftigen.

Die Wirksamkeit eines STEP Elterntrainings – hinsichtlich der **Verbesserung der Erziehungskompetenz und der Stärkung der Verantwortungsbereitschaft der Eltern** – wurde in den USA in über 60 wissenschaftlichen Studien untersucht und erwiesen.

Für Deutschland fördert das **Bundesministerium für Bildung und Forschung** die Evaluation von STEP Elterntraining im Rahmen der Präventionsforschung. **Professor Dr. Klaus Hurrelmann** von der Fakultät für Gesundheitswissenschaften an der Universität Bielefeld führt die Evaluation durch.

Zusätzliche und jeweils **neueste Informationen** über STEP Elternkurse, aber auch über STEP Kursleiterseminare erhalten Sie auf den folgenden Websites: Bundesrepublik Deutschland: **www.instep-online.de**, Österreich: **www.instep-online.at**, Schweiz: **www.instep-online.ch**.

Dort haben Sie die Möglichkeit, sich über Kursleiter/innen in Ihrer Gegend zu informieren und sich zu einem STEP Elternkurs oder auch zu einem STEP Kursleiterseminar – wenn Sie entsprechende berufliche Voraussetzungen mitbringen – anzumelden. Nur die auf o.g. Websites mit ihrem Profil und ihren Kursterminen vertretenen Multiplikatoren/innen sind **zertifizierte STEP Kursleiter/innen** und unterliegen den **Qualitätsanforderungen des InSTEP Trainernetzwerks**.

Wir danken Herrn Professor Klaus Hurrelmann insbesondere für das Vorwort zum vorliegenden Elternbuch,

13

aber auch für seine fachliche Beratung und Unterstützung bei der Adaptionsarbeit.

Der STEP Kursleiterin Frau G. Herrmann gilt unser Dank für das Einbringen ihrer professionellen Erfahrungswerte als Psychotherapeutin für Kinder und Jugendliche. Des Weiteren möchten wir der STEP Kursleiterin Frau E. Erfmann-Heinrich für ihr engagiertes Feedback danken. Herzlichen Dank an Frau A. Stauten-Eberhardt, STEP Kursleiterin und Medienreferentin, für ihre Unterstützung beim Thema »Umgang mit Medien«.

Die ermutigende Begleitung und kompetente Beratung, die wir durch Frau Anne Ehrensberger und Herrn Peter Haslebacher erfahren durften, soll an dieser Stelle besonders dankbare Anerkennung finden.

Nicht zuletzt gebührt ein besonderes Dankeschön unseren überaus verständnisvollen und hilfsbereiten Familien und Freunden – insbesondere sei hier Frau Ulla Fischer genannt –, ohne deren tatkräftige Unterstützung dieses dritte STEP Elternbuch nur ein Jahr nach den ersten beiden Büchern nicht hätte erscheinen können.

Kommentare von Teilnehmer/innen am STEP Elternkurs »Leben mit Teenagern«:

»Der STEP Kurs ›Leben mit Teenagern‹ hat mir geholfen, ein klareres Bild sowohl meiner Verantwortungsbereiche als auch der meiner Kinder zu entwickeln. Dadurch kann ich jetzt mit gutem Gefühl Verantwortung altersgerecht nach und nach an meine Kinder übergeben. Wir haben alle gelernt, mit den sich ergebenden Konsequenzen zu leben. Mir persönlich, aber auch meinem Mann und unseren Kindern gibt dieses ›Loslassen können‹ ein hohes Maß an Zufriedenheit zurück.«

Petra Zacharias, zwei Kinder, Düsseldorf

»Mit Teenagern zu leben, ihnen Halt zu geben, sie aber auch loszulassen, empfinde ich als eine ganz besondere Herausforderung. Durch STEP fühle ich mich für all die täglichen Anforderungen viel besser gewappnet. Ich fühle mich gelassener, sicherer und bin besser in der Lage, das zuweilen wundersame Verhalten meiner pubertierenden Kinder zu verstehen und konsequent darauf zu reagieren. STEP bringt Ruhe in unruhige Zeiten. Und STEP ist wunderbar alltagstauglich!«

Bettina Leyer-Pritzkow, drei Kinder, Düsseldorf

»Durch das STEP Elterntraining haben wir gelernt, unseren Alltag harmonischer zu gestalten und aus dem Kreislauf – sich provozieren lassen, aus der Haut fahren, rumbrüllen oder Strafen verteilen – auszubrechen. STEP ist einerseits leicht umzusetzen, andererseits aber verblüffend effektiv. Gegenseitiger Respekt spielt dabei eine entscheidende Rolle. Wir haben erfahren, dass Kommunikation viel wirkungsvoller ist als einseitige Elternmonologe und dass die Jugendlichen im Endeffekt zufriedener sind, wenn ihnen konsequent Grenzen gesetzt werden. Die Anwendung von STEP hat letztendlich bewirkt, dass wir wieder viel mehr gemeinsam mit unseren Teenagern lachen.«

»Was mich angeht, fühle ich mich viel mehr an der Erziehung beteiligt. Meine Einstellung gegenüber ›Fehlverhalten‹ hat sich zum Positiven verändert. Woran ich noch arbeiten möchte ist, unsere Jugendlichen mehr als bisher zu ermutigen. Im Alltag achte ich weiter darauf, dass sie Verantwortungsbewusstsein und Eigenverantwortung entwickeln, indem sie die möglichen Konsequenzen ihres Verhaltens selber tragen. Außerdem ist mir wichtig, mit ihnen zusammen alternative Problemlösungsstrategien zu entwickeln.«

Barbara und Anders Lie, drei Kinder, Düsseldorf

Für Fragen und Kommentare steht Ihnen unsere Email-adresse **mail@instep-online.de** zur Verfügung.

Trudi Kühn, Roxana Petcov
Düsseldorf, im November 2014

Vorwort der Autoren

Eltern eines Teenagers zu sein ist lohnenswert, aufregend und eine Herausforderung.

Möglicherweise empfinden wir als Eltern eine gewisse Trauer, wenn wir spüren, dass unsere Tochter oder unser Sohn aus dem Kindesalter herauswächst. Vielleicht machen wir uns auch Sorgen wegen Sex, Drogen, Gewalt, Essstörungen, Schulnoten oder Freunden. Manchmal geraten wir in Panik, wenn wir der veränderten Wertvorstellungen und Überzeugungen unseres Teenagers gewahr werden. Zu einem anderen Zeitpunkt wiederum freuen wir uns zu sehen, wie unser Teenager wächst und gedeiht. Viele Eltern sind sehr glücklich, die neue Person »kennenzulernen«, die ihren allmählich reifer werdenden Teenager ausmacht.

Es gibt Zeiten, in denen wir glauben, dass wir bei unserer erzieherischen Aufgabe versagt haben. Viele von uns sind zudem überzeugt, dass wir unseren Teenager – eben weil er praktisch ein Erwachsener ist – nicht beeinflussen oder die Beziehungen in der Familie nicht verbessern können.

Wir, die Autoren des STEP Programms, glauben, dass der Lohn, den die Erziehung unseres Teenagers mit sich bringt, die Herausforderungen bei weitem überwiegt. Mit erzieherischen Fertigkeiten und Verständnis können wir unseren Teenager dahin führen, verantwortungsbewusst, kooperativ und gleichzeitig selbstständig zu sein. Indem wir ihm in dieser Entwicklungsphase Liebe und Orientierung geben, bauen wir eine starke, erfüllende, positive Beziehung zu unserem Teenager auf. Auch Eltern, die sich mit ernsthaften Problemen mit ihrem Teenager konfrontiert sehen, können mit STEP wirksamere Wege finden, um mit ihrem Teenager zurechtzukommen und ihm zu helfen.

STEP Das Elternbuch, »Leben mit Teenagern« bietet uns als Eltern praktische Möglichkeiten, genau das zu tun. Die Anwendung der STEP Prinzipien und Fertigkeiten im Alltag hilft uns, unsere Beziehung zu unserem Teenager zu verbessern. STEP unterstützt uns dabei, die besten Eltern zu sein, die wir sein können.

Wenn Sie STEP im Selbststudium erarbeiten möchten, schlagen wir Ihnen vor, Ihr Tempo so zu bestimmen, dass Sie sich je eine Woche mit einem Kapitel beschäftigen. Lesen Sie jedes Kapitel in der vorliegenden Reihenfolge. Während der jeweils folgenden Woche arbeiten Sie sich durch die empfohlenen Aktivitäten und Tabellen. Nehmen Sie sich die Zeit, besonders die Aktivitäten durchzuführen, die folgende Überschriften tragen: »Aufgabe der Woche«, »Nur für Sie« und »Für Ihre Familie«. Wenn Sie bereit sind, sich mit Selbstdisziplin an diese Vorgehensweise zu halten, wird Ihnen dieses Buch helfen, Ihre nächsten Schritte als Eltern zu gehen.

Natürlich ist der Besuch eines STEP Elternkurses die beste Möglichkeit für Eltern, ihre neuerworbenen Erziehungsfertigkeiten auch nachhaltig erfolgreich im Alltag umzusetzen.

DR. DON DINKMEYER SR., Autor innovativer und erfolgreicher Trainingsprogramme für Eltern, Lehrer und Erzieher, hat mehr als 20 Bücher und über 100 Zeitschriftenartikel veröffentlicht. Präsident des Kommunikations- und Motivationstrainingsinstituts in Coral Springs, Florida.

DR. GARY MCKAY und JOYCE L. MCKAY sind approbierte Psychologen und Mitglieder der amerikanischen Gesellschaft für Ehe- und Familienberatung. Zahlreiche Veröffentlichungen auf dem Gebiet der Erziehungsberatung.

DR. DON DINKMEYER JR., Professor an der Western Kentucky University, ehemals Präsident der Nordamerikanischen Gesellschaft für Adlerianische Psychologie, Autor zahlreicher Bücher auf dem Gebiet der Beratung und Therapie.

1 Wir verstehen uns und unseren Teenager

In diesem Kapitel befassen wir uns mit folgenden Themen:

☞ Wir stehen der erzieherischen Herausforderung gegenüber, unserem Teenager zu helfen, selbstbewusst, verantwortungsvoll und unabhängig zu sein.

☞ Wir helfen unserem Teenager, indem wir alles tun, um unsere Beziehung zueinander zu verbessern.

☞ Respekt ist die Basis einer positiven Beziehung.

☞ Das Verhalten unseres Teenagers ist zielgerichtet.

BEISPIEL

Frau T. kommt an einem Freitagabend von der Arbeit nach Hause. Der 15-jährige Daniel begrüßt seine Mutter an der Tür. Er sagt zu ihr: »Heute Abend nach dem Fußballspiel gehe ich zu Paul zu einer Party.« Frau T. setzt ihre Einkaufstaschen ab und fragt: »Wer ist Paul?« Daniel seufzt ungeduldig: »Ein Typ aus der Schule – er ist jünger als ich. Vor dem Spiel esse ich bei Michael. Du musst mich hinfahren.«

»Moment mal«, sagt Frau T. »Ich komme gerade nach Hause. Wir müssen darüber sprechen.« Daniel ist wütend und wird laut: »Mama, ich muss jetzt gehen. Ich habe Michael versprochen, um sechs Uhr dort zu sein. Wenn wir zum Spiel zu spät kommen, ist es meine Schuld.« Frau T. versucht ruhig zu bleiben. »Weiß Michaels Mutter, dass du zum Abendessen zu ihnen kommst? Wie kommt ihr zum Fußballplatz?« Daniel rollt mit den Augen und erwidert gereizt: »Wir nehmen den Bus. Nach dem Spiel fahre ich zusammen mit Paul zu ihm nach Hause.« »Werden die Eltern von Paul zu Hause sein?«, möchte Frau T. wissen. »Mama«, sagt Daniel, »Es ist die Wohnung seines Vaters – und der wird zu Hause sein!«

Frau T. stellt fest: »Ich glaube, ich rufe mal besser Pauls Vater wegen dieser Sache an.« »Mama!«, schreit Daniel wütend, »Ich hab dir doch gesagt, dass er zu Hause sein wird! Wenn du anrufst, ist das *wahnsinnig* peinlich für mich! Warum glaubst du mir nicht?« Frau T. beginnt zu antworten: »Natürlich glaube ich dir, Daniel. Es ist nur ...« Daniel unterbricht sie unwirsch: »Kannst du mich zu Michael fahren oder nicht?« Frau T. meint weiter: »Daniel, ich muss mehr darüber wissen, was du vorhast.« Daniel schreit: »Warum bist du so komisch? Keiner von den anderen Eltern macht so ein Getue wegen eines Fußballspiels und einer Party!« Er rennt in sein Zimmer und knallt die Tür hinter sich zu. Frau T. schließt ihre Augen und seufzt. Sie fragt sich: »Wo ist der Junge geblieben, der immer so zuvorkommend und fröhlich war?«

Als Eltern von Teenagern wissen wir wahrscheinlich alle, wie sich Frau T. fühlt. Das Kind, das einst so einsichtig war, rebelliert jetzt, hat sich einen rauen Umgangston zugelegt und ist forsch und respektlos. Unser Kind, das einst gerne mit der Familie zusammen war, hat jetzt nur noch Zeit für seine Freunde. Wir fragen uns vielleicht: »Weshalb passiert das? Wie können wir unseren Teenager dazu bringen, uns zu respektieren und zu kooperieren? Ist es zu spät?«

Sie können Ihr Kind nicht *zwingen*, sich zu ändern.
Sie *können* jedoch Ihre Beziehung zu Ihrem Kind ändern.

Es ist nicht zu spät

Unser Teenager ist kein Kind mehr – und noch kein Erwachsener. Keiner von uns kann die Zeit zurückdrehen. Ist es zu spät, unserem Teenager zu helfen, mehr Selbstvertrauen und Verantwortungsbewusstsein zu entwickeln und sich kooperativ zu verhalten? Nein.

Viele Eltern möchten eine schnelle Lösung finden für die Probleme, die sie mit ihren Kindern haben. Im Grunde genommen ist es unmöglich, unseren Teenager »in Ordnung zu bringen«. Wir können ihn nicht dazu *zwingen*, etwas Bestimmtes zu tun. Wir *können* jedoch an unserer Beziehung zu unserem Teenager arbeiten. Wir können damit beginnen, eine positive Atmosphäre zu schaffen, in der wir gemeinsam Probleme lösen. Wir können die Art ändern, wie wir mit unserem Teenager kommunizieren. Sobald wir beginnen, unsere Einstellung und unseren Umgang miteinander zu ändern, wird sich sehr wahrscheinlich auch die Beziehung zu unserem Teenager verändern.

Es ist nicht zu spät. Aber die Veränderung muss *von uns* ausgehen. *Die einzige Person, die wir ändern können, sind wir selbst.*

Erzieherische Fähigkeiten sind erlernbar

Um Eltern zu sein, brauchen wir bestimmte Fertigkeiten, die wir erlernen und üben können. Dadurch verbessern wir unsere erzieherischen Fähigkeiten. Wir lernen

✓ unseren Teenager – und uns selbst – mit Respekt zu behandeln;

✓ die Ziele des Fehlverhaltens zu verstehen und unsere Reaktion zu ändern;

✓ wie wir unseren Teenager ermutigen können;

✓ auf die Gefühle unseres Teenagers zu achten;

✓ unseren eigenen Gefühlen Ausdruck zu verleihen, damit unser Teenager eher bereit ist, uns zuzuhören;

✓ unseren Teenager zu ermuntern, Entscheidungen zu treffen und aus ihnen zu lernen;

✓ auf positive und effektive Art und Weise Disziplin auszuüben.

Das STEP Elternbuch, »Leben mit Teenagern« kann uns helfen, unseren erzieherischen Herausforderungen gerecht zu werden. Es kann uns helfen, Wege zu beschreiten, die zu einer besseren Beziehung mit unserem Teenager führen. *Wir gehen einen Schritt nach dem anderen.* Wir üben, was wir gelernt haben. Wenn wir das regelmäßig tun, werden unsere Fertigkeiten und unser Vertrauen in uns selbst wachsen.

Die erzieherische Herausforderung für uns Eltern

Während wir an unseren Fertigkeiten arbeiten, behalten wir die Ziele unserer Erziehung im Auge. Wir wollen

✓ unseren Teenager ermutigen, gesund, voller Selbstvertrauen und kooperativ zu sein;

✓ eine tragfähige, erfüllende Beziehung zu unserem Teenager aufbauen;

✓ unserem Teenager helfen, ein verantwortungsbewusster Erwachsener zu werden.

DIE DREI ERZIEHUNGSSTILE

1. **Befehle erteilen**
   Bei diesem Erziehungsstil setzen die Eltern viele Grenzen. Sie versuchen ihren Teenager zu kontrollieren. Sie geben dem Teenager wenig oder gar keine Freiheit.

2. **Zu oft gewähren lassen oder nachgeben**
   Bei diesem Erziehungsstil geben die Eltern dem Teenager viel Freiraum, setzen jedoch wenige oder keine berechenbaren und zuverlässigen Grenzen.

3. **Entscheidungsmöglichkeiten anbieten**
   Bei diesem Erziehungsstil finden die Eltern ein Gleichgewicht zwischen Freiräume gewähren und Grenzen setzen. Sie zeigen – und erwarten – Respekt.

Welcher Erziehungsstil wird uns helfen, unser Ziel zu erreichen?

Die Art, wie wir mit unserem Teenager umgehen, bezeichnen wir als *Erziehungsstil*.

Es gibt viele Erziehungsstile. Die drei häufigsten sind *Befehle erteilen, zu oft gewähren lassen bzw. nachgeben und Entscheidungsmöglichkeiten anbieten*.

Es gibt nur wenige Menschen, die ausschließlich einem Stil folgen. Aber jeder von uns bevorzugt einen der drei Erziehungsstile. Während wir lesen, denken wir über unseren eigenen Erziehungsstil nach. Wir fragen uns:

- Inwiefern wird mein Erziehungsstil mir helfen, den Herausforderungen der Kindererziehung gerecht zu werden?

- Was kann ich ändern, um mir und meinem Teenager zu helfen?

Befehle erteilen

Einige Eltern glauben, dass sie einen Teenager zwingen können zu gehorchen. Sie glauben, dass sich das Familienleben verbessern wird, wenn sie »hart bleiben« und darauf bestehen, dass der Teenager ihre Anordnungen befolgt. Manchmal schreien oder schlagen Eltern. Diesen Erziehungsstil bezeichnet man oft auch als *autoritär*. Eltern, die diesen Erziehungsstil benutzen, neigen dazu, ihren Teenager zu kritisieren. Sie fordern und drohen. Sie verwenden Strafen oder Belohnungen, um zu kontrollieren. Sie erinnern ständig an vergessene Aufgaben und nörgeln. Sie machen Hausaufgaben – Schule insgesamt – zu ihrem Thema. Sie vertrauen ihrem Teenager nicht und bringen ihm keinen Respekt entgegen.

Was lernt der Teenager daraus?

Wenn Eltern Befehle erteilen, reagieren Teenager ganz unterschiedlich. Einige werden wütend und rebellieren in Bereichen und auf Gebieten, die wir nicht kontrollieren können – wie zum Beispiel: Freunde, Schule, Rauchen, Drogen oder Sex. Eltern und Teenager tragen dann einen Machtkampf miteinander aus. Möglicherweise »gewinnt« der eine oder der andere eine Zeit lang. Der Respekt geht jedoch verloren und die Beziehung leidet.

Manchmal sind Teenager, die autoritäre Eltern haben, sehr entmutigt. Diese Teenager glauben, dass ihre Eltern »Recht« haben und sie selbst deswegen im »Unrecht« sind. Sie möchten nicht kritisiert werden und versuchen deshalb alles zu tun, um ihre Eltern zufrieden zu stellen. Sie machen, was die Eltern wollen. An der Oberfläche mag diese Art des Familienlebens ideal aussehen. Schließlich benimmt sich der Teenager sehr gut! Die Eltern scheinen den Machtkampf gewonnen zu haben. Aber der Preis, der für den Sieg bezahlt wird, ist zu hoch. Der Teenager verliert den Respekt vor sich selbst und lernt nicht, für sich selbst zu denken.

✓ Der autoritäre Eriehungsstil hilft nicht, Vertrauen oder Respekt aufzubauen.

✓ Dieser Stil bietet weder Freiräume noch erlaubt er dem Teenager, Verantwortung zu übernehmen.

✓ Der Teenager lernt nicht, für sich selbst zu denken.

Eltern, die ihren Teenager zu oft gewähren lassen bzw. nachgeben, geben ihm die Erlaubnis, *Fehlverhalten zu zeigen*.

Nachgeben oder zu oft gewähren lassen

Einige Eltern glauben, es sei normal, dass Teenager rebellieren. Sie akzeptieren, dass es schwer ist, mit ihnen zu leben. Sie glauben, dass der beste Weg, mit einem Teenager umzugehen, darin besteht, ihm aus dem Weg zu gehen. Sie geben nach und erlauben ihrem Teenager zu tun, was er will. Sie lassen ihn immer gewähren.

Diese Form der nachgiebigen Erziehung, die keinerlei Grenzen setzt, bezeichnet man auch als *laissez faire* bzw. *antiautoritär*. Eltern, die diesen Erziehungsstil praktizieren, vermeiden Konflikte um jeden Preis. Sie fühlen sich machtlos, wenn es um Themen wie Drogenmissbrauch, Sexualität, Vandalismus und Respektlosigkeit gegenüber jeder Form von Autorität geht. Sie haben beschlossen, nicht verhindern zu können, wie sich ihr Teenager in diesen Dinge verhält.

Einige Eltern fühlen sich schuldig. Vielleicht arbeiten sie viel und sehen ihren Teenager selten. Möglicherweise sind sie auch geschieden oder wieder verheiratet. Vielleicht glauben sie, dass sie für ihre Kinder einen Ausgleich schaffen müssen. Deshalb möchten sie auch Probleme lieber nicht angehen.

Indem die Eltern auf diese Weise immer den Wünschen der Kinder entsprechen, zeigen sie für *beide* keinen Respekt, weder für sich selbst noch für den Teenager. Der Teenager scheint unfähig zu sein, sich und sein Verhalten zu kontrollieren, zu kooperieren oder sich zu verändern. Die Eltern scheinen hilflos und unfähig, ihre Aufgabe als Eltern zu erfüllen.

Was lernt unser Teenager daraus?

Ein Teenager sieht Nachgiebigkeit bzw. eine Erziehung, die keine Grenzen setzt, oft als ein Zeichen der Schwäche. Er scheint dann eine Entschuldigung zu haben, zu machen was er will und sich respektlos zu verhalten. Der Teenager ist möglicherweise schnell dabei, die Macht an sich zu reißen.

Eine Zeit lang fühlt sich der Teenager vielleicht gut, weil ihm erlaubt wird zu tun, was er oder sie* möchte. Aber nicht lange!

Beispiel
Nadia erzählt der Schulpsychologin, dass sie weiß, dass sie ihrem Vater gleichgültig ist. Sie sagt: »Ich komme immer zwei Stunden später als verabredet nach Hause. Er sagt nie was dazu. Wenn er mich liebt, weshalb sagt er nie etwas, um mir zu zeigen, dass es ihm nicht gleichgültig ist, was mit mir passiert und er sich deshalb Sorgen macht?«
Vielleicht liebt Nadias Vater seine Tochter sehr. Aber indem er sie gewähren lässt, teilt er ihr etwas anderes mit.

Wenn Eltern nachgiebig sind oder keine Grenzen setzen, spürt der Teenager, dass seine Eltern ihn nicht respektieren. Er findet es dann schwer, sich selbst zu respektieren. Ohne irgendwelche Grenzen aufzuwachsen, hilft unserem Teenager nicht,

✓ mit anderen auszukommen,

✓ Verantwortungsbewusstsein zu lernen,

✓ mit sich selbst zufrieden zu sein und sich selbst zu mögen.

* Der Lesbarkeit wegen verwenden wir im Folgenden die männliche Form

AUCH SIE HABEN ELTERN

Der Erziehungsstil Ihrer Eltern beeinflusst Ihren eigenen Erziehungsstil. Sie akzeptieren und übernehmen ihn oder Sie lehnen ihn ab.

✓ Vielleicht sind Sie erzogen worden zu glauben, dass Sie in allem der/die Beste sein müssen. Aus diesem Grund erwarten Sie möglicherweise auch immer sehr viel von Ihrem Teenager. Vielleicht möchten Sie, dass andere denken, dass Ihr Teenager der klügste, begabteste oder der stärkste ist.

✓ Vielleicht sind Sie erzogen worden zu glauben, dass es Ihnen zusteht, tun zu können, was Sie wollen. Deshalb möchten Sie Ihren Teenager vielleicht zwingen, das zu tun, was Sie wollen. Oder Sie erwarten möglicherweise, dass andere Menschen tun, was Ihr Teenager möchte.

✓ Vielleicht sind Sie erzogen worden, andere zu respektieren. Dann erwarten Sie wahrscheinlich, dass andere Menschen sich genauso verhalten. Sie bringen Ihrem Teenager bei, sich selbst zu respektieren und gleichzeitig Ihnen und ebenso anderen Menschen gegenüber Respekt zu zeigen.

Entscheidungsmöglichkeiten anbieten

Welcher Erziehungsstil *hilft* uns, unseren Teenager dahin zu führen, dass er sich verantwortungsbewusst verhält? Schauen wir uns den *demokratischen* Stil an. Ein demokratischer Stil schafft ein Gleichgewicht zwischen *Rechten* und *Pflichten*. Er zielt darauf ab, dem Teenager zu helfen, verantwortungsbewusst zu werden, indem die Eltern

✓ Respekt zeigen,

✓ dem Teenager die Möglichkeit geben, Entscheidungen zu treffen.

Der demokratische Stil lässt dem Teenager Raum, für sich zu sprechen; der Teenager bekommt jedoch nicht immer, was er gerade möchte.

Respekt ist wichtig

Unsere Aufgabe als Eltern besteht darin, unserem Teenager Orientierung zu geben, Grenzen zu setzen und Konsequenzen folgen zu lassen und ihn dadurch zu Selbstdisziplin zu erziehen. Aber wir haben auch die Verantwortung, unseren Teenager mit *Respekt* zu behandeln.

Eltern beklagen sich oft, dass ihr Teenager sie nicht respektiert. Es kommt jedoch auch oft vor, dass wir, die Erwachsenen, dem Teenager gegenüber Respekt vermissen lassen. Wodurch zeigt sich der mangelnde Respekt? Wir nörgeln, schreien, schlagen oder sprechen auf herablassende Weise mit ihm. Vielleicht nehmen wir dem Teenager auch Aufgaben ab, die er selbst erledigen könnte. Zu nachgiebig zu sein, keinen Beitrag von unserem Teenager zu erwarten oder eine Doppelmoral zu verfolgen, ist auch respektlos.

In einer demokratisch geführten Familie wird niemand als mehr oder weniger wichtig erachtet. Wir zeigen Respekt, indem wir unseren Teenager als gleichwertig behandeln.

✓ Bedeutet das, dass wir beide gleich sind? Nein. Wir haben mehr Lebenserfahrung als unser Teenager. Wir tragen mehr Verantwortung. Aber sowohl wir als auch unser Teenager sind menschliche Wesen, die beide Respekt verdienen.

✓ Bedeutet das, dass unser Teenager uns sagen kann, was wir zu tun haben? Bedeutet das, dass unser Teenager keine Disziplin braucht? Nein. Unsere Aufgabe besteht darin, unseren Teenager respektvoll zu leiten und zu führen, ihm Orientierung zu geben.

Eine Doppelmoral führt unseren Teenager nicht dazu,
uns Respekt entgegenzubringen.

BEISPIEL

Lisa ist 13. Sie und ihre Mutter, Frau Z., essen gemeinsam
zu Abend. Auf WhatsApp sieht Lisa eine Nachricht, ruft
ihre Freundin auf dem Handy an und läuft in den Flur.
Nach fünf Minuten geht Frau Z. zu ihr und gibt ihr ein Zeichen. Lisa sagt: »Okay - noch eine Minute.« Fünf Minuten
später ist Lisa noch immer am Telefon. Frau Z. beschließt,
ihre Tochter nicht zu unterbrechen.

Schließlich, nach 20 Minuten, kommt Lisa zum Tisch
zurück. Frau Z. sagt: »Ich dachte, du hättest verstanden,
dass wir um 18 Uhr miteinander Abendessen und dabei
nicht telefonieren.« Lisa erwidert: »Es ging nicht, weil
Emma ein Problem hat. Sie musste dringend mit mir
sprechen.« Frau Z. meint dazu: »Ich verstehe, dass du mit
Emma sprechen wolltest, weil du für sie da sein möchtest.
Aber es muss für uns beide möglich sein, gemeinsam zu
essen ohne zu telefonieren.« Lisa kontert: »Manchmal be-
antwortest du auch während des Essens E-Mails und sagst,

29

dass es wegen Homeoffice nicht anders geht!« Frau Z. entgegnet: »Lass uns jetzt miteinander in Ruhe essen und morgen nach der Schule sehen, ob wir eine Regel für unser gemeinsames Abendessen aufstellen können, die für uns beide funktioniert.«

Frau Z. hätte Lisas Telefongespräch unterbrechen können. Sie hätte Lisa zwingen können, mit dem Telefonieren aufzuhören. Sie hätte wütend werden und sagen können: »*Ich* bezahle die Rechnung für das Handy und deshalb stelle *ich* die Regeln auf, wann telefoniert wird!« Sie hätte sagen können, dass Lisas Gespräche nicht so wichtig sind wie ihre. Aber hätte sich Lisa dann respektiert gefühlt? Würde sie ihre Mutter respektieren? Würde sie kooperieren wollen? Indem Frau Z. Lisa mit Respekt behandelt, öffnet sie eine Türe für Lisa, sich auch respektvoll zu verhalten. Sie bereitet den Weg für Lisa, zu kooperieren und verantwortungsbewusst zu sein.

Bedeutet das, dass Frau Z. nachgiebig handelt? Nein. Frau Z. lässt Lisa wissen, dass die Regel für das Telefonieren beim Abendessen für beide gerecht sein muss und sie deshalb am folgenden Tag in Ruhe darüber sprechen wollen. Als Mutter geht sie den ersten Schritt, damit sie und ihre Tochter das Problem gemeinsam lösen können.

Wenn Sie respektvoll behandelt werden möchten, verhalten Sie sich selbst respektvoll.

Teenager müssen lernen, Entscheidungen zu treffen

Teenager werden zu Erwachsenen. Sie müssen lernen, Entscheidungen zu treffen. Sie müssen üben, Entscheidungen zu treffen und mit den Folgen dieser Entscheidungen zu leben. Wenn wir Teenagern Befehle erteilen, helfen wir ihnen nicht, das zu lernen. Ebenso wenig hilfreich ist es, nachgiebig zu sein bzw. sie immer gewähren zu lassen.

BEISPIEL

Erik ist 17. Er möchte sich ein Moped zulegen, weshalb er einen Teilzeitjob annimmt. Durch den Job kann er Versicherung und Benzin bezahlen, aber keine teuren Reparaturen. Eriks Eltern freuen sich, dass er bereit ist, für etwas zu arbeiten, das er gerne haben möchte. Aber sie machen sich Sorgen, dass es Erik nicht möglich sein wird, Reparaturen für ein klappriges Moped zu bezahlen. Sie hätten gerne, dass er etwas mehr zusammenspart, um sich ein besseres Moped kaufen zu können. Deshalb geben sie ihrem Sohn die Möglichkeit, eine Wahl zu treffen.

Er kann sich das klapprige Moped kaufen. Wenn er das tut, muss er auch die Reparaturen selbst bezahlen. Wenn das Moped nicht fahrtüchtig ist, muss er mit dem Bus zur Schule fahren.

Erik entscheidet sich für das klapprige Moped. Es dauert nicht lange, bis es nicht mehr fährt. Die Reparaturen sind teuer und bald kann Erik sein Moped gar nicht mehr benutzen. Er muss den Bus nehmen. Seine Eltern respektieren seine Entscheidung. Sie sagen nicht: »Wir haben es doch gleich gesagt.« Sie geben Erik auch kein Geld, um das Moped wieder fahrtüchtig zu machen.

Eriks Entscheidung hat ihn um ein gutes Stück Lebenserfahrung reicher gemacht. Indem Eriks Eltern ihm erlaubt haben, seine eigene Entscheidung zu treffen, haben sie ihm geholfen. Was wäre gewesen, wenn sie ihm verboten hätten, das alte Moped zu kaufen? Erik wäre vielleicht wütend geworden. Er hätte nicht gelernt, gute Entscheidungen zu treffen. Was wäre gewesen, wenn sie ihm in der Situation geholfen hätten, indem sie für die Reparaturen aufgekommen wären? Er hätte nicht gelernt, mit der Konsequenz zu leben, die sich aus seiner Entscheidung ergeben hat.

Was lernen Teenager daraus?

Sobald die Eltern aufhören, ihren Teenager zu kontrollieren, beginnt er, sich zu ändern. Veränderungen gehen jedoch nicht über Nacht vonstatten und möglicherweise wird einiges schlechter, bevor es besser wird. Sobald Eltern, die zuvor nachgiebig waren und keine Grenzen gesetzt haben, Interesse zeigen und Stellung beziehen, fühlt sich der Teenager mehr respektiert und geliebt. Langsam wird der Teenager fähig sein, seinen Eltern mehr zu vertrauen. Diese Veränderungen werden nicht über Nacht eintreten. Aber mit der Zeit beginnt der Teenager wahrscheinlich damit, verantwortungsbewusster zu handeln.

DENKEN SIE ÜBER ERZIEHUNGSSTILE NACH

Denken Sie an Ihre eigenen Teenagerjahre.
- Welchen Erziehungsstil bevorzugten Ihre Eltern?
- Wie haben Sie sich gefühlt?
- Wie haben Sie sich verhalten?

Denken Sie jetzt über Ihre Beziehung zu Ihrem Teenager nach.
- Welchen Erziehungsstil bevorzugen Sie?
- Welche Botschaft vermitteln Sie Ihrem Teenager?
- Wie könnten Sie Veränderungen in Gang setzen?

Die Teenagerjahre sind eine Zeit der Veränderung

Erinnern wir uns an unsere eigene Zeit als Teenager? Wir waren keine Kinder mehr, aber auch noch keine Erwachsenen. Es war eine Zeit der Veränderung, der Irrungen und Wirrungen. Den Teenagern heute geht es ebenso. Wahrscheinlich ist es für sie noch verwirrender, aufregender, gefährlicher und mit mehr Spaß verbunden. Fernsehen, Radio, Kino, Internet, Computerspiele, Zeitschriften, Bücher,

CDs, DVDs, Videos – sie alle geben den Teenagern Botschaften bezüglich der Welt und ihrem Platz darin. Auch andere Teenager, Lehrer, Eltern und Menschen im sozialen Umfeld unserer Teenager üben einen Einfluss auf sie aus.

Für Teenager: Verwirrung, Probleme und Möglichkeiten

Die meisten Teenager können nicht umhin, sich der Möglichkeiten und Probleme, die es auf der Welt – und in ihrem eigenen Leben – gibt, bewusst zu sein. Manchmal können sie es gar nicht erwarten, sich der Welt der Erwachsenen anzuschließen. Ein anderes Mal würden sie am liebsten gar nicht erwachsen werden. Sie möchten Spaß haben und gleichzeitig ernst genommen werden. Vielleicht sind sie gelangweilt und suchen nach aufregenden Aktivitäten. Vielleicht haben sie viel zu tun und machen sich Sorgen, wie sie alles auf die Reihe bekommen können. Sie sorgen sich um ihr Aussehen und was sie anziehen sollten. Sie haben Angst vor der Zukunft.

Teenager verändern sich körperlich. Das beeinträchtigt sie physisch, emotional und geistig. Die meisten Teenager sind sich ihres sich verändernden Körpers sehr bewusst. Sie fühlen, dass niemand so ist wie sie, und doch möchten sie so sein wie ihre Freunde. Sie sind Stimmungsschwankungen unterworfen. Vielleicht »probieren« sie verschiedene Verhaltensweisen aus und wechseln die Art der Bekleidung. Vielleicht gehen sie Risiken ein.

Beispiele
Als sie jünger war, bettelte Danja darum, Hamburger zu essen. Jetzt hat sie sich entschieden, vegetarisch zu leben.

Marco war einst ruhig und höflich. Jetzt benutzt er häufig Schimpfworte.

Katja ist mit einer neuen Gruppe von Freunden zusammen, die gerne ihre Freizeit im Einkaufszentrum verbringt.

33

Jan wollte immer Basketball spielen. Jetzt ist er groß genug, hat aber keine Lust mehr dazu.

Früher hat sich Annette dafür eingesetzt, jüngere Kinder von Drogen abzuhalten. Jetzt hat ihr Vater Marihuana in ihrer Manteltasche gefunden.

Für Eltern: Eine neue Rolle

Die aktuelle Hirnforschung hilft uns Eltern, die physischen und psychischen Veränderungen unseres Teenagers durch den »Umbau« seines Gehirns besser zu verstehen: Das Gehirn wird in dieser Entwicklungsphase eines Menschen für ein Leben in Selbstständigkeit fit und effizienter gemacht. Und trotzdem, von der Erziehung eines Kindes zur Erziehung eines jungen Erwachsenen überzugehen bleibt schwierig. Vielleicht sind wir traurig, unseren Sohn oder unsere Tochter aus den Kinderschuhen herauswachsen zu sehen. Vielleicht machen wir uns Sorgen wegen Schulnoten, Freunden, Essgewohnheiten, Computerspielen, Fernsehen, Gewalt, Drogen und Sex. Wir sind nicht alleine damit. Viele von uns Eltern haben auch Schwierigkeiten damit, die wachsende Unabhängigkeit unserer Teenager zu akzeptieren. Sich nicht mehr gebraucht zu fühlen ist schwer.

Aber indem unsere Teenager reifer werden, werden sie auch selbstständiger und unabhängiger. Sie wollen in der Lage sein, mehr Entscheidungen selbst zu treffen. Sie möchten ihr eigenes Leben selbst in die Hand nehmen. Es ist ein gutes Zeichen, wenn Teenager selbst entscheiden wollen, wen sie zum Freund oder zur Freundin haben möchten und womit sie ihre Zeit verbringen.

Ein schwieriges Gleichgewicht

Unabhängigkeit, Selbstständigkeit und Verantwortung, Rechte und Pflichten gehen Hand in Hand. Das eine ohne das andere zuzulassen, führt zu Problemen. Manchmal greifen Teenager mit beiden Händen nach Unabhängigkeit und Selbstständigkeit, wollen jedoch keine Verantwortung übernehmen.

BEISPIELE

Isabel ist 18. Sie möchte gerne das Auto benutzen. Aber sie tankt nicht. Eines Abends sagt Herr K., ihr Vater: »Ich bin heute zu spät zur Arbeit gekommen, weil der Tank leer war.« Isabel antwortet: »Ich habe nicht viel Benzin gebraucht.« Herr K. erwidert: »Du kannst das Auto benutzen, solange du die Benzinstandsanzeige im Auge behältst. Wenn die Anzeige weniger als ein Viertel anzeigt, musst du tanken.«

Max ist 13. Er möchte allein gelassen werden, um seine Hausaufgaben zu machen. Aber er hat Schwierigkeiten, bei der Arbeit zu bleiben. Er schaut etwas im Internet nach und kurz darauf spielt er Computerspiele. Heute hat er eine 4- in Mathe zurückbekommen. Er sagt zu seiner Mutter, Frau G.: »Das ist nicht gerecht. Ich habe mich die ganze Nacht auf die Klassenarbeit vorbereitet!« Frau G. antwortet nicht: »Wenn du dran geblieben wärst, hättest du besser abgeschnitten.« Stattdessen fragt sie Max ruhig: »Woran glaubst du hat es gelegen, dass du nicht so gut abgeschnitten hast, wie du wolltest?« Damit hilft sie Max darüber nachzudenken, wie er sich vorbereitet hat. Sie gibt ihm die Möglichkeit, darüber zu sprechen. Vielleicht kann sie ihm helfen, sich in Zukunft besser vorzubereiten.

Wenn Teenager mehr Verantwortung für sich selbst übernehmen, brauchen Eltern sie nicht mehr im gleichen Maße wie zuvor zu kontrollieren oder für sie verantwortlich zu sein. Dabei handelt es sich um einen schwierigen Balanceakt, der sich über die ganzen Teenagerjahre hin erstreckt. Wenn wir und unser Teenager daran arbeiten, Vertrauen zu entwickeln, können wir unserem Teenager erlauben, Schritt für Schritt mehr Entscheidungen zu treffen. Wir können auf die Gefühle unseres Teenagers achten und uns seine Wertvorstellungen und Überzeugungen anhören. Wir können unserem Teenager Orientierung geben, indem wir ihm unsere eigene Meinung und unsere Wertvorstellungen mitteilen. Unser Teenager kann Entscheidungen innerhalb bestimmter Grenzen treffen. Jede Entscheidung wird zu einer *Konsequenz* führen – ein Ergebnis, das folgt aufgrund dieser Entscheidung. Wir helfen unserem Teenager, diese Konsequenzen zu akzeptieren und aus ihnen zu lernen.

BEISPIEL

Anne ist 14 und hat den ganzen Herbst über ihr Taschengeld gespart. Sie möchte Weihnachtsgeschenke für ihre Freunde kaufen. All ihr Erspartes trägt sie im Geldbeutel in ihrem Rucksack stets bei sich.

In der Stadt geht sie in einen Imbiss, um etwas zu essen. Sie lässt ihren Rucksack auf dem Boden, als sie zur Toilette geht. Sie kommt zurück, um festzustellen, dass ihr Geldbeutel fehlt. Anne ruft ihren Vater, Herrn B., an und weint. Er sagt, dass er kommen wird, um ihr bei der Meldung des Diebstahls behilflich zu sein.

Danach berichtet Anne: »Ich hatte erst ein paar Geschenke gekauft. Kannst du mir Geld geben, damit ich auch für meine anderen Freunde Geschenke kaufen kann?« Herr B. antwortet: »Du hast dich wirklich angestrengt, um das Geld zu sparen, Anne. Ich kann mir vorstellen wie enttäuscht du sein musst.«

Anne weint: »Aber was soll ich machen? Interessiert es dich überhaupt nicht, dass ich all meine Ersparnisse verloren habe?« Herr B. erwidert: »Ich helfe dir gerne dabei, einen Weg zu finden, wie du deinen Freunden doch noch etwas schenken kannst.« Anne fragt unglücklich: »Was soll ich denn machen ohne Geld?« Herr B. antwortet: »Ich weiß es nicht. Möchtest du mit mir darüber sprechen? Vielleicht fallen uns zusammen ein paar Möglichkeiten ein.« Anne sagt in unfreundlichem Ton: »So etwas wie die doofen Gutscheine, die ich bekommen habe, damit ich bei der Hausarbeit aushelfe? Ich möchte nicht im Haushalt helfen, um Geld für Geschenke für meine Freunde zu verdienen!«

Herr B. bleibt respektvoll. Er sagt: »Ich bin gerne bereit, dir zu helfen, aber nicht, wenn du in diesem Ton mit mir sprichst. Lass es mich wissen, wenn du so weit bist, respektvoll mit mir umzugehen. Dann sprechen wir gemeinsam darüber, was du tun könntest.«

Genauso wie Herr B., Annes Vater, werden auch wir vielleicht erfahren, dass unser Teenager die Selbstständigkeit und Unabhängigkeit gerne annimmt, aber keine Verantwortung übernehmen möchte. In diesem Buch werden wir viele Möglichkeiten kennen lernen, wie wir Orientierung geben und Disziplin sinnvoll ausüben. Das wird unseren Teenagern helfen, unabhängig, selbstständig und verantwortungsbewusst zu werden. Wir werden auch erfahren, wie wir Disziplin so einsetzen können, dass es unseren Teenagern hilft, bessere Entscheidungen zu treffen.

Teenager müssen Möglichkeiten finden, außerhalb des Elternhauses ein Dazugehörigkeitsgefühl zu entwickeln. Es ist ein Schritt auf dem Weg, ein Erwachsener zu werden.

Weshalb sind Freunde so wichtig?

Für Teenager ist es entscheidend, von *Gleichaltrigen* – Freunden und anderen Personen gleichen Alters – akzeptiert zu werden. Vielen Teenagern bedeutet dies mehr, als von den Eltern akzeptiert zu werden. Oft ist es wichtiger als *alles* andere. Sich so zu kleiden wie ihre Freunde, die gleiche Musik zu hören, die gleichen Filme zu sehen und zu den gleichen Partys eingeladen zu werden ist wichtig für Teenager.

Einige Eltern fragen sich: »Warum können Teenager nicht eigenständig denken? Weshalb möchten sie wie alle anderen Jugendlichen sein?« Teenager müssen Möglichkeiten finden, *außerhalb* der Familie dazuzugehören. Es ist ein notwendiger Schritt, um erwachsen zu werden.

Wir erinnern uns daran, als unser Teenager noch ein Klein-kind war. Damals haben wir oft »Mein!« gehört. Bevor un-sere Zweijährige gelernt hat zu teilen, musste sie verstehen, was *Eigentum* bedeutet. Es war ein Schritt in der Entwick-lung unseres Kindes. Selbstständig und unabhängig zu werden ist eine Stufe in der Entwicklung unseres Teen-agers. Unser Teenager fängt an, ein Dazugehörigkeitsgefühl auch außerhalb der Familie zu entwickeln. Mit der Zeit wird unser Teenager beginnen, sich unabhängiger und fä-higer zu fühlen. Dann wird er auch verstärkt bereit sein, al-leine und für sich selbst zu denken und zu handeln.

Teenager möchten sich auf vielfältige Art und Weise der Gruppe der Gleichaltrigen zugehörig fühlen. Manchmal geschieht dies, indem sie bestimmte Fertigkeiten lernen und üben. Sie machen Sport oder Musik, möglicherweise schließen sie sich einem Theater- oder Schützenverein an, übernehmen Aufgaben in Wohltätigkeitsorganisationen oder suchen sich einen Freizeitjob. Es gibt noch andere Wege dazuzugehören. Vielleicht wollen sie sich die Haare färben, ihre Nase piercen oder ein Tattoo haben. Vielleicht möchten sie sich auch auf bestimmte Art kleiden, rauchen, trinken, Drogen nehmen oder Sex haben. Möglicherweise fahren sie zu schnell mit dem Fahrrad, dem Moped und später mit dem Auto oder sie gehen andere Risiken ein. Vielleicht begehen sie auch Diebstähle, betreiben Vandalis-mus, gehen anderen illegalen Aktivitäten nach oder schlie-ßen sich einer Bande an. Oft beschreiten Jugendliche so-wohl positive als auch negative Wege, um dazuzugehören.

Teenager *experimentieren* auf der Suche nach Möglichkei-ten dazuzugehören. Sie »probieren« Verhaltensweisen aus. Die Art, wie wir auf das Verhalten reagieren, kann Teenager dazu ermutigen, so weiter zu machen oder sie dahin brin-gen, sich für ein anderes Verhalten zu entscheiden. Weiter hinten in diesem Kapitel beschäftigen wir uns ausführ-licher mit diesem Aspekt.

DENKEN SIE ÜBER IHREN SICH VERÄNDERNDEN TEENAGER NACH

Erinnern Sie sich daran, als Sie selbst noch ein Teenager waren.

- Wie war es für Sie, weder ein Kind noch ein Erwachsener zu sein?
- Was haben Sie gemacht, um *außerhalb* der Familie dazuzugehören?

Denken Sie jetzt über Ihren Teenager nach.

- Welche Veränderungen finden im Leben Ihres Teenagers statt?
- Welche Themen verursachen Konflikte zwischen Ihnen?
- Bei welchen dieser Situationen können Sie »loslassen«, bei welchen nicht?

Arbeiten Sie bewusst daran, bei einigen Konflikten loszulassen.

Denken Sie darüber nach, wie Sie mit den verbleibenden Konflikten umgehen könnten. Wie können Sie Respekt zeigen? Wie können Sie Ihrem Teenager helfen, bessere Entscheidungen zu treffen?

Um wessen Problem handelt es sich?

Teenager lernen Entscheidungen zu treffen, die sich von denen unterscheiden, die ihre Eltern für sie treffen würden. Die meisten von uns haben das selbst auch so gemacht. Die meisten Entscheidungen, die unsere Teenager treffen, sind nicht gefährlich oder verantwortungslos. Sollte dies dennoch der Fall sein, dann besteht unsere beste Reaktion darin, zuzuhören, zu beobachten und zu versuchen, zu verstehen. Viele der Themen, die zu Konflikten zwischen Eltern und Teenagern führen, bräuchten nicht zum Problem zu werden.

Wie entscheiden wir, wann wir uns einmischen sollten und wann nicht? Wir wollen damit beginnen, uns zu fragen: »Um wessen Problem handelt es sich? Um unseres oder das unseres Teenagers?« Mit anderen Worten: »Wessen Problem ist es?«

Um zu entscheiden, um wessen Problem es sich handelt, stellen wir uns die folgenden vier Fragen:

1. Werden meine Rechte missachtet?
2. Ist unser Teenager noch nicht fähig, diese Verantwortung zu übernehmen?
3. Könnte jemand verletzt werden?
4. Könnte das Eigentum von jemandem beschädigt oder bedroht werden?

✓ Wenn die Antwort auf *eine* dieser Fragen »ja« ist, dann handelt es sich um unser Problem – oder es ist ein Problem, das uns beide angeht, uns und unseren Teenager.

✓ Wenn die Antwort auf *alle* Fragen »nein« ist, dann handelt es sich um ein Problem unseres Teenagers.

Oft handelt es sich um ein Problem unseres Teenagers
Themen, die die Verwendung des Taschengelds betreffen, Frisur, Kleidung und Musik überlassen wir am besten unserem Teenager. Bei diesen Themen werden in der Regel alle o.g. Fragen mit »nein« beantwortet. Indem der Teenager diese Entscheidungen selbstständig trifft, erfährt er etwas über seine eigenen Ziele und Wertvorstellungen.

Manchmal handelt es sich um ein Problem der Eltern
Wenn wir verärgert sind und empfinden, dass unsere Rechte missachtet werden, zum Beispiel weil unser Teenager Schimpfwörter verwendet oder im ganzen Haus Unordnung verbreitet, handelt es sich um unser Problem.

Manchmal handelt es sich um ein Problem, das Eltern und Teenager gemeinsam betrifft

Möglicherweise ist der Jugendliche deprimiert oder er versagt in der Schule. Vielleicht konsumiert er Drogen, pflegt Umgang mit einer Bande oder hat Ärger mit der Polizei. In diesen Fällen handelt es sich um Probleme, die beide angehen.

Derjenige, um dessen Problem es sich handelt, ist für die Lösung verantwortlich. Nachdem wir das wissen, können wir uns entscheiden, uns *nicht* einzumischen, wenn es sich um ein Problem unseres Teenagers handelt. Das kann uns helfen, Konflikte mit unserem Teenager zu vermeiden. In Kapitel 4 erfahren wir mehr über den Umgang mit Problemen – wer ist verantwortlich für die Lösung und wie wird die Lösung gefunden.

DENKEN SIE ÜBER PROBLEME UND ERZIEHUNGSSTILE NACH

Wenn Eltern Befehle erteilen …

Einige Eltern neigen zu der Annahme, dass alle Probleme ihre sind. Dabei handelt es sich oft um autoritäre Eltern – Eltern, die Befehle erteilen. Neigen Sie dazu, zu glauben, dass Sie alle Probleme lösen müssen? Wenn dem so ist, könnte Ihnen die Frage: »Wessen Problem ist es?« helfen, Machtkämpfe zu vermeiden.

Wenn Eltern nachgeben …

Nachgiebige Eltern neigen dazu, Probleme nicht anzugehen und sie zu ignorieren, sogar dann, wenn es sich um ernste Probleme handelt. Haben Sie schon festgestellt, dass Sie dazu neigen, oft nachzugeben und aufzugeben? Wenn dem so ist, dann kann Ihnen die Frage: »Wessen Problem ist es?« helfen, zu entscheiden, wann Sie sich einmischen sollten.

41

Wenn Eltern Entscheidungsmöglichkeiten anbieten ...
Wenn Sie zu den Eltern gehören, die dazu neigen, Entscheidungsmöglichkeiten anzubieten, kann die Frage:»Wessen Problem ist es?« ebenfalls helfen. Sie kann allen Eltern helfen zu entscheiden, wann es angebracht ist, sich zurückzuziehen, wann Hilfestellung zu leisten ist und wann es angesagt ist, sich verantwortlich zu fühlen. All dies kann für die Beziehung zu Ihrem Teenager hilfreich sein.

Wozu zeigt ein Teenager Fehlverhalten?

Teenager haben ein grundsätzliches Ziel: das Gefühl zu haben, dass sie dazugehören. Um dies zu erreichen, benutzen sie sowohl positives Verhalten als auch Fehlverhalten.

Rudolf Dreikurs, ein bekannter Psychiater, entdeckte, dass Kinder Fehlverhalten zeigen, wenn sie *entmutigt* sind. Das gilt sowohl für Teenager als auch für jüngere Kinder. Sie möchten dazugehören, glauben aber nicht, dass sie auf nützliche und sinnvolle Weise dazugehören können. Sie haben erfahren, dass sich Fehlverhalten auszahlt. Es hilft ihnen, sich dazugehörig zu fühlen.

Kinder und Teenager versuchen durch vier Verhaltensweisen dazuzugehören. Jede dieser Verhaltensweisen ist eine Art Fehlverhalten. Dreikurs nannte sie die *vier Ziele des Fehlverhaltens*. Diese Ziele kennen zu lernen, kann uns helfen zu verstehen, was Teenager wollen, wenn sie Fehlverhalten zeigen. In Kapitel 2 lernen wir die positive Kehrseite des Fehlverhaltens kennen. Das wiederum wird uns helfen zu entscheiden, wie wir sie zu positiverem Verhalten anleiten können.

Die Ziele des Fehlverhaltens unseres Teenagers

Die Ziele des Fehlverhaltens sind

1. Aufmerksamkeit erlangen,

2. Macht ausüben,

3. Rache nehmen,

4. die eigene Unfähigkeit unter Beweis stellen.

DAS ZIEL ERKENNEN

Bevor wir unseren Teenager anleiten können, müssen wir wissen, welches Ziel der Teenager verfolgt. Um die Ziele zu identifizieren, schauen wir uns folgende drei Fragen an:

1. Wie *fühlen* wir uns, wenn das Fehlverhalten gezeigt wird?

2. Wie *reagieren* wir auf das Fehlverhalten?

3. Wie *reagiert* unser Teenager auf unsere Reaktion?

In diesem Kapitel schauen wir uns an, wie wir jedes der Ziele des Fehlverhaltens erkennen können. In Kapitel 2 betrachten wir uns die Ziele genauer und überlegen, was wir tun können, wenn unser Teenager Fehlverhalten zeigt.

Aufmerksamkeit erlangen

Kinder jeden Alters brauchen *Aufmerksamkeit*. Dieses Ziel ist bei manchen Teenagern stärker ausgeprägt als bei anderen. Wenn ein Teenager Aufmerksamkeit nicht auf sinnvolle Weise erlangen kann, dann versucht er durch Fehlverhalten Aufmerksamkeit zu bekommen. Er wird etwas tun, das die Eltern verärgert, nervt oder irritiert. Die Eltern wenden sich dem Teenager zu, um das Fehlverhalten zu korrigieren. Der Teenager hat dadurch Aufmerksamkeit bekommen. Für eine Weile mag jetzt alles in Ordnung sein. Es wird jedoch nicht lange dauern, bis der Teenager das Fehlverhalten wiederholt oder eine andere Möglichkeit findet, die Aufmerksamkeit der Eltern zu erlangen.

Manchmal versucht ein Teenager, die Aufmerksamkeit der Eltern auf stille, passive Art zu bekommen. Möglicherweise macht er nichts und erwartet, dass er bedient wird. Es handelt sich um *passive* Suche nach Aufmerksamkeit.

Macht ausüben

Viele Teenager verfolgen das Ziel *Macht*. Ein Teenager, der das tut, sagt seinen Eltern: »Du kannst mich nicht dazu zwingen!« oder: »Es ist besser, du tust, was ich sage!«. Möglicherweise schreit dieser Teenager seine Eltern an oder streitet mit ihnen. Vielleicht missachtet er auch Regeln. Durch diese Verhaltensweise bringt der Teenager seine Unabhängigkeit zum Ausdruck.

Teenager finden viele Möglichkeiten, die Aufmerksamkeit
ihrer Eltern zu erlangen.

BEISPIEL

Es ist Mittwochabend. Jans Mutter, Frau H., ist bei der Arbeit. Sein Stiefvater ist in einer Sitzung. Jan weiß, dass ihm nicht erlaubt ist, Freunde nach Hause zu bringen, wenn beide, sowohl seine Mutter als auch sein Stiefvater, außer Haus sind. In der vergangenen Woche hat Jan Freunde ins Haus gebracht und Herr H. hat Jan gewarnt, das nicht noch einmal zu tun. Aber als zwei Freunde klingeln, lässt Jan sie herein. Als Herr H. nach Hause kommt, sind die Jungs noch da. Er ist wütend: »Jan«, sagt er mit erhobener Stimme, »du kennst die Regeln, wenn deine Mutter und ich nicht zu Hause sind!« Jan schreit: »Wir sehen doch nur fern! Wir haben nichts Schlimmes gemacht!« Herr H. runzelt die Stirn. »Okay,« sagt er, »das kommt aber nicht mehr vor. Ich meine, was ich sage!«

Wenn ein Teenager durch sein Fehlverhalten Macht ausüben will, sind die Eltern wütend. Wenn die Eltern sich mit ihm streiten, wird der Teenager auch streiten. Wenn die Eltern nachgeben, hat der Teenager den Machtkampf gewonnen und wird sein Fehlverhalten zunächst einstellen, den Machtkampf jedoch an anderer Stelle fortsetzen.

Die Wahl der Freunde ist ein weitverbreitetes Thema, das zwischen Eltern und Teenager zu Machtkämpfen führt. Die Eltern mögen die Freunde manchmal nicht. Sie versuchen dann möglicherweise den Teenager dazu zu bringen, sich andere Freunde zu suchen.

Manchmal wird der Teenager tun, was die Eltern verlangen, aber nur langsam und nachlässig oder unzureichend. Dabei handelt es sich um eine Verhaltensweise, die *passive* Macht zum Ziel hat. Der Teenager sagt ohne Worte: »Du kannst mich vielleicht dazu bringen, das zu tun, was du möchtest, aber ich mache es so, wie *ich* will. Du wirst mich nicht dazu zwingen können, es so zu tun, wie *du* möchtest.«

Rache nehmen

Einige Teenager glauben, dass sie den Machtkampf mit den Eltern nicht gewinnen können. Sie beschließen, dass sie dazugehören, indem sie es den Eltern heimzahlen – sie *rächen sich*. Teenager, die das Ziel der Rache anstreben, glauben, dass sie nicht liebenswert sind. Sie denken, dass sie ihren Platz in der Familie oder in der Schule nur finden können, wenn sie gemein sind und andere genauso verletzen, wie sie sich selbst verletzt fühlen.

BEISPIEL

Marie lebt bei ihrer alleinerziehenden Mutter, Frau F. Marie möchte mit einem Jungen ausgehen, der Thomas heißt. Marie ist 15 und Thomas 18. Frau F. findet, dass Thomas für Marie zu alt ist. Marie ist wütend. An diesem Abend, während Frau F. duscht, läutet das Telefon. Es ist David – der Freund von Frau F. Marie sieht eine Chance, sich zu rächen. Sie sagt zu David: »Mama duscht, sie macht sich fertig, um mit jemand anderem auszugehen. Ich werde ihr sagen, dass du angerufen hast.«

Später ruft Frau F. ihren Freund an. Er erzählt ihr, was Marie zu ihm gesagt hat. Frau F. ist wütend und verletzt. Sie legt den Hörer auf und geht in Maries Zimmer. Sie sagt: »Wir werden ja sehen, wer hier am längeren Hebel sitzt! David einfach anzulügen! Du hast Hausarrest. Du darfst das Telefon nicht mehr benutzen. Kein Telefonat mit Thomas – basta!«

Wenn ein Teenager sich rächen will, tut oder sagt er etwas, das verletzt. Vielleicht starrt er die Eltern auch wütend an. Dann hätten wir es mit *passiver* Rache zu tun. Die Eltern fühlen sich verletzt und möchten ihm sein Verhalten heimzahlen. Aber indem die Eltern den Teenager, der sich rächen möchte, bestrafen, liefern sie dem Teenager nur einen weiteren Grund, es den Eltern heimzuzahlen. Das Ergebnis ist oft ein eskalierender »Krieg« bzw. ein Teufelskreis der Rache. Beide, sowohl der Teenager als auch die Eltern, empfinden Wut und verletzte Gefühle.

Manchmal gehen Teenager Risiken ein

Manche Teenager gehen Risiken ein, um sich zu rächen. Nach aufregenden Erlebnissen Ausschau zu halten, ist normal für Teenager. Manchmal sind Teenager zu häufig auf Abenteuer aus. Die Eltern sind geschockt, verletzt oder wütend. Sie machen sich auch Sorgen, was dem Teenager wohl als Nächstes einfallen wird. Manche Teenager, die den Schock oder die Sorge der Eltern wahrnehmen, beschließen, sich noch mehr Gefahren auszusetzen. Oft kann sich dies auch zu einem Machtkampf entwickeln.

Schimpfworte und ein rauer, respektloser Umgangston haben oft Macht oder Rache zum Ziel.

Die eigene Unfähigkeit unter Beweis stellen

Teenager, die ihre *Unfähigkeit unter Beweis stellen*, sind die von allen am meisten entmutigten. Sie halten wenig von sich selbst. Sie glauben nicht, dass sie etwas können, deshalb geben sie auf. Sie beweisen ihren Eltern (und sich selbst), dass sie einfach keine Freunde haben, nicht zu- oder abnehmen können, Hausaufgaben nicht verstehen oder die häuslichen Arbeiten nicht gut verrichten können. Ihre Art dazuzugehören besteht darin, andere dazu zu bringen, nichts von ihnen zu erwarten. Wenn ein Teenager aufgibt, haben die Eltern das Gefühl, auch aufgeben zu wollen. Sobald die Eltern tatsächlich *aufgeben*, ist das Ziel des Teenagers erreicht. Die Eltern »stimmen zu«, dass von dem Jugendlichen nichts erwartet werden kann.

Für die meisten Teenager bedeutet »aufgeben« nicht, dass sie total aufgeben. Gewöhnlich geschieht es auf einem bestimmten Gebiet, wie bei Hausaufgaben, Sport oder einer anderen Aktivität. Auf Gebieten, auf denen sich der Teenager nicht in der Lage fühlt, erfolgreich zu sein, gibt er möglicherweise auf, er zeigt keine Bemühungen mehr.

Kombinationen von Zielen

Manchmal versucht ein Teenager auch zur gleichen Zeit mehr als ein Ziel zu erreichen. Außerdem beeinflusst das Verhalten des Teenagers außerhalb der Familie oft die Beziehung zwischen Eltern und Teenager. Das Verhalten wird möglicherweise mit negativer Aufmerksamkeit von Seiten der Eltern bedacht. Machtkämpfe oder Rachefeldzüge können entstehen:

BEISPIELE
Dörte geht häufig zu Partys, auf denen viel getrunken wird. Möglicherweise ist sie ebenso sehr auf Rache und Macht wie auf aufregende Erlebnisse und Akzeptanz durch Gleichaltrige aus.

Thorsten sieht gerne Filme, bei denen Gewalt eine große Rolle spielt. Er könnte sowohl zum Ziel haben, Macht auszuüben, als auch von Gleichaltrigen akzeptiert werden zu wollen.

Philip sucht sich Freunde, die seine Mutter nicht mag. Vielleicht benutzt er die Akzeptanz durch Gleichaltrige, um die Aufmerksamkeit seiner Mutter zu erlangen.

Tanja hat Sex, vielleicht um von ihrem Freund akzeptiert zu werden. Möglicherweise findet sie es auch aufregend. Oder aber sie möchte Macht ausüben in einem Bereich, den die Eltern nicht kontrollieren können.

Elias raucht vielleicht, weil er es aufregend findet und akzeptiert werden will. Rauchen ist auch eine Möglichkeit, Macht auszuüben, wenn die Eltern versuchen, die Aktivitäten des Teenagers zu kontrollieren.

Johannes konsumiert vielleicht Drogen, um etwas Aufregendes zu erleben. Möglicherweise handelt es sich um eine Fluchtreaktion. Es könnte sich darum handeln, die eigene Unfähigkeit zu beweisen – um zu zeigen, dass er den Herausforderungen des Lebens nicht gewachsen ist.

Boris schließt sich vielleicht einer Bande oder einer anderen Gruppe an, die ihn als etwas Besonderes erscheinen lässt. Vielleicht hat er einerseits Macht als Ziel, möchte aber außerdem von Gleichaltrigen akzeptiert werden.

Der Grund, weshalb wir über die Ziele des Fehlverhaltens sprechen, besteht nicht darin zu beweisen, wie »schlecht« unser Teenager ist. Es geht vielmehr darum, das Fehlverhalten unserer Teenager und unsere Reaktion darauf zu verstehen. Nur indem wir das tun, können wir alte Verhaltensmuster durchbrechen und unser Verhalten neu ausrichten. Indem wir die Art ändern, wie wir reagieren, beginnen wir, unseren Teenager auf neue und ungewohnte Art und Weise zu beeinflussen.

DIE SCHLÜSSELFRAGEN, DIE IHNEN HELFEN, DAS ZIEL
IHRES TEENAGERS ZU ERKENNEN, SIND:

1. Wie fühle ich mich?

2. Was mache ich?

3. Wie reagiert mein Teenager darauf?

Wie beginnen wir damit, eine bessere Beziehung aufzubauen?

Wir haben gesehen, dass beständige, erfüllende Beziehungen auf *Respekt* basieren.

Drei weitere Elemente starker, erfüllender Beziehungen sind:

- Spaß haben,
- Ermutigung geben,
- Liebe zeigen.

Spaß haben

Es ist oft der Fall, dass Spaß weniger und weniger einen Teil des Familienlebens bildet, sobald die Kinder zu Teenagern werden. Das hat verschiedene Ursachen.

Die Beziehung ist vielleicht schwierig. Die Teenager interessieren sich vielleicht mehr für ihre Freunde. Jeder ist beschäftigt. Trotzdem ist es wichtig, mit unseren Teenagern Spaß zu haben. Miteinander Spaß zu haben, erlaubt es uns und unseren Teenagern, uns nicht dauernd auf Probleme zu konzentrieren.

Spaß braucht nicht viel Zeit in Anspruch zu nehmen. Wo und wie fangen wir an?

✓ Wir beginnen den Tag mit einem Lächeln, wenn wir
»Guten Morgen« sagen. Das kann die Stimmung unseres Teenagers für den ganzen Tag prägen – und unsere
eigene.

✓ Wir sind bereit, über uns selbst zu lachen. Wenn es uns
gelingt, unsere eigenen Probleme mit Humor zu betrachten, können Teenager auch in ihren Problemen
den Humor, die spaßige Seite erkennen. Wenn wir über
unsere Fehler lachen können, werden Teenager daran
erinnert, dass es in Ordnung ist, Fehler zu machen.

✓ Wir nutzen das gemeinsame Kochen oder zusammen
Einkaufen gehen, um darüber zu sprechen, was während des Tages passiert ist oder sogar, um ein bisschen
albern zu sein. Im Bus oder im Auto erzählen wir unserem Teenager von Erlebnissen, über die wir beide lachen können. Wir schauen gemeinsam eine lustige
Fernsehsendung, während wir die Wäsche zusammenlegen.

✓ Wir »stellen uns ein« auf den Sinn für Humor, den unser Teenager entwickelt hat. Wir lachen beide über etwas, das wir im Radio hören. Wir lesen gemeinsam einen lustigen Artikel in der Zeitung.

✓ Es ist auch eine gute Idee, eine gemeinsame Freizeitaktivität zu planen. Wir nehmen uns vor, das mindestens
einmal pro Woche zu tun. Wir leihen uns ein Video aus,
joggen, gehen ins Kino oder besuchen ein Museum. Außerdem nutzen wir auch ungeplante gemeinsame Zeit.
Wenn der Augenblick schön ist, genießen wir ihn!

VERGESSEN SIE NICHT ZU LACHEN!

Humor kann viele kritische Situationen entschärfen. Und durch Humor können Sie Ihren Teenager daran erinnern, dass Sie Spaß verstehen und auch gerne Spaß haben.

✓ Frau J. sagt zu ihrer Tochter Augusta: »Natürlich benutze ich so viel Geschirr wie möglich, wenn ich weiß, dass *du* heute abdecken und abwaschen musst. Möchtest du mir etwa weismachen, dass Töpfe putzen *nicht* deine Lieblingsbeschäftigung ist?«

✓ Markus vergisst oft, mit Chaos – dem Hund der Familie – Gassi zu gehen. An einem Donnerstag kann Chaos nicht mehr warten und macht sein Geschäft in der Küche. Ungern und murrend wischt Markus auf. Am Freitag erinnert sich Markus an den Hund, aber sehr spät. Er ruft: »Chaos, komm her!« Chaos kommt zur Tür, da klingelt das Telefon. Markus antwortet und spricht zehn Minuten. Als er wieder zur Haustüre kommt, steht Chaos neben einer Pfütze. Markus' Großvater meint dazu: »Schon besser! Es hat nicht viel gefehlt und der Hund wäre tatsächlich draußen gewesen!«

Ermutigung geben

Wir müssen an unseren Teenager glauben, wenn er an sich selbst glauben soll:

✓ Um sich fähig und geliebt zu fühlen, braucht unser Teenager viel Ermutigung.

✓ Um bereit zu sein, wirklich zu kooperieren, muss unser

Teenager mit sich selbst zufrieden sein und sich selbst mögen.

Jeder Mensch ist einzigartig. Um unser Kind als einzigartig kennen zu lernen, ist es wichtig, Interesse an ihm zu zeigen. Unser Teenager besitzt viele besondere und wunderbare Eigenschaften. Wenn wir diese Qualitäten bemerken und unserem Teenager auch sagen, dass wir sie bemerkt haben, wird er sich *ermutigt* fühlen. Mit jeder weiteren Ermutigung wird sich unser Jugendlicher selbst immer mehr mögen.

Ermutigung bedeutet auch, Fehlern weniger Bedeutung beizumessen und mehr Gewicht auf die Stärken unseres Teenagers zu legen. Ermutigung konzentriert sich auf Bemühungen. Damit sagen wir unserem Teenager: »Ich habe Vertrauen in dich.«

**Schaffen Sie eine Atmosphäre zu Hause,
in der sich Ihr Teenager ermutigt fühlt.**

Es ist schwer vorherzusagen, wann unser Teenager mit uns zusammen sein möchte.

Wir zeigen unsere Liebe

Obwohl sie keine Kinder mehr sind, müssen Teenager noch immer die Liebe der Eltern spüren. Wir zeigen unsere Liebe durch unsere Worte und durch unsere Handlungen,

✓ indem wir sagen: »Ich hab dich lieb«;

✓ indem wir sie umarmen und ihnen wohlwollend auf die Schulter klopfen;

✓ indem wir etwas tun, von dem wir wissen, dass unser Teenager es gerne mag – zum Beispiel ihm sein Lieblingsgericht kochen;

✓ indem wir mit Respekt sprechen und handeln;

✓ indem wir unserem Teenager erlauben, Verantwortung zu übernehmen und dadurch selbstständig und unabhängig zu werden.

STEP ERMUTIGUNG

Wie fühlen Sie sich als Eltern eines Teenagers? Denken Sie darüber nach, wie Sie sich jetzt fühlen.

✓ Wenn Sie sich gut fühlen, fragen Sie sich, weshalb das so ist. Wodurch wurde Ihr gutes Gefühl verursacht?

✓ Wie können Sie dieses gute Gefühl beibehalten?

Denken Sie an mindestens *ein Ereignis*, das Sie heute mit Ihrem Teenager erlebt haben, oder einen Aspekt Ihrer Erziehung, der Sie heute ermutigt hat.

✓ Weshalb fühlen Sie sich dadurch ermutigt?

✓ Wie könnten Sie diese Erfahrung öfter in Ihrem Alltag nutzen?

In Kapitel 3 wird das Thema Ermutigung ausführlich behandelt. Jedes Kapitel dieses Buches enthält eine »STEP Ermutigung«, um Ihnen zu helfen, Ermutigung zu einer Gewohnheit werden zu lassen.

Außerdem finden Sie in diesem Buch auch immer wieder kurze Aktivitäten, die es Ihnen ermöglichen, sich auf sich selbst zu konzentrieren – weil Sie selbst auch Ermutigung brauchen!

Sie haben den ersten großen Schritt gemacht

In Kapitel 1 haben Sie viel über sich und Ihren Teenager gelernt:

✓ Sie haben gesehen, wie wichtig Respekt ist.

✓ Sie haben erkannt, dass Ihr Teenager die Möglichkeit haben muss, Entscheidungen zu treffen.

✓ Sie haben darüber nachgedacht, auf welch verschiedene Art und Weise sich Ihr Teenager verändert.

✓ Sie haben gelernt, dass Ihr Teenager dazugehören möchte.

✓ Sie haben Möglichkeiten gesehen, wie Sie Ihrem Teenager Respekt entgegenbringen, ihn ermutigen und ihm zeigen können, dass Sie ihn lieben.

✓ Sie haben sich daran erinnert, wie wichtig es ist, Freude und Spaß mit- und aneinander zu haben.

Indem Sie all das tun, haben Sie einen wichtigen Schritt gemacht, um der Herausforderung, die Erziehung an Sie stellt, zu begegnen.

FÜR IHRE **FAMILIE**

Diese Aktivität dauert nicht lange. Führen Sie sie durch, wenn die Familie zusammen ist – vielleicht zu den Mahlzeiten.

● Berichten Sie einander abwechselnd etwas Gutes, das sich für jeden von Ihnen während des Tages ereignet hat.

● Wenn diese Aktivität neu ist, bietet es sich an, dass Sie den Anfang machen oder ihren Teenager fragen: »Was hast du heute Schönes erlebt? Erzähl mal!«

Lassen Sie diesen Austausch in der Familie so oft wie möglich stattfinden.

AUFGABE DER WOCHE

Beobachten Sie das Verhalten Ihres Teenagers und wie Sie darauf reagieren. Entscheiden Sie, um welches Ziel es sich handelt. Fragen Sie sich:

1. Was hat unser Teenager gemacht?
2. Wie habe ich mich gefühlt?
3. Wie habe ich reagiert?
4. Wie hat unser Teenager daraufhin reagiert?
5. Was war, meiner Meinung nach, das Ziel des Fehlverhaltens?
6. Wie kann ich ihn dazu ermutigen, sich ein positiveres Ziel zu setzen?

NUR FÜR SIE

REDUZIEREN SIE DEN Stress

Es ist harte Arbeit, wenn es um Probleme mit Teenagern geht. Möglicherweise empfinden Sie *Stress*. Stress ist eine Reaktion auf unangenehme, beunruhigende Ereignisse. Es kann sich dabei um eine physische Reaktion handeln: Kopfschmerzen, hoher Blutdruck, Herzrasen. Es kann sich um eine emotionale Reaktion handeln: Sie machen sich vielleicht Sorgen oder haben Schlafstörungen. Sie möchten vielleicht am liebsten laut schreien.

Sie wissen, dass all diese Reaktionen auf die Dauer nicht gut für Sie sind. Aber was können Sie dagegen tun? Hier sind einige Vorschläge:

Atmen Sie tief durch. Atmen Sie mehrmals tief durch. Erlauben Sie Ihrem Atem, seinen eigenen Rhythmus zu finden. Sagen Sie sich »ruhig«, wenn Sie einatmen, und »bleiben«, wenn Sie ausatmen. »Ruhig ... bleiben ...«

Sprechen Sie mit sich selbst. Sagen Sie einfache positive Worte zu sich selbst: »Sei ruhig.« »Nimm es leicht.« »Ich bin in Ordnung.« »Es wird alles gut.« »Das wird vorübergehen.«

Seien Sie vorbereitet. Wenn Sie denken, dass etwas stressig sein wird, dann bereiten Sie sich darauf vor. Atmen Sie ein paarmal tief durch. Sprechen Sie mit sich selbst, bevor Sie der Situation gegenübertreten.

Sehen Sie die Situation aus einem anderen Blickwinkel. Betrachten Sie eine schwierige Situation als eine Herausforderung – nicht als etwas, mit dem Sie nicht fertig werden können. Sehen Sie es als eine Chance, neue Stärken in sich selbst zu entdecken.

Klopfen Sie sich selbst wohlwollend auf die Schulter. Akzeptieren Sie sich selbst. Nehmen Sie sich jeden Tag Zeit, über Ihre positiven Eigenschaften nachzudenken. Sagen Sie sich: »Ich kann das.« »Ich bin ein wertvoller Mensch.« »Ich treffe meine eigenen Entscheidungen.«

Führen Sie ein Tagebuch. Schreiben Sie stressige Situationen auf. Vermerken Sie, was Sie gemacht haben, um den Stress zu verringern. Machen Sie sich Notizen darüber, wie gut es vorangeht oder schreiben Sie sich selbst kurze Briefe, wie es Ihnen geht.

Zusammenfassung

1. Die Herausforderung bei der Erziehung besteht darin, Teenager zu erziehen, die gesund, selbstbewusst, kooperativ und verantwortungsvoll sind.

2. Sie können Ihren Teenager nicht dazu zwingen, sich zu ändern. Sie können jedoch die Perspektive ändern, aus der Sie Ihren Teenager sehen, Sie können den Umgang mit Ihrem Teenager ändern. Sie können eine bessere Beziehung aufbauen.

3. Behandeln Sie Ihren Teenager mit Respekt.

4. Ermutigen Sie Verantwortungsbewusstsein und Kooperation, indem Sie Ihrem Teenager Gelegenheit geben, eigene Entscheidungen zu treffen.

5. Ihr Teenager verändert sich physisch, emotional und geistig. All das beeinflusst das Verhalten Ihres Teenagers.

6. Zu wissen, um wessen Problem es sich handelt, kann Ihnen helfen zu entscheiden, ob Sie sich in die Probleme Ihres Teenagers einmischen. Derjenige, um dessen Problem es sich handelt, ist dafür verantwortlich, es zu lösen.

7. Um zu entscheiden, um wessen Problem es sich handelt, fragen Sie sich:

- Werden meine Rechte missachtet?
- Ist unser Teenager nicht fähig, die Verantwortung zu übernehmen?
- Könnte jemand verletzt werden?
- Könnte das Eigentum von jemandem beschädigt werden?

Wenn die Antwort auf eine dieser Fragen »ja« ist, dann handelt es sich um Ihr Problem oder um ein gemeinsames Problem für Sie und Ihren Teenager.

Ist die Antwort auf alle Fragen »nein«, dann handelt es sich um ein Problem Ihres Teenagers.

8. Alle Kinder, auch Teenager, möchten dazugehören. Sie bekommen dieses Gefühl der Dazugehörigkeit sowohl durch positives Verhalten als auch durch Fehlverhalten.

9. Wir unterscheiden vier Ziele des Fehlverhaltens:

- Aufmerksamkeit erlangen,
- Macht ausüben,
- Rache nehmen,
- die eigene Unfähigkeit unter Beweis stellen.

10. Sie können eine gute Beziehung zu Ihrem Teenager entwickeln, indem Sie

- Respekt zeigen,
- Spaß haben,
- ermutigen,
- Liebe zeigen.

Tabelle 1

Erkennen Sie die Ziele des Fehlverhaltens

Wie fühlen Sie sich?	Was machen Sie gewöhnlich?	Wie reagiert Ihr Teenager gewöhnlich?	Ziel des Fehlverhaltens
verärgert, genervt, irritiert	erinnern, nörgeln, gut zureden	stellt Fehlverhalten vorübergehend ein, zeigt später wieder Fehlverhalten	Aufmerksamkeit erlangen
wütend, zornig, bedroht	strafen, streiten, nachgeben	setzt Fehlverhalten fort, fordert Sie heraus oder macht, was Sie sagen, aber langsam und nur oberflächlich oder schlampig	Macht ausüben
sehr verletzt, wütend	heimzahlen, strafen	zeigt Fehlverhalten verstärkt, rächt sich immer wieder	Rache nehmen
hoffnungslos, verzweifelt, aufgeben wollen	aufgeben, zustimmen, dass der Teenager nicht fähig ist, etwas zu tun	ist passiv, reagiert nicht und bemüht sich nicht	die eigene Unfähigkeit unter Beweis stellen

2 Wir ändern unsere Reaktion auf unseren Teenager

In diesem Kapitel befassen wir uns mit folgenden Themen:

☞ Unser Teenager hat eigene Wertvorstellungen und Überzeugungen, wie er am besten dazugehören kann.

☞ Die Gefühle und das Verhalten unseres Teenagers sind eine Folge dieser Wertvorstellungen und Überzeugungen.

☞ Wir können gut zuhören und verstehen, was unser Teenager denkt und fühlt.

☞ Wir können unserem Teenager zeigen, dass es in Ordnung ist, über Gefühle zu sprechen.

☞ Wir können unsere Beziehung zu unserem Teenager verändern, indem wir die Art ändern, wie wir mit unserem Teenager umgehen.

Wir haben gelernt, dass unser Teenager dazugehören möchte. Fehlverhalten ist eine Art, durch die unser Teenager versucht dazuzugehören. Er entdeckt, dass Fehlverhalten funktioniert. In der Beziehung zu den Eltern zahlt sich sein Fehlverhalten aus, wenn die Eltern durch ihre Reaktion das Fehlverhalten verstärken.

Ein Teenager, der Fehlverhalten zeigt, ist entmutigt.

Was können wir tun, wenn unser Teenager Fehlverhalten zeigt?

Unser Teenager entscheidet sich, Fehlverhalten zu zeigen. Die Art, wie wir reagieren, ist jedoch unsere Entscheidung. Wenn wir so reagieren, wie unser Teenager es erwartet, erreicht er die gewünschte Wirkung, es zahlt sich für ihn aus. Wenn es uns aber gelingt, auf andere Weise zu reagieren, bekommt unser Teenager eine völlig andere Botschaft. Durch unsere Worte und Handlungen zeigen wir, dass unser Teenager nicht mehr das bekommt, wofür es sich bis jetzt gelohnt hat, Fehlverhalten zu zeigen. Mit der Zeit bekommt unser Teenager dadurch die Chance, sich für positive Ziele und positives Verhalten zu entscheiden.

Dies wird nicht über Nacht geschehen. Im vorliegenden STEP Elternbuch befassen wir uns damit, wie wir positive Ziele bei unserem Teenager fördern können. Den Anfang machen wir, indem wir alte Verhaltensmuster durchbrechen. Wir denken darüber nach, welche Reaktion unser Teenager von uns erwartet und *machen das Gegenteil.*

> ### WAS IST FEHLVERHALTEN?
>
> - Handlungen oder Worte, die respektlos sind, die die Rechte anderer ignorieren oder missachten;
> - die Weigerung zu kooperieren;
> - Verhalten, das für den Teenager selbst oder für andere gefährlich ist;
> - gesetzeswidrige Verhaltensweisen.

Wir schauen uns dazu einige Beispiele an.

Aufmerksamkeit erlangen

BEISPIEL

Es ist Freitagmorgen und Rebecca, 13, kommt in die Küche. Sie stellt sich an den Tisch und wartet darauf, dass ihre Mutter, Frau K., sie bemerkt. Frau K. unterbricht ihre Zeitungslektüre, schaut zu Rebecca auf und spürt Verärgerung in sich hochsteigen. Sie sagt: »Rebecca, du kannst mit diesem T-shirt nicht in die Schule. Bauchfrei im Unterricht ist nicht in Ordnung.« Rebecca antwortet: »Das T-shirt gehört Carolin und sie hat es immer in der Schule an. Ich finde, es sieht gut aus.« »Geh und ziehe etwas anderes an«, erwidert Frau K. Rebecca seufzt: »Okay, wenn es sein muss!«

Fünf Minuten später ist Rebecca wieder da. Frau K. schaut sie nur kurz an und rollt mit den Augen. »Du kannst diese zerrissenen Jeans nicht anlassen! Verdammt noch mal, Rebecca, weshalb kannst du nicht was Anständiges anziehen?« Rebecca meint dazu: »Okay, okay.« Sie läuft in ihr Zimmer und kehrt kurze Zeit später zurück. Diesmal trägt sie saubere Jeans und eine Bluse. Frau K. sagt: »Na also, das ist doch viel besser.«

Rebecca isst eine Schüssel Cornflakes. Dann geht sie auf ihr Zimmer und holt ihre Bücher. Als sie in die Küche zurückkommt, sieht Frau K., dass Rebecca Lidschatten auf-

65

getragen hat. Frau K. seufzt und sagt: »Jetzt schau dich mal im Spiegel an! Du hast viel zu viel Lidschatten aufgetragen!«

Hinweise auf das Ziel von Rebeccas Fehlverhalten

1. Frau K. ist *verärgert*.
2. Frau K. schenkt Rebecca ihre Aufmerksamkeit: Sie *nörgelt und kritisiert*.
3. Rebecca *stellt ihr Fehlverhalten kurze Zeit ein*. Später *macht sie jedoch etwas anderes*, um die Aufmerksamkeit ihrer Mutter zu bekommen.

Rebeccas Ziel ist demnach *Aufmerksamkeit*.

Welche anderen Möglichkeiten hat Frau K.?

✓ Sie könnte Rebeccas Kleidung und Make-up ignorieren. Sie könnte einfach nur »Guten Morgen« sagen und über etwas anderes sprechen.

✓ Sie könnte es der Schule überlassen, ob Rebeccas T-shirt oder Jeans der Kleiderordnung der Schule gerecht werden. Wenn dem nicht so ist, braucht Frau K. gar nichts zu sagen. Es bleibt Rebecca überlassen, in ihrem Kleiderschrank etwas zu finden, das sie in der Schule tragen kann.

✓ Statt sich auf Rebeccas Kleidung und Make-up zu konzentrieren, könnte Frau K. etwas Positives bemerken. Sie könnte vielleicht sagen: »Schön, dass wir zusammen frühstücken können!« Sie könnte auch fragen: »Was gibt es heute in der Schule?«

✓ Bei anderer Gelegenheit ist es wichtig, ihrer Tochter auf positive Art Aufmerksamkeit zu schenken.

Macht ausüben

BEISPIEL

Peter ist 16. In letzter Zeit verbringt er viel Zeit mit Mark, einem neuen Freund. Mark kommt nicht gerne zu Peter nach Hause. Stattdessen möchte er, dass Peter mit ihm abends ausgeht. Peter spricht mit seinem Vater nicht mehr so viel wie früher. Die meisten Abende ist er nicht zu Hause. Herr A., sein Vater, macht sich Sorgen. Er weiß nicht immer, wo Peter sich aufhält.

Eines Abends, als Peter wieder dabei ist, das Haus zu verlassen, fragt Herr A.: »Wohin gehst du?« Peter antwortet: »Aus! Musst du immer wissen, wo ich bin?« Herr A. wird wütend: »Sprich nicht so mit mir! Ich habe ein Recht zu wissen, wohin du gehst – und mit wem du zusammen bist!«

»Was geht das *dich* an!« kontert Peter lautstark. »Mark und ich gehen einfach in die Altstadt. Das ist doch keine große Sache.« Herr A. meint dazu: »Dieses ›einfach so irgendwohin ausgehen mit Mark‹ gefällt mir gar nicht. Du bleibst heute Abend zu Hause und machst Hausaufgaben. Deine Noten könnten besser sein!«

Peter erwidert: »Meine Noten sind in Ordnung!« Herr A. wütend: »Das werden sie aber nicht mehr lange sein, wenn du dich mit Leuten wie Mark herumtreibst, statt zu arbeiten!«

Peters Augen funkeln, als er fragt: »Was passt dir an Mark denn nicht?« Herr A. dazu: »Er ist nicht wie deine anderen Freunde. Ich trau ihm nicht.« Peter schreit: »Das ist so blöd! Du kennst ihn nicht mal. Wenn du glaubst, du kannst meine Freunde aussuchen, hast du dich geschnitten! Ich bin weg!« Peter läuft aus dem Haus und knallt die Tür hinter sich zu.

Hinweise auf das Ziel von Peters Fehlverhalten

1. Herr A. ist *wütend*.

2. Herr A. *versucht* Peters Verhalten *zu korrigieren*, indem er *Grenzen setzt*.

3. Peter lässt sich das nicht gefallen und *streitet*. Er setzt sein Fehlverhalten fort.

Peters Ziel ist *Macht*.

Vielleicht hat Herr A. recht, wegen Peters Freundschaft mit Mark besorgt zu sein. Ein Machtkampf wird aber nicht helfen. Indem wir anfangen zu streiten oder den Streit fortsetzen, halten wir nur den Machtkampf in Gang.

Welche anderen Möglichkeiten hat Herr A.?

✓ Herr A. könnte warten und zu einem späteren Zeitpunkt mit Peter darüber sprechen – wenn sie sich beide beruhigt haben. Dann könnte Herr A. sagen: »Ich möchte Mark gegenüber nicht unfair sein. Können wir darüber sprechen?«

✓ Wenn sie wieder miteinander sprechen, könnte Herr A. in respektvollem Ton beginnen. Er könnte zum Beispiel sagen: »Ich finde es merkwürdig, dass Mark niemals zu uns kommt. Meinst du, er fühlt sich hier nicht willkommen?«

✓ Statt Anordnungen zu erteilen und zu kritisieren, könnte Herr A. sagen: »Ich mache mir Sorgen, weil du dich verändert hast, seitdem du mit Mark befreundet bist.«

✓ Herr A. wird nicht verhindern können, dass Peter *jemals wieder* Zeit mit Mark verbringt. Aber er hat ein Recht darauf zu wissen, wo sich sein Sohn aufhält. Und er hat ein Recht, von Peter zu erwarten, dass er sich an vereinbarte Grenzen hält oder mit ihm neue Regeln verhandelt. (In Kapitel 4 schauen wir uns an, wie Eltern und Teenager auf diese Weise kooperieren können.)

✓ Sollte Herr A. unbedingt »nein« sagen müssen, so kann er es sachlich tun, ohne zu kritisieren oder Vorwürfe zu machen: »Du kannst nicht ausgehen, wenn ich nicht weiß, wo du dich aufhalten wirst.«

Herr A. weiß, dass die Suche nach neuen Freunden für Peter ein Weg ist, selbstständig zu werden. Herr A. ist klug genug, um das Thema *Freunde* nicht in einen Machtkampf ausarten zu lassen. Indem er ruhig bleibt, ermöglicht er es Peter, sich Freundschaften genauer zu betrachten. Er gibt ihm die Chance, sein Gesicht zu wahren. So besteht die Chance, dass eine neue Freundschaft nicht zu einem richtigen Problem wird.

Wenn Herr A. sofort beschließt, Marks Kleidung und Verhalten nicht zu mögen, wird Mark diese negativen Gefühle spüren. Wenn Mark fühlt, dass Peters Vater ihn nicht mag, wird er Peters Zuhause meiden. Herr A. kann sich auch daran erinnern, dass alle Teenager sich entwickeln und verändern. Vielleicht stellt er sogar fest, dass Mark viele positive Eigenschaften besitzt.

Natürlich ist es möglich, dass Peter sich trotzdem weigert, zu kooperieren. Dann wird Herr A. Grenzen setzen und Konsequenzen folgen lassen müssen. In Kapitel 5 lernen wir, wie wir das mit unserem Teenager tun können.

Rache nehmen

BEISPIEL

André ist 14. Er und seine Mutter, Frau S., streiten sich in der letzten Zeit wegen wichtiger, aber auch wegen weniger wichtiger Angelegenheiten.

Frau S. und ihr Mann haben zusammen einen Zaun um die Terrasse gebaut. Es war viel harte Arbeit. Sie möchte, dass André den Zaun streicht. André hat keine Lust dazu. »Wir haben doch diesen doofen Zaun gar nicht gebraucht!«, meint er. Frau S. ist wütend und sagt: »Du streichst den Zaun oder du gehst heute Abend nicht mit deinen Freunden weg!«

69

Am gleichen Abend möchte André mit seinen Freunden weggehen. Frau S. blockiert die Tür und sagt: »Du wirst heute nicht ausgehen. Ich bleibe hier stehen! Du kommst hier nicht raus!« André benutzt Schimpfwörter und brüllt: »Du bist blöd! Ich hasse dich!« Er rennt in sein Zimmer und knallt die Tür zu.

Als Frau S. am nächsten Morgen aufsteht, entdeckt sie, dass André überall auf der Terrasse Farbe verspritzt hat, ohne einen einzigen Tropfen auf den Zaun zu verschwenden. Sie ist verletzt und wütend.

Hinweise auf Andrés Ziel des Fehlverhaltens

1. Frau S. ist *verletzt und sehr wütend.*

2. Frau S. möchte es André *heimzahlen*, indem sie ihm verbietet auszugehen.

3. André *verletzt* seine Mutter, indem er die Terrasse verunstaltet.

Andrés Ziel ist demnach *Rache.*

Welche anderen Möglichkeiten hat Frau S.?

✓ Frau S. könnte versuchen, sich nicht verletzt zu fühlen und nichts sagen oder tun, das wiederum ihren Sohn verletzt.

✓ Sie könnte versuchen, es ihm nicht heimzuzahlen.

✓ Sie könnte mit André sprechen, wenn sie sich beide beruhigt haben. Sie könnte sagen: »André, wir haben ein Problem. Ich brauche deine Hilfe und Kooperation. Du scheinst wütend auf mich zu sein. Hilf mir, zu verstehen, was los ist.«

Rache ist oft die Folge eines verlorenen Machtkampfes. André durfte nicht ausgehen, dafür hat er aber auch den Zaun nicht gestrichen. Um den Teufelskreis der Rache zu durchbrechen, braucht es Zeit. Aber André kann keinen

Rachefeldzug in Gang setzen, wenn Frau S. sich weigert, mitzumachen. Es gibt beiden die Chance, sich zu beruhigen und nachzudenken. Frau S. muss sich auch darum bemühen, Vertrauen und Respekt aufzubauen.

Eine Reaktion zu ändern, bedeutet oft, das *Gegenteil* von dem zu tun, was unser Teenager von uns erwartet.

Die eigene Unfähigkeit unter Beweis stellen

BEISPIEL

Sarah ist 17. Seit sie in der neuen Schule angefangen hat, hat sie Schwierigkeiten mit ihrem Leistungskurs in Biologie. Ihr Vater, Herr R., sagt zu ihr: »Was ist los mit dir, Sarah? Du warst in deiner alten Schule immer gut in Biologie.« Sarah antwortet: »Was wir jetzt machen, ist viel schwieriger als in der alten Schule. Du kannst dir nicht vorstellen, wie schwierig es ist. Bitte, lass mich heute zu Hause bleiben. Wir schreiben eine Klausur und ich kann absolut nichts.« Sie beginnt zu weinen.

Herr R. weiß nicht, was er tun soll. Wie Sarah findet er auch, dass sie Biologie eben nicht kann. Er sagt zu seiner Tochter: »Okay, dann bleibe eben zu Hause. Ich werde in der Schule anrufen und mit dem Lehrer sprechen. Vielleicht kannst du in einen Grundkurs wechseln.«

Hinweise auf das Ziel von Sarahs Fehlverhalten

1. Herr R. fühlt sich *hoffnungslos*. Er glaubt nicht, dass Sarah in einem Biologie-Leistungskurs erfolgreich sein kann, deshalb *möchte er aufgeben*.

2. Herr R. *gibt auf*. Er sagt Sarah, dass er ihr zustimmt. Er glaubt auch, dass Biologie für sie zu schwer ist.

3. Sarah hat damit die Erlaubnis ihres Vaters, aufzugeben. Es ist *unwahrscheinlich*, dass sie sich in Biologie *verbessern* wird.

71

Sarah hat gesagt:»Ich kann es nicht« und Herr R. hat zuge-stimmt. Sarahs Ziel ist es, ihre *Unfähigkeit unter Beweis zu stellen.*

Welche andere Möglichkeiten hat Herr R.?

✓ Herr R. könnte sich weigern, Sarah aufzugeben. Er könnte sagen:»Ich weiß, du kannst Biologie lernen. Du brauchst vielleicht etwas Hilfe. Lass uns in der Schule anrufen und mit dem Lehrer ein Treffen vereinbaren, damit du erfährst, wer dir helfen könnte. Vielleicht fin-den wir einen Schüler oder einen Studenten, der dir er-klären kann, was du noch nicht verstanden hast.«

✓ Er könnte besonders darauf achten, Sarah nicht zu be-mitleiden. Wenn Sarah glaubt, dass sie ihrem Vater Leid tut, wird sie sich auch selbst Leid tun.

✓ Herr R. könnte Sarah ermutigen, an ihrem Projekt für den Biologie-Leistungskurs weiter zu arbeiten. Er könn-te kleine Bemühungen und Fortschritte wahrnehmen. Er könnte sagen:»Ich wusste, du würdest genug Infor-mationsmaterial für das Referat finden, wenn du dran bleibst.«

Manchmal möchte ein Teenager, der »Ich kann nicht« sagt, Aufmerksamkeit oder Macht erlangen, nicht seine Unfä-higkeit unter Beweis zu stellen. Woran erkennen wir den Unterschied? Der Teenager, der seine Unfähigkeit beweisen will, gibt auf. Er will alleine gelassen werden oder eine Ent-schuldigung haben, dass er die Arbeit nicht erledigen muss. Wir beobachten unsere Gefühle, um herauszufinden, um welches Ziel des Fehlverhaltens es sich handelt. Fühlen wir uns verärgert oder wütend? Wenn dem so ist, handelt es sich beim Ziel des Teenagers um Aufmerksamkeit oder Macht. Fühlen wir uns hoffnungslos und möchten wir auf-geben? Wenn das so ist, dann geht es wahrscheinlich da-rum, die eigene Unfähigkeit unter Beweis zu stellen.

Ein Teenager, der aufgibt, ist *sehr entmutigt.* Es ist wich-tig, einem solchen Teenager sehr viel Unterstützung und

Ermutigung zu geben. In Kapitel 3 lernen wir mehr darüber, wie wir unseren Teenager ermutigen können.

Die eigene Unfähigkeit unter Beweis zu stellen, unterscheidet sich von ernsthafter Depression.
Um dieses Thema genauer zu betrachten, schauen Sie sich Seite 244 (Kap. 6) an.

Oft verstärken wir das Fehlverhalten unseres Teenagers, indem wir genauso reagieren, wie unser Teenager es von uns erwartet. Wir vermeiden diese Falle, indem wir uns entschließen, nicht auf unseren ersten Impuls hin spontan zu reagieren. *Wir halten inne, gehen einen Schritt zurück und denken nach, ehe wir handeln.* Wir fragen uns: »Wie reagiere ich am besten?« So schwer es auch klingt, wir müssen uns darüber im Klaren sein, dass wir nicht nur unser *Verhalten* ändern müssen, wenn unser Teenager Fehlverhalten zeigt, sondern auch unsere *Gefühle.* Wir weigern uns, verärgert, wütend, verletzt oder entmutigt zu sein, denn diese Emotionen verstärken das Fehlverhalten nur. Die Übung »Nur für Sie« auf Seite 101 hilft uns zu lernen, wie wir unsere eigenen Gefühle ändern können.

Wodurch werden Teenager entmutigt?

Wir haben gesehen, dass Teenager, die Fehlverhalten zeigen, entmutigt sind. Wodurch werden sie entmutigt? Hinter dem Wunsch unserer Teenager dazuzugehören, verbergen sich *Wertvorstellungen und Überzeugungen,* auf deren Grundlage unsere Teenager unbewusst entscheiden, *wie* sie diese Dazugehörigkeit erreichen. Wir nennen Wertvorstellungen und Überzeugungen, die zu Fehlverhalten führen, »fehlerhafte Wertvorstellungen und Überzeugungen«.

Fehlerhafte Wertvorstellungen und Überzeugungen unseres Teenagers

- Aufmerksamkeit erlangen

»Ich gehöre nur dazu, wenn ich bemerkt werde – sogar dann, wenn es meinen Eltern Probleme bereitet.«

- Macht ausüben

»Ich gehöre nur dazu, wenn ich das Sagen habe – sogar dann, wenn es zu Streit führt. Wenn ich meine Eltern dazu bringe, mit mir zu streiten, habe ich Macht.«

- Rache nehmen

»Ich bin nicht liebenswert. Ich gehöre nur dazu, wenn ich andere verletze. Ich möchte, dass meine Eltern sich genauso verletzt fühlen wie ich.«

- Die eigene Unfähigkeit unter Beweis stellen

»Ich gehöre dazu, indem ich meinen Eltern beweise, dass ich eben nichts kann. Ich bin überzeugt, dass ich *nicht dazugehöre*, wenn ich etwas *versuche* und es dann nicht schaffe. Deshalb ist es besser, es gar nicht erst zu versuchen.«

Die Kehrseite: Positive Wertvorstellungen und Überzeugungen unseres Teenagers

Jedes der Ziele des Fehlverhaltens hat eine »Kehrseite« – positive Wertvorstellungen und Überzeugungen, die zu positiven Verhaltenszielen führen können.

- Beteiligung

»Ich möchte Teil des Ganzen sein. Bitte helft mir zu lernen, mich zu beteiligen.«

- Selbstständigkeit

»Ich möchte selbstständig sein. Bitte lasst mich Entscheidungen treffen und aus ihnen lernen.«

- Fairness

»Ich möchte, dass es fair zugeht. Bitte gebt mir die Chance zu kooperieren.«

- Kompetenz

»Ich brauche Zeit, um nachzudenken. Ich möchte erfolgreich sein. Bitte helft mir zu lernen, mir selbst zu vertrauen.«

Es ist hilfreich, die Kehrseite der vier Ziele zu kennen. Wir können diese Kenntnis nutzen, um unserem Teenager zu helfen, sich vom negativen Ziel zur positiven Kehrseite zu verändern:

1. sich zu beteiligen und auf positive Weise dazuzugehören statt unangemessene Aufmerksamkeit zu suchen
2. verantwortliche Entscheidungen zu treffen und selbstständig zu handeln statt Macht auszuüben
3. fair zu sein statt Rache zu nehmen
4. kompetent zu werden statt seine Unfähigkeit unter Beweis zu stellen

Wir wollen unseren Teenager dazu ermutigen, sich positive Verhaltensziele zu setzen. Wir wollen ihm helfen, alle genannten positiven Wertvorstellungen und Überzeugungen zu entwickeln.

Jedes Fehlverhalten hat eine Kehrseite.

Woher kommen Wertvorstellungen und Überzeugungen?

Unsere grundsätzlichen Wertvorstellungen und Überzeugungen sind entstanden, als wir noch sehr jung waren. Entscheidend für deren Entwicklung war, wie wir die frühen Erfahrungen in unserer Herkunftsfamilie gesehen und beurteilt haben. Unsere Wertvorstellungen und Überzeugungen waren nicht immer logisch, aber sie haben damals für uns einen Sinn ergeben. Die Überzeugung, »Ich gehöre dazu, wenn ich ein kooperatives Kind bin«, würde viel positives Verhalten hervorrufen. Wenn das Verhalten, für das wir uns entschieden haben, nicht zum gewünschten Erfolg führt, können uns unsere Wertvorstellungen und Überzeugungen Probleme verursachen. Viele dieser Wertvorstellungen und Überzeugungen sind noch heute ein Teil von uns. Über einige von ihnen sind wir uns gar nicht bewusst. Manchmal können sie uns noch als Erwachsene Probleme verursachen.

Auch Teenager haben Wertvorstellungen und Überzeugungen entwickelt. Genauso wie unsere, sind auch ihre eine Folge der Erfahrungen, die sie in jungen Jahren gesammelt haben. Wir haben gesehen, dass Wertvorstellungen und Überzeugungen das Ergebnis eines bestimmten Erziehungsstils sein können. Sie sind auch die Folge der Einstellung unseres Teenagers hinsichtlich folgender Fragen:

- Was ist wichtig in der Familie?
- Welche Position nimmt der Teenager in der Familie ein?
- Wir Eltern sind Vorbild für unseren Teenager:
  Was sagen wir Eltern und was tun wir?

Was ist wichtig in der Familie?

In jeder Familie gibt es eine einzigartige Stimmung und einen einzigartigen Umgangston. Wir bezeichnen dies als die

Atmosphäre in der Familie. Außerdem sind für jeden Erwachsenen in einer Familie bestimmte Werte wichtig. Die Kombination aus Atmosphäre und Werten vermittelt den Kindern, was in der jeweiligen Familie wichtig ist.

Kinder achten genau auf diese Atmosphäre. Zum Beispiel wissen sie für gewöhnlich, ob Bildung, Religion, Sport oder die bildenden Künste für die Eltern wichtig sind. Die Kinder wissen dies, weil die Eltern erkennbar Freude an diesen Aktivitäten haben und sie dem Kind gerne nahe bringen möchten.

Einige Werte werden vielleicht nicht ausdrücklich betont, sind aber dennoch offensichtlich für den Teenager:

- Wenn Eltern miteinander über Probleme sprechen, erkennt der Teenager *Kooperation* als Wert.
- Wenn Eltern häufig lautstark miteinander streiten, sieht der Teenager *Streit* als Wert.
- Wenn sich Eltern weigern, Kompromisse einzugehen, sehen die Teenager einen Wert darin, ihren *eigenen Willen* durchzusetzen.

Teenager mit zwei Elternteilen sehen einen Wert als Wert der Familie an, wenn er für beide Elternteile wichtig ist. Auch dann, wenn sich die Eltern über diesen Wert nicht einig sind.

In einigen Familien spielen die Großeltern oder ein anderer Erwachsener, der bei der Erziehung mithilft, eine Rolle. Die Werte dieses Erwachsenen werden möglicherweise zu einem Teil der Familienatmosphäre. Manchmal sind die Erwachsenen in einer Familie nicht einer Meinung oder teilen nicht die gleichen Werte.

BEISPIEL

Justus und Stefan sind 17-jährige Zwillinge. Sie leben bei ihrer Mutter, Frau F., und ihrem Großvater, Herrn P. Der Großvater trinkt Bier und Whisky. Die Religion von Frau F. verbietet ihr, Alkohol zu trinken. Frau F. trinkt überhaupt nicht und sie möchte auch nicht, dass ihre Kinder trinken. Sie bittet ihren Vater, zu Hause nicht zu trinken. Sie streitet deswegen mit ihm. Herr P. macht sich über die Religion lustig, die seine Tochter angenommen hat, und er sagt zu Justus und Stefan, dass diese Regeln einfach nur dumm sind. Stefan denkt, dass Großvater Recht hat, Justus dagegen nicht. Er möchte, dass sein Großvater nicht schlecht über die Religion seiner Mutter spricht.

Die Erwachsenen in dieser Familie stimmen nicht überein bezüglich der Regeln, die die Religion von Frau F. aufstellt. Aber es ist klar, dass Religion und Alkohol eine wichtige Rolle in der Familie von Justus und Stefan spielen. Sowohl Justus als auch Stefan werden Entscheidungen hinsichtlich dieser Themen treffen.

Veränderungen in der Familie beeinflussen die Atmosphäre:

- Ein alleinerziehender Elternteil heiratet. Der neue Ehemann oder die neue Ehefrau bringt neue Familienwerte in die Familie ein. Die Atmosphäre in der Familie ändert sich.

- Die Eltern trennen sich oder lassen sich scheiden. Kinder empfinden dann oft jene Familienwerte als noch bedeutender, bei denen die Eltern nicht übereinstimmen.

- Ein alleinerziehender Elternteil beginnt eine neue Beziehung oder heiratet wieder. Die Kinder werden möglicherweise Teil von zwei Familien mit unterschiedlichen Atmosphären.

Es ist nicht hilfreich, Werte zu kritisieren oder zu versuchen sie zu ändern, die für den Teenager offensichtlich wichtig sind. Jeder Teenager muss sich als Person akzeptiert fühlen. Das kann durchaus eine Herausforderung für viele Eltern bedeuten.

BEISPIEL

Viktoria L. hat gerade wieder geheiratet. Ihr neuer Ehemann, Toni, hat einen Sohn mit Namen Ferdinand. Viktorias Sohn Julius und Ferdinand sind 16 Jahre alt. Wenn Ferdinand bei seiner Mutter zu Hause ist, kann er nach Hause kommen, wann er möchte. Seine Mutter, Frau N., findet das richtig. Ferdinand erwartet, dass er die gleichen Freiheiten haben kann, wenn er bei seinem Vater ist. Julius denkt, dass für ihn die gleiche Abmachung gelten sollte.

Das stellt ein Problem für Viktoria und Toni dar. Sie kritisieren jedoch Ferdinands Mutter nicht und sie sagen auch zu Julius nicht, dass Ferdinand oder seine Mutter etwas »falsch« machen. Sie bleiben sachlich und sagen zu beiden Jungs: »Bei uns seid ihr um Mitternacht zu Hause. Das ist bei uns die Regel.«

Was geschieht, wenn die Jungs sich weigern zu kooperieren? Verschiedene Reaktionen sind möglich. Vielleicht muss Ferdinands Mutter angerufen werden und alle Erwachsenen diskutieren die Angelegenheit miteinander. Viktoria und Toni müssen in dieser Sache zusammenhalten. Sie möchten keine verletzenden Worte zu Ferdinand und Julius über Ferdinands Mutter sagen. Sie müssen daran arbeiten, Wege zu finden, damit Ferdinand kooperieren und zu einem Teil der Familie werden möchte.

Jeder Teenager akzeptiert wichtige Werte der Familie oder lehnt sie ab.

In Kapitel 4 lernen wir, wie wir unseren Teenager ermutigen können zu kooperieren. »Für Ihre Familie« am Ende eines jeden Kapitels kann uns dabei auch helfen. Im Augenblick ist es wichtig zu verstehen, wie unsere Werte die unseres Teenagers beeinflussen.

DENKEN SIE ÜBER IHRE WERTE NACH

Waren folgende Werte in Ihrer Familie wichtig, als Sie ein Teenager waren: Familie, Religion, Bildung, Arbeit, Geld etc.?

✓ Welche Werte haben Sie akzeptiert?

✓ Welche Werte haben Sie abgelehnt?

Welche Werte – glauben Sie – geben Sie an Ihre Teenager weiter?
Welche Werte würden Sie gerne weitergeben?

Welche Position nimmt der Teenager in der Familie ein?

Die durch die Geburt vorgegebene Reihenfolge hat ebenfalls einen wichtigen Einfluss auf Wertvorstellungen und Überzeugungen. Sie beeinflusst die »Position«, die der Teenager in der Familie einnimmt, und wie er sich selbst sieht. Sie bestimmt mit, was er für wichtig erachtet und beeinflusst sein Denken und Handeln. Unser Teenager ist entweder ein Einzelkind, das älteste, das zweitälteste, das mittlere oder das jüngste – das »Nesthäkchen«, sogar als Teenager.

Das Einzelkind

Einzelkinder bilden das Zentrum der Aufmerksamkeit in der Familie. Inwiefern beeinflusst sie das? Manchmal haben sie Schwierigkeiten, mit anderen auszukommen. Viele Einzelkinder verbringen viel Zeit alleine, mit ihren Eltern oder deren Freunden. Manchmal werden sie schnell erwachsen – zumindest scheint es so. Sie können sehr kreativ sein.

Das Erstgeborene

Das älteste Kind war am Anfang ein Einzelkind. Es kann für das älteste Kind schwer sein, auf die volle Aufmerksamkeit der Eltern zu verzichten. Oft möchte das älteste Kind das Sagen haben. Viele älteste Kinder lernen auch, zu führen und zu kooperieren. Sie lernen oft, verantwortungsbewusst zu sein, weil die jüngeren Kinder von ihnen Hilfe erwarten.

Das zweite Kind

Das zweite Kind hat niemals die volle Aufmerksamkeit der Eltern, wie sie das erste Kind zu Anfang hatte. Dieses Kind könnte dazu neigen, hart zu arbeiten, um genauso gut oder besser als die älteren Geschwister zu sein. Manchmal entscheidet sich das zweite Kind, sich genau zum Gegenteil des älteren Kindes zu entwickeln. Wenn das ältere Kind normalerweise »artig« ist, dann könnte das zweite Kind sich entschließen, »unartig« zu sein.

Das mittlere Kind

Das mittlere Kind fühlt sich oft »eingekeilt« zwischen den älteren und den jüngeren Geschwistern. Einige mittlere Kinder sind nicht so selbstsicher wie Einzelkinder oder Erstgeborene. Für viele ist vor allem Fairness wichtig. Oft lernen mittlere Kinder, mit verschiedenen Arten von Menschen zurechtzukommen. Manchmal werden sie jedoch zu »Problemkindern«, die Fehlverhalten zeigen, um Aufmerksamkeit zu bekommen.

Das »Nesthäkchen«

Die jüngsten Kinder müssen normalerweise nicht so viel selbst tun wie die älteren Geschwister. Diese Kinder können herrschsüchtig und sehr fordernd sein. Oder sie sind sehr charmant und freundlich. Manchmal benutzen sie ihren Charme, um Hilfe von anderen Leuten zu bekommen.

Manche Nesthäkchen geben auf, weil sie noch nicht können, was ihre älteren Geschwister können. Andere wiederum arbeiten sehr eifrig daran, besser als ihre Geschwister zu sein.

DENKEN SIE ÜBER IHRE POSITION NACH

✓ Denken Sie an Ihre eigene Kindheit. Welche Position nahmen Sie ein? Waren Sie Erstgeborene/r, die/der Zweite, die/der Jüngste?

✓ Jetzt denken Sie darüber nach, wie Sie sich fühlten. Haben Sie sich als Anführer gefühlt, als Chef, als das Nesthäkchen oder die/der Mittlere?

✓ Was hat Ihre damalige Position in der Familie damit zu tun, wie Sie heute sind?

Wie schätzt der Teenager seine Position in der Familie ein?

Es mag nun so aussehen, als ob die Position eines Teenagers alleine durch die Reihenfolge der Geburt bestimmt würde. In Wirklichkeit ist es etwas komplizierter. Die Position wird vielmehr dadurch bestimmt, wie ein Teenager selbst seine Position einschätzt.

BEISPIEL
Daniella ist 17 und Bianca ist ihre 15-jährige Schwester. Daniella war oft krank als Kind, weshalb sie viel Aufmerksamkeit bekam. Sie brauchte viel Hilfe. Bianca dagegen war gesund und stark. Sie hat die Rolle der Älteren übernommen, während Daniella zum »Nesthäkchen« wurde. Dieses Muster setzte sich auch dann fort, als die Mädchen älter wurden. Bianca ist verantwortungsbewusst und Daniella hilflos. Sie gibt leicht auf und braucht viel Unterstützung.

Die Position ändert sich

Sobald andere Kinder Teil der Familie werden, ändert sich
die Position eines jeden Kindes. Sie ändert sich auch, wenn
neue Familien durch Scheidung oder Heirat entstehen.
Wenn es Änderungen in der Familie gibt, ändert der Teenager oft auch seine Vorstellung darüber, wie und wodurch
er ein wichtiger Teil der Familie sein kann.

BEISPIEL
In einer Patchworkfamilie gibt es manchmal zwei Kinder
von jedem Elternteil. Möglicherweise gibt es zwei Erstgeborene. Diese beiden stehen vielleicht im Wettstreit um
die Rolle des »Ältesten« in der neuen Familie.

Kinder stehen manchmal im Wettstreit um ihre Position in
der Familie. So kämpft ein erstgeborenes Kind manchmal,
um seinen Platz als »einziges« Kind zu bewahren. Dieser
Wettstreit beeinflusst auch Wertvorstellungen und Überzeugungen und dementsprechend das Verhalten. Wenn
Kinder im Wettstreit stehen, wird eines gewinnen, das andere wird entmutigt sein oder das Gefühl haben, versagt zu
haben.
　Wenn der Altersunterschied zwischen den Kindern mehr
als fünf oder sechs Jahre beträgt, gibt es möglicherweise
zwei »Gruppen« von Positionen.

BEISPIEL
Stellen wir uns vor, dass es in einer Familie vier Kinder im
Alter von 17, 15, 10 und 8 Jahren gibt. Es könnte sein, dass
sich sowohl der 17- als auch der 10-Jährige als älteste Kinder fühlen. Der 15- und der 8-Jährige fühlen sich möglicherweise als die jüngsten Kinder.

Stärken der jeweiligen Position in der Familie

Position	Wertvorstellungen und Überzeugungen	Stärken
Einzelkind	»Ich muss im Mittelpunkt stehen.«	selbstständig, kreativ
Erstgeborene/r	»Ich muss das Sagen haben.«	verantwortungsbewusst, kooperativ
Zweites Kind	»Ich muss im Wettstreit sein.«	hart arbeitend, fleißig
Mittleres Kind	»Ich bin in der Mitte eingekeilt.«	fair
Nesthäkchen	»Ich brauche die Hilfe anderer.«	charmant, fähig, das zu bekommen, was er/sie möchte

Wir Eltern sind Vorbild für unseren Teenager: Was sagen wir und was tun wir?

Kinder lernen aus dem, was ihre Eltern sagen und tun. Wir sind auch dann noch Vorbild, wenn die Kinder sich in der Pubertät befinden. Unsere Handlungen und Worte zeigen unserem Teenager, was uns wichtig ist.

Wir sprechen über Werte

Teenager probieren neue Ideen und Werte aus, sowohl außerhalb als auch innerhalb der Familie. Wenn uns ein Wert wichtig ist, dann teilen wir das unserer Tochter oder unserem Sohn eindeutig mit. Wenn wir darüber sprechen, erinnern wir uns daran, dass wir das auf respektvolle Weise tun. Wir könnten zum Beispiel sagen:

✓ »Es ist wichtig, dass wir miteinander ehrlich sind. Sonst kannst du mir nicht vertrauen und ich werde dir nicht vertrauen können.«

✓ »Ich möchte, dass wir in unserem Haus respektvoll miteinander umgehen. Schimpfwörter sind keine respektvolle Art, miteinander zu sprechen.«

Wir verhalten uns so, wie wir es von unserem Teenager erwarten

Unser Teenager lernt mehr durch unsere Handlungen als durch unsere Worte. Teenager beobachten unser Verhalten, unsere Haltung und was für uns zu funktionieren scheint, dadurch geben wir ihnen Orientierung. Dann entscheiden sie selbst, welche Werte sie schätzen und für sich annehmen möchten.

Unser Teenager wird nicht mit all unseren Werten einverstanden sein. Es ist normal zu erwarten, dass unser Teenager verschiedene Verhaltensweisen ausprobieren wird. Manchmal sind wir enttäuscht, wenn unser Teenager sich für negative Werte zu entscheiden scheint. Wenn das geschieht, denken wir darüber nach, was unser Teenager möglicherweise in unserem Verhalten sieht.

BEISPIEL

Jenny ist 15. Sie trägt seit kurzem am Wochenende Zeitungen aus. Sie spricht dauernd darüber, wie viel Geld sie verdient und was sie sich davon kaufen möchte. Sie möchte sich Kleidung und CDs kaufen. Sie möchte sich Kataloge anschauen und mit Freundinnen einkaufen gehen. Frau N., Jennys Stiefmutter, macht sich Sorgen, weil Geld für Jenny so wichtig ist. Eines Tages stellt Frau N. beim Abendessen fest, dass die ganze Familie während des Essens nur über Geld gesprochen hat. Sie haben darüber gesprochen, woher sie das Geld für die Autoreparatur nehmen, für den Anstrich der Küche und für eine kurze Urlaubsreise. Frau N. beschließt, sich eine Zeit lang auf andere Themen zu konzentrieren.

Machen Sie Ihrem Teenager klar, welche Werte Ihnen wichtig sind.

Es ist wichtig, dass Eltern tun, was sie sagen:

✓ Wenn wir unserem Teenager beibringen, nicht zu lügen, müssen auch wir ihm die Wahrheit sagen – ebenso wie anderen Menschen.

✓ Wenn wir unseren Teenager bitten, höflich zu sein, müssen wir auch mit ihm und anderen Menschen höflich umgehen.

SAGEN UND TUN

Denken Sie über die Werte nach, die Sie an Ihren Teenager weitergeben möchten.

● Was können Sie *tun*, um Ihrem Teenager zu zeigen, dass dieser Wert wirklich wichtig ist?

● Was können Sie *sagen*, um den Wert zu erklären?

Woher kommen unsere Gefühle?

Auf der Grundlage ihrer *Wertvorstellungen und Überzeugungen* treffen Teenager Entscheidungen, wie und wodurch sie dazugehören. *Gefühle* beeinflussen ebenfalls, wie sich Teenager entscheiden, dazuzugehören. Manchmal scheinen Jugendliche sehr viele Gefühle zu haben. Wachstum, Entwicklung und Veränderung können sie dazu führen, sehr emotional zu sein. Woher kommen Gefühle? Weshalb fühlen wir uns glücklich, wütend oder traurig?

Gefühle haben ihren Ursprung in Wertvorstellungen und Überzeugungen

Oft stellen wir uns Gefühle als magische Angelegenheit vor, die wir nicht kontrollieren können. Wir sagen: »Er hat mich so wütend gemacht!« oder: »Sie macht mich verrückt!«. Wir denken darüber nach: Jeder von uns ist dafür verantwortlich, wie er sich fühlt. Basierend auf unseren Wertvorstellungen und Überzeugungen entscheiden wir, wie wir uns fühlen.

BEISPIEL
Das Fußballteam, in dem Lars spielt, hat ein Spiel verloren. Lars glaubt, dass Gewinnen alles ist. Er empfindet die Tatsache, dass sie das Spiel verloren haben, als das Ende der Welt. Jens dagegen glaubt, dass es am wichtigsten ist, sein Bestes zu geben. Er fühlt sich gut, weil er findet, dass das Team sich gegenüber einem viel stärkeren Gegner gut gehalten hat.

Laura und Olivia haben beide viel gearbeitet in Vorbereitung auf eine Klassenarbeit und beide haben eine »drei« bekommen. Laura glaubt, dass sie die Beste sein muss. Sie fühlt sich schlecht mit ihrer »drei«. Olivia dagegen glaubt, dass die »drei« zeigt, dass sie auf dem besten Weg ist. Sie freut sich über ihre Note.

Gefühle dienen einem Zweck

Manche Teenager glauben, dass sie dazugehören, indem sie kooperieren. Als Folge davon entwickeln sie gute Gefühle gegenüber anderen. Die guten Gefühle helfen ihnen, das Ziel der Dazugehörigkeit zu erreichen.

Wenn Teenager glauben, dass sie Fehlverhalten zeigen müssen, um dazuzugehören, entwickeln sie negative Gefühle.

BEISPIELE
Monika hat einen Wutanfall, damit ihr Vater nachgibt.

Sandra schmollt, als ihre Mutter »nein« zu ihr sagt. Ihre Mutter gibt nach, weil sie es nicht mag, wenn ihre Tochter nicht mit ihr spricht.

Natürlich handelt es sich bei manchen negativen Gefühlen nicht um Fehlverhalten.

BEISPIELE
Stefanie trennt sich von ihrem Freund. Vielleicht fühlt sie sich deswegen verletzt und weint.

Bastian arbeitet viel an einem komplizierten Projekt. Ein Freund schüttet Limonade darüber. Bastian ist deshalb wütend und frustriert.

Woher wissen wir, ob unser Teenager Gefühle benutzt, um Fehlverhalten zu zeigen?
Wir fragen uns:
1. Wie fühle ich mich?
2. Wie verhalte ich mich?
3. Wie reagiert mein Teenager auf mein Verhalten?

Das hilft uns, zu entscheiden, was zu tun ist. Wenn unser Teenager Fehlverhalten zeigt, fallen wir nicht auf die Gefühle herein.

Bedeutet das, dass wir Gefühle immer ignorieren sollen? Nein. Wir erinnern uns daran, dass wir unsere Reaktion ändern wollen und bleiben respektvoll. Manchmal bedeutet das, dass wir das Fehlverhalten ignorieren. Oft jedoch können wir etwas tun, das hilfreich ist. Wir *hören* uns an, was unser Teenager zu sagen hat und *sehen bzw. hören heraus*, was und wie er sich fühlt. Außerdem gilt, dass es immer auch eine Möglichkeit gibt, später zu reagieren, nicht nur in dem Augenblick, in dem das Fehlverhalten stattfindet.

Behandeln Sie Ihren Teenager wie Sie Ihre/n beste/n Freund/in behandeln würden.

Wie können wir gute Zuhörer werden?

Wenn wir beunruhigt sind, sprechen wir vielleicht mit einem Freund/einer Freundin darüber. Wir möchten, dass unser Freund/unsere Freundin zuhört, versteht und akzeptiert, was und wie wir uns fühlen. Genau das möchte unser Teenager auch.

Wir kommunizieren Gefühle

Kommunikation ist der Schlüssel zu den meisten Beziehungen. Gefühle zu zeigen, ist eine Art zu *kommunizieren*.

Wenn unsere Freunde Probleme haben oder Fehler machen, *kommunizieren* sie uns ihre Gefühle. Vielleicht sprechen sie mit uns, manchmal weinen sie auch. Wir hören zu und versuchen zu helfen. Wir denken über ihre Gefühle nach. Wir tun das, weil wir unsere Freunde respektieren und wertschätzen.

Wir wollen unsere Teenager ebenso behandeln. Indem wir das tun, bauen wir eine engere Beziehung zu ihnen auf.

Wir können die Probleme unserer Teenager nicht immer

lösen. Wir können die Gefühle unseres Kindes auch nicht verschwinden lassen. Was können wir tun? Wir können zeigen, dass wir uns um sie sorgen, uns kümmern und ihre Gefühle akzeptieren. Wir zeigen diese Anerkennung durch unsere Tonlage und die Worte, die wir benutzen. Wir kommunizieren Respekt. *Zuzuhören ist besser als Ratschläge zu erteilen.* Ratschläge führen dazu, dass sich unser Teenager auf uns verlässt – oder uns ignoriert. Wenn wir wirklich zuhören, geben wir unserem Teenager die Möglichkeit, nachzudenken. Die Forschung hat gezeigt, dass Teenager, die fühlen, dass ihre Eltern ihnen wirklich zuhören und ihnen emotional nahe sind (d.h. ihre Gefühle verstehen und akzeptieren), weniger Probleme haben auf dem Weg, ein Erwachsener zu werden.

Wir achten auf Gefühle: Wir »hören« Gefühle heraus

Weshalb ist es so wichtig, auf Gefühle zu achten? Es hilft unserem Teenager, sich verstanden zu fühlen. Es hilft ihm, darüber nachzudenken, was er fühlt und weshalb. Es kann ihm helfen, ein Problem durchzudenken. Wir lassen ihn dadurch wissen, dass es in Ordnung ist, über Gefühle zu sprechen.

WIE »HÖREN« WIR GEFÜHLE HERAUS?

Gefühle herauszuhören, ist eine Fertigkeit, die wir als *aktives Zuhören* bezeichnen. Aktives Zuhören ist hilfreich, wenn es sich um ein Problem unseres Teenagers handelt. Im Folgenden wird beschrieben, wie wir uns dabei verhalten:

1. Zuhören
Wir zeigen durch unsere Körpersprache, dass wir zuhören. Wir beenden andere Aktivitäten. Wir schauen unserem Teenager in die Augen.

2. Gefühle »heraushören«

Wir achten auf die Worte unseres Teenagers. Wir fragen uns: »Was fühlt unser Kind?«. Wir überlegen uns ein Wort, das die Gefühle beschreibt. Wir fragen uns auch: »Weshalb fühlt sich unser Teenager so? Was ist der Grund für diese Gefühle?«

3. Aktives Zuhören benutzen

Aktives Zuhören bedeutet, *mit unseren eigenen Worten* das zu wiederholen, von dem wir glauben, dass es unser Teenager fühlt und was wir glauben, aus dem verstanden zu haben, was er uns mitgeteilt hat. Wir sehen uns als einen Spiegel, der unserem Teenager *seine Gefühle widerspiegelt*. Wir reflektieren auch den *Grund für die Gefühle*. Wir zeigen Respekt für unseren Teenager, indem wir unsere Aussage (bzgl. Gefühl und Grund) als Frage formulieren.

Beim aktiven Zuhören benutzen wir die Worte »du bist/ fühlst dich« und »weil«:

✓ »Du *fühlst dich* verletzt, *weil* Tobias heute Abend mit Katharina ausgeht?«

✓ »Du *bist* enttäuscht, *weil* du das ganze Spiel durch auf der Reservebank sitzen musstest. Ist das so?«

✓ »Du *bist* ungeduldig, *weil* du deine Freunde treffen möchtest. Kann das sein?«

Nach einer gewissen Zeit wird diese Art des Zuhörens natürlicher klingen. Dann können wir unsere eigenen Worte verwenden.

✓ »Du langweilst dich heute zu Hause mit uns. Richtig?«

✓ »Du bist ganz aufgeregt wegen deiner neuen Arbeit! Stimmt's?«

Wir beschreiben die Gefühle so genau wie möglich. Es gibt auch andere Worte als »traurig«, »wütend« oder »froh«. Worte wie »ein bisschen«, »richtig«, »ein wenig« oder »wirklich« sind dabei hilfreich:

✓ »Du bist ein bisschen besorgt wegen der Arbeit, die ihr heute geschrieben habt?«

✓ »Ich verstehe – du bist richtig wütend, weil ich gesagt habe, dass du nach der Disco nicht bei Diana übernachten kannst?«

✓ »Für dich sieht es so aus, als ob die Sache niemanden kümmert. Kann es sein, dass du dich wirklich alleingelassen fühlst?«

Wir »sehen« Gefühle

Ebenso wie wir benutzen Teenager nicht immer Worte, um zu kommunizieren. Manchmal sind sie still. Vielleicht lächeln sie, runzeln die Stirn oder weinen.

Manchmal ziehen sie sich zurück oder lassen den Kopf hängen. Nur zuzuhören wird nicht helfen, um etwas über die Bedeutung dieser unausgesprochenen Gefühle herauszufinden. Deshalb müssen wir auch auf das Gesicht und die Körperhaltung unseres Teenagers achten, um den Gefühlszustand zu erkennen. Dann fassen wir die Gefühle in Worte, die wir in Körperhaltung, Gestik und Mimik erkennen:

✓ »Dein Blick sagt mir, dass du mir nicht glaubst.«

✓ »Wenn du so strahlst, weiß ich, dass du sehr glücklich bist.«

✓ »Du siehst bedrückt aus. Möchtest du darüber sprechen?«

Teenager fassen ihre Gefühle nicht immer in Worte.

GEFÜHLE ERKENNEN

Es gibt drei Wörter, die Gefühle ausdrücken, die Eltern zu oft benutzen: »gut«, »schlecht« und »sauer«. Diese Wörter sind nicht immer aussagekräftig und genau genug.

Schauen Sie sich die folgende Wortliste an. Denken Sie auch an andere Worte, mit denen Sie Gefühlen Ausdruck verleihen.

Überlegen Sie sich so viele wie möglich.

Worte/Ausdrücke für »angenehme« Gefühle	Worte/Ausdrücke für »unangenehme« Gefühle
geschätzt	wütend
großartig	gelangweilt
gut (haben)	verwirrt
dankbar	frustriert
wunderbar	schuldig
glücklich	verletzt
stolz	gering geschätzt
erleichtert	schlecht
zufrieden	miserabel
besser	wertlos
aufgeregt	enttäuscht
erfreut	verstört
angenehm	allein gelassen

Einige Aspekte, die wir beachten sollten

Aktiv zuhören ist wahrscheinlich für beide, sowohl für uns als auch für unseren Teenager, neu. Folgende Hinweise helfen, den Anfang zu erleichtern.

Möglicherweise ist unser Teenager überrascht

Unser Teenager wird wahrscheinlich unsere neue Art zuzuhören bemerken. Er oder sie wird vielleicht sagen: »Ja, das stimmt.« und weggehen. Wir zwingen unseren Teenager nicht, seine Gefühle mitzuteilen. Sonst denkt unser Teenager möglicherweise, dass wir ihn aushorchen wollen. Der Versuch, unseren Teenager zum Sprechen zu zwingen, könnte zu einem Machtkampf führen.

Wir lassen uns nicht entmutigen, wenn unser Teenager nicht gleich reagiert. Stattdessen warten wir auf eine andere Gelegenheit, um zuzuhören und über Gefühle sprechen zu können. Vielleicht ist unser Teenager aber auch gerade bereit, mit uns zu sprechen. Wenn dem so ist, dann könnten wir fragen: »Möchtest du mir mehr darüber erzählen?«

Wir stellen unsere Fragen vorsichtig und in respektvollem Ton

Wir können nicht mit Sicherheit wissen, was unser Teenager fühlt.

> BEISPIEL
> Sophie kommt um 23.30 Uhr nach Hause, eine halbe Stunde zu früh. Sie knallt die Tür zu und weint. Ihr Vater, Herr M., fragt: »Ist etwas mit Roman passiert?«
>
> Sophie antwortet: »Es war alles in Ordnung zwischen uns – bis Simone ihm erzählt hat, was letzten Sommer passiert ist. Sie ist so eine doofe Ziege! Am liebsten möchte ich sterben!« Herr M. schaut seine Tochter verständnisvoll an und meint: »Das muss wirklich peinlich für dich gewesen sein. Möchtest du darüber sprechen?«

Zunächst denkt Herr M., dass Sophie Streit mit ihrem Freund gehabt hat. Diese Annahme erweist sich allerdings als nicht ganz zutreffend. Aber weil sein Ton vorsichtig ist, kann Sophie erkennen, dass er sich interessiert, sie versteht und ihr helfen möchte. Er sagt weder, dass sie nicht weinen soll, noch dass sie Simone nicht beschimpfen soll. Stattdessen hört er aktiv zu. Auf diese Weise lässt er Sophie wissen, dass sie ihm mehr erzählen und mit ihm sprechen kann, wenn sie möchte.

Wir überprüfen unsere eigenen Gefühle

Manchmal kann es zu weit gehen, immer auf Gefühle zu achten. Es könnte sogar teilweise zum Ziel des Fehlverhaltens unseres Teenagers werden. Wenn wir diesen Verdacht hegen, überprüfen wir unsere eigenen Gefühle. Sind wir verärgert, wütend, verletzt, fühlen wir uns hoffnungslos oder sind wir verzweifelt?

> BEISPIEL
> Lukas hat Ärger bekommen, weil er Graffiti auf ein Gebäude gesprüht hat. Jetzt muss er vom Jugendrichter verordnete gemeinnützige Arbeiten in der Gemeinde verrichten.

Lukas sagt zu seiner Mutter, Frau P., dass er es schrecklich findet, in einem Obdachlosenheim Kleidung auszusortieren. Frau P. sagt zu ihm: »Die Arbeit gefällt dir überhaupt nicht.« Lukas meint, dass die anderen Kinder, die auch erwischt worden sind, nicht so hart arbeiten müssen wie er. Frau P. erwidert: »Wenn ich dich richtig verstehe, fühlst du dich unfair behandelt, weil du so viel arbeiten musst.« Lukas jammert und beklagt sich weiter. Frau P. erkennt, dass Lukas möchte, dass sie ihn bemitleidet. Deshalb sagt sie zu ihrem Sohn: »Du fühlst dich also benachteiligt. Es kommt dir vor, als ob du zu viel arbeiten müsstest für das, was du falsch gemacht hast. Ich bin sicher, du wirst das hinter dich bringen.« Sie sagt nichts weiter dazu.

Frau P. hat erkannt, dass Lukas bemitleidet werden will. Sie hat beschlossen, sich nicht darauf einzulassen. Dennoch ist sie respektvoll geblieben. Wahrscheinlich hat das Lukas nicht gepasst. Aber er konnte erkennen, dass seine Mutter ihn dennoch respektiert und liebt. Frau P. hat ihrem Sohn *geholfen*. Sie hat ihn wissen lassen, dass es in Ordnung ist, diese Gefühle zu haben, dass er aber gleichzeitig bereit sein muss, die Verantwortung für sein Verhalten zu übernehmen.

Aktives Zuhören hilft, wenn wir »nein« sagen müssen

Manchmal müssen wir unserem Teenager etwas abschlagen und demnach »nein« sagen. Wenn wir das tun, achten wir auf die Gefühle unseres Teenagers und reagieren darauf. Dann wird unser Teenager wissen, dass wir seine Gefühle beachten und verstehen:

✓ »Es ist mir klar, dass du wütend bist, aber ich werde dir nicht zuhören, wenn du herumschreist. Ich bin in der Küche, wenn du mit mir sprechen möchtest.«

✓ »Ich verstehe, dass du enttäuscht bist. Du findest, dass ich ungerecht bin. Aber ich kann dich nicht über Nacht zum Camping gehen lassen, wenn kein Erwachsener dabei ist.«

Wenn unser Teenager noch immer streiten möchte, verlassen wir das Zimmer. Später können wir ihm positive Aufmerksamkeit schenken. Zum Beispiel könnten wir unseren Teenager fragen, ob er mit uns zusammen sein Lieblingsgericht kochen oder mit uns einen Film anschauen möchte.

Wenn wir so reagieren, wird unser Teenager nicht unbedingt glücklicher sein. Aber er lernt dabei, dass seine Gefühle in Ordnung sind und wir ihn als unseren Sohn lieben – auch dann, wenn seine Handlungen nicht richtig sind.

Aktives Zuhören ist nicht immer notwendig

Wir brauchen nicht bei allen Aussagen unseres Teenagers aktiv zuzuhören:

- ✓ »Igitt! Schau dir bloß all das schmutzige Geschirr an!« Ein Ausdruck von Unwillen braucht nicht gleich einen Kommentar von uns zur Folge zu haben.
- ✓ »Kann ich erst nach dem Mittagessen einkaufen gehen?« Es könnte sich einfach nur um eine direkte Frage handeln.

Manchmal möchten Teenager nicht sprechen. Manchmal wird es uns nicht möglich sein, mit unserem Teenager zu sprechen, wenn er gerade möchte. Wir können dann einfach sagen:»Ich sehe, du machst dir Sorgen und möchtest darüber sprechen. Im Augenblick habe ich keine Zeit, weil ich jetzt zur Arbeit muss. Können wir später darüber sprechen? Ich werde um 19 Uhr zu Hause sein.«

Wir erwarten nicht, alles zu erfahren

Manchmal möchte ein Teenager getröstet werden, aber nicht über das Problem sprechen. Wir üben dann keinen Druck aus, um ihn dazu zu bringen, uns mehr zu erzählen. Einfach da zu sein, ohne zu sprechen, ist auch eine Möglichkeit, wie wir helfen können. Wenn unser Teenager weint und getröstet werden möchte, nehmen wir ihn in die Arme. Wenn unser Teenager seinen starken Gefühlen Luft machen möchte, brauchen wir manchmal überhaupt nichts zu sagen.

Wir lassen uns Zeit und sind geduldig

Aktiv zuhören scheint vielleicht am Anfang schwierig. Es hilft, dass wir uns daran erinnern, weshalb wir es tun: um unserem Teenager zu zeigen, dass wir ihm gut zuhören und seine Gefühle verstehen und akzeptieren. Uns Zeit zu nehmen und darüber nachzudenken, bevor wir sprechen, kann uns ebenfalls eine Hilfe sein. So können wir sicher gehen, dass wir nichts sagen, was wir nicht sagen möchten.

Wie bei jeder anderen neuerworbenen Fertigkeit, benötigen wir auch für aktives Zuhören Zeit und Geduld. Wir üben weiter und geben nicht auf! Nach einer Weile werden wir spüren, dass es zu einer natürlichen Art, miteinander umzugehen, geworden ist. Wir werden sehen, dass diese Art der Kommunikation einer starken, erfüllenden Beziehung mit unserem Teenager förderlich ist.

ACHTEN SIE AUF DAS POSITIVE BEIM VERHALTEN IHRES TEENAGERS!

- Beachten Sie das positive Verhalten Ihres Teenagers.
  Denken Sie über die Wertvorstellungen und Überzeugungen nach, die sich hinter seinem Verhalten verbergen.
- Achten Sie auch auf das Fehlverhalten Ihres Teenagers.
  Denken Sie auch in diesen Fällen über die Wertvorstellungen und Überzeugungen nach.
  Finden Sie Möglichkeiten, die Kehrseite dieser Wertvorstellungen und Überzeugungen zu fördern und damit zu verstärken.

STEP ERMUTIGUNG

Ihre Reaktion zu ändern, ist nicht immer einfach. Es bedeutet, dass Sie Ihre Wertvorstellungen, Überzeugungen, Gefühle und Einstellungen – Ihre Perspektive –, ändern, damit Sie anders reagieren können. Es ist wichtig, dass Sie diesen – manchmal anstrengenden – Weg gehen, sich die Mühe machen, denn Ihre Reaktionen beeinflussen, wie und was Ihr Teenager denkt, tut und lernt. Dies zu wissen, macht es den Einsatz wert.

Sie können die Sache auch von einer anderen Seite betrachten: Stellen Sie sich vor, Sie laufen geradeaus. Jemand kommt direkt auf Sie zu. Wenn Sie beide weiter geradeaus aufeinander zu gehen, werden Sie aufeinander stoßen. Deshalb entscheiden Sie sich, ein wenig zur Seite auszuweichen. Das Gleiche können Sie im Verhältnis zu Ihrem Teenager tun. Sie können »etwas zur Seite treten« und auf andere Art und Weise reagieren.

Wenn Sie spüren, dass sich ein Problem anbahnt, denken Sie darüber nach, wie Sie anders als sonst reagieren können.

Sie sind den zweiten Schritt gegangen

In Kapitel 2 haben Sie mehr über sich und Ihren Teenager gelernt. Sie haben außerdem den demokratischen Erziehungsstil nach STEP kennen gelernt und angefangen ihn anzuwenden:

✓ Sie haben angefangen, darüber nachzudenken, was Sie tun wollen, wenn Ihr Teenager Fehlverhalten zeigt.

✓ Sie haben gelernt, wie sich die Wertvorstellungen, Überzeugungen und Gefühle Ihres Teenagers entwickeln.

✓ Sie haben herausgefunden, dass aktiv zuzuhören zeigt, dass Sie verstehen. Sie helfen Ihrem Teenager dadurch außerdem, über Gefühle zu sprechen, über sie nachzudenken, Probleme anzugehen und sich später durch sie durchzuarbeiten.

✓ Sie haben erkannt, dass Sie Gefühle »sehen« und »heraushören« können.

FÜR IHRE **FAMILIE**

Achten Sie darauf, wenn Ihr Teenager mithilft, kooperiert oder Verantwortung übernimmt. Lassen Sie Ihren Teenager wissen, dass Sie es bemerkt haben. Benutzen Sie die Worte: »Ich weiß das zu schätzen.«

✓ »Ich weiß es zu schätzen, wenn du fragst, bevor du dir meinen Pulli ausleihst. Danke.«

✓ »Ich weiß es zu schätzen, wie du dich um deinen Cousin gekümmert hast, als er einen Albtraum hatte.«

Ermutigen Sie jeden in der Familie, Hilfeleistungen zu bemerken und anzuerkennen.

AUFGABE DER WOCHE

Achten Sie auch weiterhin auf die Ziele des Fehlverhaltens. Wenn Ihr Teenager Fehlverhalten zeigt, entscheiden Sie, welches Ziel dahinter steht. Fragen Sie sich:

1. Was hat mein Teenager gemacht?

2. Wie habe ich mich gefühlt?

3. Wie habe ich reagiert?

4. Wie hat sich mein Teenager daraufhin verhalten?
5. Was ist das Ziel des Fehlverhaltens?
6. Auf welche Weise könnte ich meinen Teenager ermutigen, sich ein positives Ziel zu setzen?

(Überlegen Sie sich *zwei oder drei Möglichkeiten*.)

Fangen Sie an, sich darüber klar zu werden, was Sie *als erstes* sagen oder tun möchten, wenn Ihr Teenager mit Ihnen spricht, Fehlverhalten zeigt oder – im Fall, dass Ihr Verhältnis mit Ihrem Teenager äußerst angespannt ist – wenn er auch nur das Zimmer betritt. Halten Sie sich zurück: Sprechen Sie nicht, bevor Sie sich gut überlegt haben, was und wie Sie etwas sagen wollen.

Seien Sie sich Ihrer Gefühle bewusst und entscheiden Sie sich, nicht die negativen Gefühle zu empfinden, die Ihr Teenager erwartet. Überlegen Sie sich stattdessen Möglichkeiten, mit Ihrem Teenager respektvoll zu sprechen.

Hören Sie so oft wie möglich aktiv zu.

NUR FÜR SIE   ÄNDERN SIE IHREN

»inneren Dialog«

Viele Eltern haben sich angewöhnt, auf bestimmte Art mit sich selbst zu sprechen. Sie sagen sich: »Mein Teenager *muss* sich benehmen. Ich kann es *nicht aushalten*, wenn er sich falsch verhält. Es ist einfach *furchtbar*!« Wenn Sie sich dieses Selbstgespräch vor Augen führen, können Sie leicht erkennen, weshalb Sie sich aufregen!

Sie können diese Selbstgespräche ändern. Um das tun zu können, betrachten Sie Ihre eigenen Ziele, Gefühle, Wertvorstellungen und Überzeugungen.

Um sich ein neues Ziel zu setzen, fragen Sie sich:

- Möchte ich Aufmerksamkeit für Fehlverhalten geben oder meinem Teenager helfen, sich auf sich selbst verlassen zu können?
- Möchte ich meinem Teenager zeigen, wer hier das Sagen hat, oder will ich ihm helfen, selbstständig und verantwortungsbewusst zu handeln?
- Möchte ich es ihm heimzahlen oder möchte ich ihm zeigen, dass ich ihn verstehe?
- Möchte ich, dass sich unser Teenager seiner Verantwortung entzieht oder will ich ihm helfen, Selbstvertrauen zu gewinnen?

Um Ihre eigenen Gefühle zu erkennen und sie bewusst zu ändern, fragen Sie sich:

- »Bin ich verärgert/genervt/irritiert, wütend, verletzt oder fühle ich mich hoffnungslos oder bin ich gar verzweifelt? Oder bin ich *entschlossen*, meinem Kind zu helfen, sein Fehlverhalten einzustellen?«
- Sie brauchen nicht wütend zu sein auf Ihren Teenager. *Sprechen* Sie mit sich selbst. Bringen Sie sich dazu, ruhig zu bleiben, und sagen Sie sich, dass Sie es schaffen, Ihre Reaktion zu ändern.

Um Ihre Wertvorstellungen und Überzeugungen zu erkennen und zu ändern, fragen Sie sich:

- Was sage ich mir selbst?
- Was kann ich mir stattdessen sagen?

Je öfter Sie die Perspektive ändern, desto besser werden Sie auf Fehlverhalten reagieren können.

Zusammenfassung

1. Um das Ziel Ihres Teenagers zu erkennen, stellen Sie sich folgende Fragen:

- Wie fühle ich mich, wenn mein Teenager Fehlverhalten zeigt?
- Wie reagiere ich auf das Fehlverhalten?
- Wie reagiert mein Teenager auf meine Reaktion?

2. Um Ihren Teenager zu ermutigen, sich positive Ziele zu setzen, ändern Sie Ihre eigene Reaktion. Machen oder sagen Sie etwas, was Ihr Teenager nicht erwartet.

3. Wertvorstellungen, Überzeugungen und Gefühle beeinflussen, auf welche Weise Ihr Teenager dazugehören möchte.

4. Wertvorstellungen und Überzeugungen können ein Ergebnis des Erziehungsstils sein. Sie werden auch von der Einschätzung des Teenagers beeinflusst, was – seiner Meinung nach – in der Familie wichtig ist, welche Position der Teenager in der Familie einnimmt und durch das, was die Eltern sagen und tun, durch ihr Vorbild.

5. Gefühle haben ihren Ursprung in Wertvorstellungen und Überzeugungen.

6. Teenager möchten, dass ihre Eltern ihnen gut zuhören, dass sie ihre Gefühle verstehen und akzeptieren.

7. Beim aktiven Zuhören reflektieren Sie die Gefühle Ihres Teenagers und den Grund für seine Gefühle. Sie können mit folgenden Worten beginnen: »Du bist/fühlst dich« und »weil«:

✓ »*Du klingst* entmutigt, *weil* der Trainer dich nicht aufgestellt hat? Ist das richtig?«

✓ »*Mir scheint*, du bist ganz durcheinander, *weil* du dir nicht über deine Gefühle für Eva im Klaren bist, oder?«

Zeigen Sie Respekt, indem Sie Ihre Aussage (bzgl. Gefühl und Grund) als Frage formulieren.

Tabelle 2

Der Umgang mit dem Fehlverhalten von Teenagern

Erinnern Sie sich daran, dass Sie folgende Fragen beantworten wollen, wenn Sie entscheiden, welches Ziel Ihr Teenager verfolgt:

1. Wie fühle ich mich, wenn mein Teenager das Fehlverhalten zeigt?
2. Wie reagiere ich auf das Fehlverhalten?
3. Wie reagiert mein Teenager auf meine Reaktion?

Ziel des Fehlver-haltens - - - - - - - positive Kehrseite	Beispiele des Fehlverhaltens	Was können Sie tun? (Das Unerwartete tun, die Perspektive ändern.)	Möglichkeiten, positive Ziele und Wertvorstellungen zu verstärken, indem Sie Ihren Teenager fördern
Aufmerk-samkeit- - - - - - - - Beteiligung	*Aktiv:* herumalbern, geringfügige Vergehen, ausgefallene, »einzigartige« Kleidung *Passiv:* vergessen, Arbeiten im Haushalt nicht erledigen, erwarten, bedient zu werden	Schenken Sie keine Aufmerksamkeit, wenn Sie dazu aufgefordert werden. Ignorieren Sie das Fehlverhalten wenn möglich. Bedienen Sie Ihren Teenager nicht. Widmen Sie sich Ihrem Teenager zu einem anderen Zeitpunkt.	Beachten Sie, wenn Ihr Teenager einen Beitrag leistet. Zeigen Sie Ihre Wertschätzung bei positivem Verhalten.

Ziel des Fehlverhaltens / positive Kehrseite	Beispiele des Fehlverhaltens	Was können Sie tun? (Das Unerwartete tun, die Perspektive ändern.)	Möglichkeiten, positive Ziele und Wertvorstellungen zu verstärken, indem Sie Ihren Teenager fördern
Macht – – – – – Selbstständigkeit	*Aktiv:* Ungehorsam, Forderungen stellen, herumschreien *Passiv:* widerspenstig sein, Eltern ignorieren	Weigern Sie sich zu streiten oder nachzugeben. Ziehen Sie sich aus dem Machtkampf zurück. Wenn möglich, verlassen Sie den Raum. Lassen Sie den Teenager die Konsequenzen seiner Handlung erfahren.	Lassen Sie Ihren Teenager Entscheidungen treffen. Lassen Sie Ihren Teenager wissen, dass Sie Vertrauen in ihn haben.
Rache – – – – – Fairness	*Aktiv:* unhöflich oder gemein sein, verletzende Ausdrücke benutzen, gewalttätig sein *Passiv:* andere auf verletzende Art anstarren	Weigern Sie sich, sich verletzt oder zornig zu fühlen. Rächen Sie sich nicht. Zahlen Sie es Ihrem Teenager nicht heim. Nehmen Sie Gelegenheiten wahr, Vertrauen aufzubauen. Helfen Sie ihm, sich geliebt zu fühlen.	Seien Sie so fair wie möglich. Respektieren Sie die Rechte Ihres Teenagers. Respektieren Sie andere, damit Ihr Teenager ein gutes Vorbild hat.
Beweis der Unfähigkeit – – – – – Kompetenz	*Nur passiv:* schnelles Aufgeben, gar nicht erst versuchen, Flucht durch Drogen oder Alkohol	Zeigen Sie kein Mitleid. Überhaupt nicht kritisieren. Jede Leistung bemerken, gleichgültig wie klein sie sein mag. Geben Sie den Teenager nicht auf.	Konzentrieren Sie sich auf die Stärken Ihres Teenagers und auf seine Begabungen. Beachten Sie es, wenn er kluge Entscheidungen trifft. Geben Sie viel Ermutigung.

Wir kommunizieren respektvoll und ermutigen

In diesem Kapitel befassen wir uns mit folgenden Aspekten:

☞ Besondere Fertigkeiten helfen uns, mit unserem Teenager zu sprechen.

☞ Wir können über Probleme sprechen, ohne Vorwürfe zu machen.

☞ Wir können unseren Teenager auf bestimmte Weise ermutigen, damit er sich geliebt, akzeptiert, respektiert und geschätzt fühlt.

☞ Lob und Ermutigung sind nicht das Gleiche.

☞ Wir brauchen auch Selbstermutigung.

In Kapitel 2 haben wir gelernt, aktiv zuzuhören. Diese Art zuzuhören und Feedback zu geben, hilft uns und unserem Teenager zu kommunizieren. In diesem Kapitel wenden wir uns zwei weiteren Fertigkeiten zu, die uns ebenfalls helfen, respektvoll zu kommunizieren: Ich-Aussagen und Ermutigung.

Wie drücken wir uns so aus, dass unser Teenager zuhört?

Wir haben bereits gesehen, wie Zuhören und Sprechen zusammenwirken: Wir hören zu, um die Gefühle unseres Teenagers zu verstehen. Dann reagieren wir.

Wir schauen uns jetzt an, wie wir mit unserem Teenager über *unsere* Gefühle sprechen.

Wir sprechen respektvoll

Wenn wir mit unserem Teenager über ein Problem sprechen, teilen wir unsere Gefühle respektvoll mit.

BEISPIEL

Thoren ist 13. Er hat zusammen mit drei Freunden Fußball gespielt. Die vier Jungs kommen ins Haus und rennen mit ihren nassen Schuhen in die Küche. Sie öffnen die Schränke mit schmutzigen Händen. Herr V., Thorens Vater, hat gerade den Fußboden geputzt. Am liebsten würde er losbrüllen: »Was ist mit euch los? Ihr benehmt euch wie Idioten!«

Aber Herr V. hält inne und überlegt, bevor er spricht. Er sagt zu den Jungs: »Ich weiß, ihr seid hungrig und müde. Aber wenn ihr diesen ganzen Schmutz hier in die Küche bringt, vergeht mir echt die Lust. Ich bin wirklich sauer, weil ich gerade erst sauber gemacht habe.«

Herr V. hatte den Impuls, einfach loszubrüllen. Aber er weiß, dass das Thoren und seinen Freunden nur zeigen würde, dass Schreien eine Möglichkeit ist, Probleme zu lösen. Stattdessen hat sich Herr V. entschieden, respektvoll zu sein. Er hat die Jungs nicht beschimpft. Er hat sie nicht verurteilt. Er hat sich respektvoll ausgedrückt, um die Jungs wissen zu lassen, wie er sich fühlt. Er hat eine *Ich-Aussage* benutzt. Wenn wir eine Ich-Aussage benutzen, teilen wir einfach nur mit, wie wir uns fühlen.

Ich-Aussagen bestehen aus drei Teilen

Drei Elemente sind wichtig:

1. Wir beschreiben, was geschieht.

2. Wir sagen, wie wir uns fühlen.

3. Wir erklären, weshalb wir uns so fühlen.

Mit Du-Aussagen behandeln wir Teenager herablassend

Wenn wir mit Teenagern (und anderen) sprechen, benutzen wir oft *Du-Aussagen*. Mit Du-Aussagen behandeln wir andere herablassend, wir beschuldigen und nörgeln. Diese Aussagen beginnen oft mit dem Wort *Du*:

✓ »Du sollst damit aufhören!«

✓ »Du solltest dich schämen!«

✓ »Du hättest das besser wissen können.«

Wie reagieren Teenager darauf?

Wenn Teenager Du-Aussagen hören, fühlen sie sich möglicherweise wertlos oder sie fangen an zu streiten. Sie hören möglicherweise nicht mehr zu. Du-Aussagen sind entmutigend. Sie fördern nicht die Kooperation.

Mit Ich-Aussagen zeigen wir Respekt

Ich-Aussagen sind die bessere Art, über ein Problem zu sprechen. Mit Ich-Aussagen teilen wir mit, wie wir uns fühlen, wenn ein Jugendlicher unsere Rechte ignoriert oder missachtet. Mit Ich-Aussagen konzentrieren wir uns auf uns selbst und nicht auf unseren Teenager. Mit Ich-Aussagen plakatieren und beschuldigen wir nicht. Wir bleiben sachlich.

Hier ein Beispiel für eine Ich-Aussage:

✓ »Wenn du nicht anrufst, bin ich besorgt, weil ich nicht weiß wo du bist.«

Wir benutzen folgende Worte:

1. Wenn   *Wenn* du nicht anrufst,

2. bin ich   *bin* ich besorgt,

3. weil   *weil* ich nicht weiß, wo du bist.

Zwei weitere Beispiele für Ich-Aussagen:

✓ »Wenn die Milch nicht im Kühlschrank steht, bin ich richtig verärgert, weil sie sauer wird.«

✓ »Als ich bemerkt habe, dass der Benzintank fast leergefahren war, habe ich mich wirklich gehetzt gefühlt, weil ich auf dem Weg zu einem Termin auch noch zur Tankstelle musste.«

Wir müssen vorsichtig sein, wenn wir das Wort »du« nach »wenn« verwenden. Es könnte sich dann um eine versteckte Du-Aussage handeln.

Sobald wir die Teile der Ich-Aussage verstanden haben, benutzen wir die Worte, die uns natürlich erscheinen:

✓ »Ich bin besorgt, wenn ich dich rauchen sehe – es ist so schlecht für deine Lunge.«

Wir können uns entscheiden, ob wir über unsere Gefühle sprechen möchten oder auch nur über das Problem – wie in folgendem Beispiel:

✓ »Ich kann mich nicht für die Arbeit fertig machen, wenn das Badezimmer so lange besetzt ist.«

Die wichtigsten Aspekte bzgl. der Ich-Aussagen sind:

● Wir konzentrieren uns auf uns selbst, nicht auf unseren Teenager.

● Wir beschuldigen niemanden.

Wie reagieren Teenager?

Ich-Aussagen helfen einem Teenager zu verstehen, was seine Handlung für uns bedeutet. Außerdem lernen Teenager durch Ich-Aussagen, wie sie über Probleme sprechen können, ohne Vorwürfe zu machen. Sie erfahren auch, dass wir es für wichtig erachten, Gefühle und Meinungen auf eine Art mitzuteilen, die hilft, Probleme zu lösen.

DIE DREI TEILE EINER ICH-AUSSAGE

Bei Ich-Aussagen benutzen wir folgende Worte:

1. Wenn   »*Wenn* die Herdplatten angelassen werden,

2. bin ich   *bin ich* besorgt,

3. weil   *weil* etwas Feuer fangen könnte.«

Achten Sie darauf, dass keine Du-Aussage in einer Ich-Aussage versteckt wird.

Wir denken über das eigentliche Problem nach

Zuerst mag es schwierig erscheinen, die eigenen Gefühle mit einer Ich-Aussage auszudrücken. Folgende Überlegung kann uns helfen: Meistens stört es uns nicht, was unser Teenager *macht*. Was uns stört, ist die *Folge*, die sich aus seiner Handlung ergibt.

BEISPIEL

Anja hat sich in letzter Zeit schlechte Essgewohnheiten zugelegt. Sie lässt das Frühstück ausfallen. Nach der Schule ernährt sie sich von Chips und Süßigkeiten, die sie sich gekauft hat. Zum Mittagessen hat sie gewöhnlich keinen Hunger. Ihre Eltern, Frau und Herr W., machen sich Sorgen um ihre Gesundheit. Sie sind besorgt, dass Anja müde sein oder krank werden wird. Sie befürchten, dass ihre Essgewohnheiten ihre Konzentration in der Schule beeinträchtigen.

Anja muss das essen, was gesund für sie ist. Aber worüber machen sich ihre Eltern wirklich Sorgen? Dass sie nicht ordentlich isst oder wozu es führen kann, wenn sie sich nicht gesund ernährt?

Sich auf die *Folgen des Verhaltens* und *wie sie sich deshalb fühlen* zu konzentrieren, kann für Herrn und Frau W. eine Hilfe sein. Sie sagen nicht: »Du musst frühstücken und dein Mittagessen essen, so geht es nicht weiter!« Stattdessen können sie sagen:

✓ »Wenn du nicht frühstückst, machen wir uns Sorgen, dass du in der Schule müde sein wirst.«

Wir sind besonders vorsichtig, wenn wir wütend sind

Wir achten darauf, dass wütende Gefühle nicht Teil einer Ich-Aussage werden. Eine wütende Ich-Aussage macht es schwer für unseren Teenager, sich *nicht* für unsere Wut schuldig zu fühlen. Wie würden wir uns fühlen, wenn jemand auf uns wütend wäre?

Natürlich sind wir manchmal auf unseren Teenager wütend. Wenn wir aber zu oft wütend sind, kann es zu einem Machtkampf, einem Rachefeldzug oder dazu führen, dass unser Teenager seine Unfähigkeit unter Beweis stellt. Unser Teenager fühlt sich vielleicht kontrolliert oder gar bedroht und spricht nicht mehr mit uns.

Um Wut aus der Ich-Aussage herauszuhalten,

- benutzen wir eine Ich-Aussage, *bevor* wir wirklich sehr wütend sind. Zum Beispiel könnte es sich beim Gefühl, das wir zuerst empfinden, um Besorgnis oder Enttäuschung handeln. An dieser Stelle können wir eine Ich-Aussage benutzen. Das könnte verhindern, dass wir sehr wütend werden;

- ändern wir unseren inneren Dialog. »Nur für Sie« in Kapitel 2 (Seite 101/102) gibt uns einen Hinweis darauf, wie wir diese Veränderung herbeiführen können;

- sprechen wir mit unserem Teenager erst dann über das Problem, wenn wir uns beruhigt haben.

Was können wir tun, wenn wir furchtbar wütend sind?

1. Wir entfernen uns von unserem Teenager
Wir verlassen den Raum. Wir gehen spazieren. Wir rufen einen Freund/eine Freundin an.

2. Wir rufen z.B. bei der Telefonseelsorge an
Wenn wir so wütend sind, dass wir befürchten, unseren Teenager zu verletzen, rufen wir sofort jemanden an, der uns helfen kann. Bei der Telefonseelsorge arbeiten speziell ausgebildete Fachleute, die gelernt haben, Menschen zu helfen, diese Momente der Wut zu überwinden. Im Telefonbuch stehen die entsprechenden Nummern unter »Telefonseelsorge«. Auch die Notfallaufnahmen der Krankenhäuser haben Kontakte, die uns weiterhelfen können.

3. Wir holen uns Hilfe für uns selbst

Es gibt Fachleute, die uns helfen können zu lernen, mit unserer Wut umzugehen. Wir nehmen Kontakt auf mit einem Arzt oder einem Psychotherapeuten.

Über Wut lesen Sie außerdem im Kapitel »Wie gehen wir mit Wut und Gewalt um?«, Seite 253.

Wir sind bereit zuzuhören

Wenn wir wegen eines Problems eine Ich-Aussage treffen, wird unser Teenager möglicherweise darüber sprechen wollen. Dann hören wir am besten aktiv zu und verwenden Ich-Aussagen.

BEISPIEL
An einem Nachmittag kommt Frau H. etwas früher von der Arbeit nach Hause. Sie findet ihren 16-jährigen Sohn Maximilian und seine Freundin Julia halb ausgezogen auf dem Wohnzimmerfußboden.

Julia ist die Situation sehr peinlich. Sie springt auf, rückt ihre Kleidung zurecht und verlässt das Haus. Maximilian errötet und ist wütend. Er sagt zu seiner Mutter: »Warum kommst du auch früher nach Hause!« Er stampft aus dem Wohnzimmer.

Frau H. lässt ihrem Sohn Zeit, sich in seinem Zimmer zu beruhigen. Sie macht Abendessen und ruft ihn dann zum Essen.

Während sie essen, sagt sie zu ihrem Sohn: »Ich mache mir Sorgen, wenn ich dich und Julia so zusammen sehe wie heute. Ich habe Angst, dass du zu weit gehst und Julia schwanger wird. Außerdem denke ich, dass ihr beide für Sex zu jung seid.« Maximilian antwortet: »Wenn ich zu jung dazu bin, wie kommt es dann, dass mein Körper mir etwas anderes sagt?« Frau H. antwortet: »Ja, das ist verwirrend, nicht wahr?« Maximilian erwidert: »Nicht für mich! Ich weiß, dass ich es tun möchte!« »Was meint Julia dazu?«, möchte Frau H. wissen. Maximilian zögert: »Sie hat

Angst ... aber ich glaube, sie möchte es auch.« »Maximilian, ich weiß, es ist nicht einfach, aber es gibt viele Gründe, weshalb es besser ist zu warten.« Maximilian blockt ab: »Ich möchte nicht mehr darüber sprechen!«

Es handelt sich hier um *keine* einfache Konversation, aber sie *ist* wichtig. Obwohl Frau H. und Maximilian noch mehr darüber werden sprechen müssen, war es doch ein guter Anfang. Die Ich-Aussage seiner Mutter hat für Maximilian die Tür geöffnet, darüber zu sprechen. Frau H. hat sich angehört, wie ihr Sohn sich fühlt. Sie hat ihm auch ihre Gefühle mitgeteilt. Sie ist dabei respektvoll geblieben. Maximilian hat gesehen, dass seine Mutter um ihn und seine Freundin besorgt ist und einige seiner Gefühle verstanden hat. Frau H. hat ihrem Sohn auch gezeigt, dass sie auch über schwierige Themen miteinander sprechen können. In Kapitel 4 und 7 schauen wir uns andere Möglichkeiten an, wie wir mit Teenagern über das Thema Sexualität sprechen können.

MANCHMAL BITTEN SIE EINFACH UM MITHILFE

Es ist nicht ratsam, immerzu Ich-Aussagen zu benutzen. Wenn Sie das zu oft tun, wird Ihr Teenager vielleicht aufhören zuzuhören. Manchmal ist eine einfache Bitte der beste Weg, um Kooperation zu erreichen:

✓ »Würdest du bitte den Tisch decken?«

✓ »Ich brauche deine Hilfe. Der Hund muss gebadet werden. Kannst du das bitte übernehmen?«

✓ »Bitte mache die Fenster zu und schließe die Tür ab, wenn du zu Bett gehst.«

Der Tonfall ist entscheidend – freundlich und bestimmt: Er zeigt, dass wir Kooperation erwarten und unseren Teenager respektieren.

Wir verwenden auch freundliche und positive Ich-Aussagen

Unser Teenager freut sich darüber, auch freundliche Ich-Aussagen zu hören:

✓ »Es tut so gut, nach Hause zu kommen und zu sehen, dass du für alle gekocht hast.«

✓ »Ich habe gesehen, dass du den Müll rausgebracht hast. Danke.«

✓ »Es macht Spaß, mit dir einkaufen zu gehen.«

Wie bauen wir das Selbstbewusstsein unseres Teenagers auf?

Durch Ich-Aussagen zeigen wir Respekt vor uns selbst. Wir können dadurch ehrlich sein bezüglich unserer Gefühle und unserer Wünsche. Mit Ich-Aussagen zeigen wir auch unserem Teenager gegenüber Respekt. Durch die Benutzung von Ich-Aussagen signalisieren wir, dass wir daran glauben, dass unser Teenager bereit, willig und fähig ist, zu kooperieren.

Das Vertrauen, das Eltern ihrem Teenager entgegen bringen, hilft ihm, an sich selbst zu glauben. Eine Möglichkeit, unseren Respekt und unser Vertrauen in unseren Teenager zu zeigen, ist Ermutigung.

Ein ermutigter Teenager hat den Mut zu kooperieren, neue Dinge auszuprobieren und Verantwortung zu übernehmen.

Was verstehen wir unter Ermutigung?

Ermutigung ist eine Fertigkeit, durch die wir unseren Teenager beim Aufbau seines Selbstbewusstseins unterstützen. Selbstbewusstsein hilft dem jungen Menschen, sein Leben zu meistern, Erfolg zu haben und Probleme zu bewältigen. Es hilft ihm zu sagen: »Ich kann« und: »Ich will«. Ermutigung ist eine Möglichkeit, unserem Teenager zu zeigen, dass er

✓ akzeptiert wird,

✓ fähig ist,

✓ geliebt wird.

Schauen wir uns die Worte *ermutigt* und *entmutigt* an. Beide beinhalten das Wort *Mut*, ein wichtiger Teil des Selbstbewusstseins.

Ein *ermutigter* Teenager hat ein starkes Selbstbewusstsein. Ein solcher Teenager hat den Mut zu kooperieren, Neues auszuprobieren und Verantwortung zu übernehmen.

Ein *entmutigter* Teenager hat wenig Selbstbewusstsein. Er hat nicht den Mut, positive Wege zu gehen, um dazuzugehören.

Wie können wir unseren Teenager ermutigen?

Ermutigung basiert auf Respekt. Teenager brauchen die ganze Zeit Ermutigung und Respekt. Deshalb gewöhnen wir uns an zu ermutigen, um unserem Teenager zu zeigen, dass wir

✓ ihn lieben und akzeptieren,

✓ seine Bemühungen bemerken,

✓ ihn zu schätzen wissen,

✓ Vertrauen in ihn haben.

Schauen wir uns jeden dieser Aspekte der Ermutigung genauer an.

117

Wir lieben und akzeptieren unseren Teenager

Wenn wir unseren Teenager lieben und akzeptieren, haben wir sowohl seine besonderen Fähigkeiten als auch die Bereiche im Auge, mit denen er Probleme hat. Wir kennen seine Höhen und Tiefen. Ein ermutigter Teenager weiß, dass wir von ihm nicht erwarten, perfekt zu sein. Wir akzeptieren unseren Teenager und schätzen ihn so, wie er ist.

Manche Eltern glauben, dass sie immer wieder betonen müssen, was falsch läuft. Sie glauben, dass das den jungen Menschen helfen wird, sich zu bessern. Aber das kann entmutigend wirken. Was wäre, wenn unser Freund/unsere Freundin uns ständig sagen würde, was wir falsch machen? Was wäre, wenn unser Chef alles, was wir tun, kritisieren würde? Genauso fühlt sich unser Teenager auch.

Alle Teenager brauchen Liebe und Akzeptanz, unabhängig davon, wie sie sich verhalten.

118

Wie wäre es, wenn wir unsere Arbeitskollegen so behandeln würden, wie wir manchmal unsere Teenager behandeln?

BEISPIEL

Lena ist 15. Gestern hat sie ihrem Vater, Herrn Z., gesagt, dass sie über Nacht bei Hanna bleiben würde. In Wahrheit ist Lena mit Hanna auf eine Party gegangen. Sie hat Alkohol getrunken und Ecstasy genommen. Die Polizei ist gekommen und Herr Z. musste Lena bei der Polizei abholen.

Heute ist Lena wieder zu Hause. Sie sagt weinend: »Ich bin schrecklich. Ich hasse mich!« Herr Z. sagt dazu: »Lena, was du gemacht hast, war falsch. Aber du bist kein schrecklicher Mensch. Du hast eine falsche Entscheidung getroffen. Lass uns darüber sprechen, was es mit dem Lügen auf sich hat. Und was kannst du das nächste Mal tun, wenn wieder eine Party stattfindet?«

AKZEPTIEREN SIE IHREN TEENAGER

1. Erinnern Sie sich an eine falsche Entscheidung, die Ihr Teenager getroffen hat.

2. Überlegen Sie sich eine Möglichkeit, wie Sie Ihrem Teenager helfen können zu erkennen, dass er kein schlechter Mensch ist, auch wenn er eine falsche Entscheidung getroffen hat.

3. Überlegen Sie sich eine Möglichkeit, Ihrem Teenager zu helfen, bessere Entscheidungen zu treffen.

Wir bemerken die Bemühungen unseres Teenagers

Verbesserungen brauchen Zeit. Alles was wir tun, setzt sich aus kleinen Schritten und Bemühungen zusammen. Das Gleiche gilt für unseren Teenager. Er lernt Fertigkeiten und Möglichkeiten, sich zu verhalten. Er sammelt Erfahrung. Das geschieht langsam, Schritt für Schritt.

BEISPIEL

Marc-Frederik ist 16. Er hat versucht, einen Job in einem Geschäft zu bekommen. Er hat sich auf viele Anzeigen in Schaufenstern beworben und die Bewerbungsformulare in den betreffenden Geschäften abgegeben. Aber er hat nicht viele Einladungen zu einem Gespräch bekommen. Niemand hat ihn eingestellt.

Marc-Frederiks Eltern, Herr und Frau J., glauben zu wissen, woran es liegt. Marc-Frederik trägt ungepflegte Kleidung und mehrere Ohrringe. Sein Haar ist lang und ungewaschen. Seine Eltern könnten sagen: »Wenn du dich waschen, besser anziehen und die Ohrringe herausnehmen würdest, würde dich möglicherweise jemand anstellen!« Aber inwiefern würde das Marc-Frederik helfen?

Stattdessen entschließen sich Herr und Frau J., ihren Sohn zu ermutigen. Herr J. fragt Marc-Frederik: »Weshalb, glaubst du, hat man dir noch keinen Job angeboten?« Marc-Frederik meint dazu: »Ich weiß nicht! Ich bin zu jedem Termin pünktlich erschienen. Ich bin auch höflich gewesen.« Frau J. sagt dazu: »Freundlich und höflich zu sein, fällt dir wirklich leicht. Ich habe auch bemerkt, dass du sehr darauf geachtet hast, pünktlich zu sein.« Marc-Frederik fällt weiter dazu ein: »Ich glaube, die fahren sehr auf das Aussehen ab. Sie mögen meine Haare und meine Ohrringe nicht.« Herr J. fügt hinzu: »Vielleicht kannst du zu deinem nächsten Interview dein Erscheinungsbild verändern. Schau mal, ob das hilft.« Marc-Frederik erwidert: »Ich verstehe nicht, weshalb sie mich nicht so nehmen können, wie ich bin.« Frau J. antwortet: »Ich weiß, was du meinst. Ich würde es auch viel bequemer finden, wenn ich in Jeans zur Arbeit gehen könnte. Aber das geht nicht. So ist das eben bei manchen Jobs.«

Frau und Herr J. haben ihren Sohn ermutigt und respektvoll mit ihm gesprochen. Auf diese Weise ist es wahrscheinlicher, dass sie ihrem Sohn helfen können. Wenn Marc-Frederik sich entscheidet, sich um eine Änderung zu bemühen, können seine Eltern auch dazu eine Bemerkung machen. Was könnten sie sagen?

✓ Sie können kleine Bemühungen und Verbesserungen als Schritte auf dem richtigen Weg beachten: »Du hast dir wirklich Mühe gegeben beim Ausfüllen dieses Bewerbungsbogens. Das könnte dir helfen, einen Gesprächstermin zu bekommen.«

✓ Sie können auch den Lernprozess bemerken und ihn darauf ansprechen: »Ich sehe, du ziehst diesmal eine andere Hose an. Bestimmt wird dem Geschäftsführer deine gepflegte Kleidung gefallen.«

BEACHTEN SIE DEN LERNPROZESS UND DIE VERBESSERUNG

Überlegen Sie, was Ihr Teenager gerade lernt oder worin er sich verbessert. Erinnern Sie sich an Bemühungen Ihres Teenagers. Zum Beispiel:

✓ Hat Ihr übergewichtiger Teenager es geschafft abzunehmen?

✓ Hat Ihr Teenager etwas Rücksichtsvolles, Überlegtes getan?

Finden Sie mindestens eine Bemühung oder eine Verbesserung. Halten Sie nach einer Gelegenheit Ausschau, um Ihrem Teenager zu sagen, dass Sie es bemerkt haben.

Wir schätzen unseren Teenager

Obwohl unser Teenager unabhängiger und selbstständiger wird, muss er noch immer Teil der Familie sein. Er braucht das Gefühl, zu Hause dazuzugehören. Indem wir ihm sagen und zeigen, dass wir ihn schätzen, ermutigen wir unseren Teenager, sich dazugehörig zu fühlen und zu kooperieren.

BEISPIEL

Björn ist 14. Wenn er seine Freunde zu Besuch hat, ist er oft gemein zu seinem kleinen Bruder Felix. Frau A., die Mutter, möchte Björn ermutigen, freundlicher zu sein. Sie möchte ihn nicht kritisieren. Sie hat bemerkt, dass Björn oft nett zu Felix ist, wenn die beiden alleine zusammen mit der Familie sind. Eines Abends, als Felix im Bett ist, sagt Frau A. zu Björn: »Ich weiß es zu schätzen, wie du Felix heute Abend vorgelesen hast. Er liebt seinen großen Bruder sehr.«

Frau A. ist entschlossen, Björns freundliches Verhalten so oft als möglich zu bemerken und zu schätzen. Sie weiß, das könnte Björn helfen, darüber nachzudenken, wie er seinen Bruder behandelt, wenn seine Freunde da sind. Frau A. erinnert sich an das Verhalten, das ihr kürzlich positiv an Björn aufgefallen ist und das sie sehr schätzt: Björn sitzt oft nach der Schule mit seiner Mutter zusammen und spricht mit ihr. Er hilft ihr beim Essenkochen. Er füttert und bürstet die Katze.

Nur wenige Minuten haben für Frau A. genügt, sich viele Dinge zu überlegen, die sie an Björn zu schätzen weiß. Sie beschließt, damit anzufangen, Björn für seine Kooperation zu danken.

Eine andere Möglichkeit, unserem Teenager unsere Wertschätzung zu zeigen, ist zu bemerken, was wichtig für ihn ist. Es ist nur zu leicht, die Interessen unseres Teenagers zu ignorieren, besonders dann, wenn es sich um etwas handelt, das für uns selbst nie wichtig war. Unsere verschiedenen Interessen sind jedoch ein Teil dessen, was uns zu einem einzigartigen Menschen macht. Wenn wir uns die Zeit nehmen, uns mit unserem Teenager über seine Interessen zu unterhalten, wird sich unser Teenager geschätzt fühlen. Vielleicht entdecken wir sogar ein neues Interessensgebiet für uns selbst.

Unser Teenager hat Stärken – positive Eigenschaften und Talente. Wir beachten sie und bauen auf diese Stärken auf:

BEISPIEL

Katrins Stiefmutter, Frau B., sagt zu ihr: »Deine Frisur ist immer so schön. Du hast wirklich ein Talent, deine Haare zu flechten.« Katrin antwortet: »Ich habe etwas Neues entdeckt, das gut zu dir passen würde. Ich kann das für dich machen, wenn du möchtest.« »Das würde ich toll finden!« entgegnet Frau B. begeistert.

Wir vertrauen unserem Teenager

Teenager müssen wissen und sehen, dass ihre Eltern ihnen vertrauen und daran glauben, dass sie erfolgreich sein können.

BEISPIEL

Christopher ist gerade 18 geworden und hat eben seinen Führerschein ausgehändigt bekommen. Er möchte, dass sein Vater, Herr L., die ersten Male noch mit ihm fährt.

Als die beiden das erste Mal zusammen fahren, fährt Christopher fast über eine rote Ampel. Er sieht sie gerade noch und bremst heftig.

»Entschuldigung!« sagt Christopher und klingt dabei, als ob er mit sich selbst sehr unzufrieden wäre. Herr L. erwidert: »Du wirst dich daran gewöhnen, Ampeln und Schilder zu sehen, gleichzeitig zu schalten und die Pedale zu treten, indem du einfach mehr fährst und damit mehr Übung bekommst.« Später, als sie in eine Seitenstraße abbiegen, bleibt Christopher mit der Seite des Autos fast an einem Baum hängen. Er meint: »Verdammt! Warum mach ich das bloß?« »Ja, Christopher, sicher gibt es eine Menge zu lernen.« sagt Herr L. »Stoße doch einfach langsam zurück und fahr das Auto dann gerade am Baum vorbei.«

Christopher weiß, dass sein Vater überzeugt ist, dass er lernen kann, ein Auto sicher zu fahren. Woher weiß er das? Herr L. sagt seinem Sohn, dass er es kann und er nimmt sich Zeit, mit ihm zu fahren und ihm etwas beizubringen. Das wird Christopher helfen, sich befähigt zu fühlen, auch andere Dinge auszuprobieren. Es hilft ihm, sich zu sagen: »Ich kann es.«

Die Erwartungen der Eltern haben einen großen Einfluss auf den Teenager. Er spürt, was wir in Wahrheit fühlen und denken. Nur wenige Teenager werden an sich glauben, wenn wir nicht an sie glauben.

Um zu zeigen, dass wir an unseren Teenager glauben, müssen wir uns manchmal das große, ganze Bild vor Augen führen. Wir brüten nicht über einen Fehler, den unser Teenager in der Vergangenheit gemacht hat. Stattdessen denken wir an die vielen Dinge, die unser Teenager gelernt hat, richtig zu machen. Wir machen uns keine Sorgen über Fehler, die er vielleicht machen könnte. Stattdessen denken wir über Möglichkeiten nach, wie wir unserem Teenager helfen können, sich fähig zu fühlen.

Wir erinnern uns daran, dass wir in unserem Leben auch Fehler gemacht und überlebt haben. Unser Teenager braucht auch die Chance, Fehler zu machen und daraus zu lernen.

Erwachsen zu werden, ist ein Prozess, der Jahre dauert. Als unser Teenager noch klein war, konnte er seine Schuhe nicht binden, lesen oder Fahrrad fahren. All das hat er gelernt. Dies im Auge zu behalten, kann uns helfen zu sehen, dass unser Teenager mit der Zeit viele Fertigkeiten lernen kann.

Nur wenige Jugendliche werden an sich selbst glauben, solange *wir* nicht an sie glauben.

Ein Wort über Vertrauen

Wir möchten, dass unser Teenager uns vertraut. Wir möchten auch, dass wir unserem Teenager vertrauen können. Es gibt einen *Unterschied* zwischen Vertrauen und dem Glauben an jemanden.

Manchmal muss Vertrauen verdient werden. Das gilt besonders dann, wenn unser Teenager uns oft angelogen oder Vereinbarungen nicht eingehalten hat.

Wir wollen unserem Teenager wegen vergangener Fehler nicht unser Vertrauen verweigern. Vielleicht können wir unserem Teenager auch nicht immer vertrauen. Wir *können* jedoch Vertrauen in den Lernprozess und den Aufbau einer starken Beziehung setzen.

Eine einfache Art, die vertrauensbildend wirkt, besteht darin, so zu tun und zu handeln, »als ob«. Mit dieser Erwartung schicken wir unserem Teenager eine entscheidende, sehr klare Botschaft.

Zum Beispiel: Wir handeln so, *als ob* unser Teenager verantwortungsvoll handeln wird. Wir haben Vertrauen, dass unser Teenager kooperieren wird.

Wenn unser Teenager lügt oder eine Vereinbarung bricht, sehen wir das gebrochene Vertrauen als Gelegenheit für ihn, zu lernen und sich zu entwickeln. Es kann sich als eine Chance für beide – sowohl für uns als auch für unseren Teenager – erweisen, an unserer Beziehung zu arbeiten. Wir sind respektvoll und ehrlich, was unsere Gefühle betrifft. Wir hören uns die Wertvorstellungen und Überzeugungen unseres Teenagers an und achten auf seine Gefühle. Wir helfen unserem Teenager, die Verantwortung für die Konsequenzen zu übernehmen, die der Vertrauensbruch nach sich zieht. In Kapitel 5 lernen wir mehr über Möglichkeiten, Konsequenzen zu nutzen, um unserem Teenager zu helfen.

Was ist der Unterschied zwischen Lob und Ermutigung?

Viele Eltern glauben, dass sie ihre Teenager ermutigen, indem sie sie loben. Sie sind sich nicht darüber im Klaren, dass Lob *ent*mutigend wirken kann.

Lob und Ermutigung sind nicht das Gleiche. Sie dienen einem unterschiedlichen Zweck.

Lob ist eine Belohnung

Lob ist eine Art Belohnung. Lob wird verdient, manchmal dadurch, dass unser Teenager in einem Wettbewerb gewinnt. Vielleicht verdient er sich das Lob auch, indem er mit jemand anderem verglichen wird und besser ist. Das Lob der Eltern bedeutet für einen jungen Menschen eine *Belohnung*, weil die Eltern dadurch die Handlung des Teenagers bewerten und ihre Wertschätzung dafür zeigen.

> BEISPIEL
> In Kerstins Schule findet das Endspiel im Handballturnier statt. Kerstin bringt den Ball dreimal ins Netz. Kerstins Freundin Sonja hat einen schlechten Tag. In entscheidenden Situationen verliert sie zweimal den Ball. Trotzdem gewinnt die Mannschaft das Spiel.
> Nach dem Spiel sagt Kerstins Vater, Herr M., zu ihr: »Wunderbares Spiel – weil du so gut warst!« Kerstin meint: »Ja, großartig! Leider hatte Sonja keinen guten Tag. Es tut mir Leid für sie.« »Sie hätte sich mehr konzentrieren können. Du könntest ihr wirklich viel beibringen!« meint Herr M. Kerstin denkt: »Was wäre gewesen, wenn es mir heute schlecht gegangen wäre? Was hätte Papa dann gedacht?«

Was lernt ein Teenager durch Lob?

Durch Lob lernt ein Teenager, etwas zu tun, um anderen zu gefallen. Grundsätzlich ist es nicht falsch, jemandem gefallen zu wollen. Aber wenn ein Teenager viel Lob erhält, fängt er an zu glauben, dass er anderen gefallen *muss*. Er glaubt möglicherweise, dass dies der *einzige* Weg ist, sich als wertvoller Mensch zu empfinden.

Vielleicht lernt er auch, immer mehr Lob bekommen zu wollen. Wenn seine Eltern ihn nicht loben, macht er sich vielleicht Sorgen und beginnt an sich zu zweifeln. Möglicherweise denkt er sogar, dass er kritisiert wird, wenn er kein Lob bekommt!

Aufgrund von zu viel Lob könnte ein Teenager anfangen, jede Aktivität als Wettkampf zu sehen, in dem er entweder »besser« oder »schlechter« als andere abschneidet. Er lernt, dass Lob die Belohnung für das »Besser sein« ist. Der Teenager beginnt zu glauben, dass es im Leben wichtig ist, in Wettstreit zu treten, um Lob als Belohnung zu bekommen.

Ein anderer Teenager sieht Lob möglicherweise als den Versuch seiner Eltern, ihn zu kontrollieren. In diesem Fall könnte Lob den Teenager dazu bringen, zu rebellieren.

Ermutigung ist ein Geschenk

Ermutigung ist ein Geschenk, niemand muss es sich verdienen.

Wir erkennen und benennen Bemühungen, Fortschritte und Verbesserungen. Dadurch ermutigen wir.

BEISPIEL
Alina übt schwierige Schritte für ihre Ballettaufführung. Ihre Mutter könnte dazu sagen: »Diese Bewegung sieht fließender aus als letzte Woche.«

Ermutigung kann eingesetzt werden, um etwas zu bemerken, das einzigartig ist:

BEISPIEL
Später könnte die Mutter vielleicht sagen: »Es macht mir Freude, dir beim Üben zuzuschauen. Dafür komme ich gerne etwas früher.«

127

Wir können auch ermutigen, wenn ein Teenager nicht gut abschneidet oder einen Misserfolg erlebt hat.

BEISPIEL

»Als du aus dem Schritt gekommen bist bei der Aufführung, hast du getan, als ob du noch dabei wärst, bis du wieder mit den anderen im Rhythmus warst. Und es ist dir gelungen. Ruhig zu bleiben – in einer solchen Situation – wenn du aufgeregt bist, kann sehr schwer sein. Es ist eine wichtige Fähigkeit.«

Ermutigung von ihren Eltern zu bekommen, hilft Teenagern, sich geschätzt zu fühlen, so wie sie sind. Das hilft ihnen, sich selbst zu akzeptieren, sich ihrer Fähigkeiten bewusst zu werden und sich fähig zu fühlen. Es erhöht ihr Selbstbewusstsein und ihr Selbstwertgefühl.

Was lernt ein Teenager durch Ermutigung?

Durch Ermutigung lernt ein junger Mensch,

✓ seine eigenen, besonderen Fähigkeiten zu schätzen;

✓ sich fähig zu fühlen;

✓ sich so, wie er ist, geschätzt und geliebt zu fühlen und mit sich zufrieden zu sein.

Ein Teenager lernt auch, dass er sich selbst ermutigen kann. Er wird selbstbewusster. Er ist mehr interessiert, mit anderen zu kooperieren als mit ihnen im Wettstreit zu stehen.

Wenn wir loben, benutzen wir Worte mit denen wir beurteilen

»Du bist so ein liebes Kind!« Diese Erwartung ständig zu erfüllen, ist nicht einfach. Wenn ein Teenager das hört, denkt er vielleicht: »Soll ich die ganze Zeit ein liebes Kind sein? Was passiert, wenn ich nicht lieb bin? Bin ich dann böse?

Bin ich auch dann ein wertvoller Mensch, wenn ich nicht mache, was mein Vater möchte?«

»*Du bist in das Team aufgenommen worden – ich bin so stolz auf dich!*« Für einen jungen Menschen könnte sich das so anhören wie: »Durch dich stehe ich wirklich gut da! Du gefällst mir, weil du gemacht hast, was ich will.« Möglicherweise denkt der Teenager: »Ich werde geschätzt, weil ich ins Team aufgenommen wurde. Was wäre, wenn sie mich nicht genommen hätten? Wäre meine Mutter dann enttäuscht von mir?«

Wenn wir ermutigen, benutzen wir Worte, mit denen wir etwas bemerken

Bei Ermutigung konzentrieren wir uns auf den Beitrag, den unser Teenager geleistet hat. Wir beachten, wie sich unser Teenager fühlt. Wenn wir ermutigen, sagen wir so etwas wie:

✓ »Danke, dass du mich im Einkaufszentrum deinen Freunden vorgestellt hast.«

✓ »Du scheinst ziemlich stolz darauf zu sein!«

Ermutigen oder loben?

✓ Teenager müssen lernen zu kooperieren – nicht ständig in Konkurrenz mit anderen zu stehen.

✓ Teenager müssen sich immer akzeptiert fühlen – nicht nur, wenn sie etwas Großartiges tun.

✓ Teenager müssen lernen, für sich selbst zu denken – nicht anderen zu gefallen.

Wenn wir loben, ohne zu ermutigen, wird uns das nicht helfen, den Herausforderungen der Erziehung gerecht zu werden.

Ermutigung hilft Teenagern,

✓ an sich selbst zu glauben,

✓ »ich kann« und »ich will« zu sagen,

✓ sich geliebt zu fühlen,

✓ zu kooperieren und sich um andere zu kümmern,

✓ sich dahin zu entwickeln, selbstmotiviert zu sein.

Zu viel Lob kann *entmutigend* sein. Ermutigung hilft uns mehr, den Herausforderungen der Erziehung zu begegnen. Meistens ist Ermutigung hilfreicher als Lob. Bedeutet das, dass wir unseren Teenager niemals loben sollten? Natürlich nicht. Manchmal kann auch Lob ermutigend wirken:

BEISPIEL

Der Chor, in dem Johanna singt, hat gerade den ersten Preis bei einem Gesangswettbewerb gewonnen. Der Gesang der Teenager war wunderbar. Wir können unseren Teenager umarmen und sagen: »Toll! Was für eine Aufführung! Das war super!«

Wir alle mögen Belohnung. Wenn junge Menschen hart gearbeitet und etwas erreicht haben, ist es in Ordnung zu loben. Wir werden unsere Teenager jedoch besser motivieren, wenn wir uns auf die Sprache der Ermutigung konzentrieren.

DENKEN SIE ÜBER ERMUTIGUNG NACH

Stellen Sie sich vor, Ihr Teenager läuft in einem Rennen:

✓ Was Sie sagen, wenn ihr Teenager das Ziel erreicht hat, ist Lob.

✓ Was Sie *während* des Rennens sagen, ist Ermutigung.

Wir benutzen die einfühlsame Sprache der Ermutigung

Wenn wir ermutigen, benutzen wir die besondere, einfühlsame Sprache der Ermutigung. Es folgen einige Beispiele mit Worten, die ermutigen:

✓ »Danke. Das war eine große Hilfe.«

✓ »Ich vertraue deinem Urteil.«

✓ »Das ist schwierig, aber ich denke, du wirst eine Lösung finden.«

✓ »Du hast wirklich hart daran gearbeitet!«

✓ »Du wirst ständig besser in Geometrie.«

✓ »Du schaffst es!«

In der Tabelle am Ende dieses Kapitels finden sich mehr Beispiele für die Sprache der Ermutigung.

Ein Wort der Vorsicht

Manchmal sagen Eltern etwas Ermutigendes, nur um dann etwas Entmutigendes hinzuzufügen. So zum Beispiel, wenn ein Vater sagt: »Es sieht aus, als ob du wirklich hart daran gearbeitet hättest.« Der Teenager würde sich ermutigt fühlen. Aber was passiert, wenn der Vater noch folgende Worte hinzufügt?:

● »Du hast wirklich hart daran gearbeitet … Ich wünschte nur, du würdest das öfter tun.«

● »Ich vertraue deinem Urteil … also bitte, lass mich nicht hängen.«

● »Du kannst das … also hör auf, dich zu beklagen, und fang an.«

Solcherlei Aussagen sind zunächst ermutigend – aber dann nehmen sie die Ermutigung wieder zurück. Die Ermutigung wird damit aufgehoben. Der Teenager fühlt sich letztlich entmutigt. Wir erinnern uns: Wir möchten das Selbstbewusstsein unseres Teenagers aufbauen, keinen perfekten Teenager schaffen.

SIE WECHSELN ZU ERMUTIGUNG

Bemerken Sie, wenn Sie Ihren Teenager loben.

Zum Beispiel: Beachten Sie, wenn Sie so etwas sagen wie:

✓ »Du bist wirklich lieb!«

✓ »Das hast du großartig gemacht!«

Überlegen Sie sich andere Worte, die Sie benutzen können, um Ihren Teenager zu ermutigen.

Gibt es andere Möglichkeiten zu ermutigen?

Die Sprache der Ermutigung zu benutzen und zu viel Lob zu vermeiden, sind zwei wichtige Möglichkeiten, unser Kind zu ermutigen. Es gibt jedoch auch andere Möglichkeiten.

Wir handeln auf ermutigende Weise

Wir ermutigen nicht nur mit Worten. Auch unsere Verhaltensweise kann ermutigend wirken.

Ein Nicken, ein Lächeln oder ein Siegeszeichen können ermutigende Gesten sein. Ebenso wirkt Zuhören ohne zu unterbrechen, eine Umarmung oder ein wohlwollendes Auf-die-Schulter-klopfen.

Wir zeigen auch unser Vertrauen in unseren Teenager, wenn wir seinen Wunsch akzeptieren, eine Herausforderung anzunehmen.

BEISPIEL

Ben ist in der 11. Klasse. Er hat die Chance, am Fußball-trainingscamp einer Mannschaft in der B-Liga teilzunehmen. Der Trainer hat ihn eingeladen, das Wochenende dort zu verbringen. Er würde den Schlafraum mit zwei Spielern teilen. Ben möchte gerne gehen, aber er ist nervös, weil er von den älteren Spielern nicht als »jung und dumm« angesehen werden möchte.

Bens Eltern, Herr und Frau D., möchten ihn unterstützen, das Wochenende dort zu verbringen. Sie machen sich Sorgen, weil er so nervös ist und mit älteren Jugendlichen zusammen sein wird. Sie fürchten auch, dass er dort mit Alkohol und Drogen in Berührung kommt.

Sie beschließen, Ben zu helfen, sich sicherer zu fühlen. Sie hören sich seine Befürchtungen an und verstehen seine Gefühle. Sie sagen zu Ben: »Du bist jünger als die anderen Jungs, aber du bist talentiert. Wir wissen, dass du beim Training dein Bestes geben und mit den Jungs auskommen wirst.« Sie sprechen mit Ben auch über ihre Sorgen bzgl. Alkohol und Drogen. Zusammen diskutieren sie darüber, was Ben tun kann, falls sich deshalb ein Problem ergeben sollte. Ben fühlt sich respektiert. Herr und Frau D. sind sicher, dass Ben so weit ist, zu dem Wochenende fahren zu können.

Wir bringen unserem Teenager bei, andere zu respektieren

Selbstwertgefühl ist extrem wichtig. Aber ebenso wichtig ist es, Respekt für andere zu empfinden und zu zeigen. Es ist schwer, uns selbst wirklich zu respektieren, wenn wir vor anderen keinen Respekt haben.

Respekt beizubringen und zu zeigen, ist auch eine Art, unseren Teenager zu ermutigen. Wie können wir das tun?

Wir helfen Freunden und Nachbarn

Wir laden unseren Teenager ein, auch zu helfen. Manchmal handelt es sich um eine große Aufgabe, wie zum Beispiel, bei einem Umzug zu helfen. Vielleicht handelt es sich um eine kleine Aufgabe, wie zum Beispiel, Blumen zu gießen, wenn jemand in Urlaub geht.

Wir nehmen Gelegenheiten wahr, als Familie zu helfen

Die Schule unseres Teenagers sammelt vielleicht Kleidung für Bedürftige oder organisiert eine Hilfsaktion. Wir helfen unserem Teenager bei der Sammlung.

Wir achten auf gute Manieren

Höflich zu sein ist nicht altmodisch. Wir wissen es alle zu schätzen, wenn wir höflich behandelt werden. Wir machen es zu einer Gewohnheit, zu unserem Teenager »bitte« und »danke« zu sagen: »Bitte, räume dein Geschirr ab, bevor du gehst.« »Danke, dass du einkaufen warst.«

Wir wissen die Unterschiede unter den Menschen zu schätzen

Unsere Welt ist voller Menschen, die alle verschieden sind. Wir stammen aus großen und kleinen Familien. Wir gehören unterschiedlichen Volksgruppen und Religionen an, viele Menschen wurden in anderen Ländern geboren. Wir mögen verschiedene Freizeitaktivitäten. Indem wir unserem Teenager zeigen, dass wir diese Unterschiede zu schätzen wissen, beeinflussen wir ihn, die Welt ebenso zu sehen.

AKZEPTIEREN UND SCHÄTZEN SIE SICH SELBST

Nehmen Sie sich etwas Zeit, um über all die Dinge nachzudenken, die Sie an sich selbst mögen. Fragen Sie sich:

1. Was ist einzigartig an mir?

2. Was kann ich am besten?

3. Wann bin ich am glücklichsten?

Bewahren Sie diese Liste in Ihrer Tasche auf. Fügen Sie so oft wie möglich einen Punkt hinzu, so dass die Liste immer länger wird.
Wenn Sie sich entmutigt fühlen, lesen Sie Ihre Liste!

Wir ermutigen uns selbst

Veränderung braucht Zeit. Unserem Teenager zu helfen, Selbstbewusstsein zu entwickeln, könnte auch lange Zeit dauern. Wir lernen neue Erziehungsmethoden. Das wird auch Zeit in Anspruch nehmen. Wir ändern unsere Art zu sprechen und zu handeln. In dieser Zeit ist es besonders wichtig, dass wir uns selbst ermutigen.

Wir erinnern uns daran, dass unser Teenager nicht mit uns identisch ist

Manchmal entwickeln sich die Dinge für unseren Teenager gut. Dann können wir für unseren Teenager glücklich sein – nicht in erster Linie stolz auf uns selbst.

Manchmal entwickeln sich die Dinge für unseren Teenager nicht so gut. Dann können wir zeigen, dass wir Verständnis haben. Wir als Eltern brauchen uns deswegen nicht als Versager zu fühlen.

Wir setzen realistische Ziele

Wir setzen weder für uns noch für unseren Teenager Ziele, die uns mit Sicherheit entmutigen werden. Wenn unser Teenager in allen Fächern Schwierigkeiten hat, dann setzen wir nicht das Ziel, dass er jetzt überall Einsen schreiben wird. Wenn wir unseren Erziehungsstil ändern möchten, setzen wir uns nicht das Ziel, alle Fertigkeiten auf einmal lernen zu wollen. Wir ändern unser Leben Schritt für Schritt.

Nehmen Sie sich Zeit zur Entspannung und tun Sie sich selbst etwas Gutes.

Wenn wir auf unsere Ziele hinarbeiten, führen wir positive Selbstgespräche, um uns jeweils »eine kleine Dosis« Ermutigung zu verabreichen:

✓ »Ich bin ruhig geblieben, als mir Julian erzählt hat, was im Einkaufszentrum passiert ist.«

✓ »Ich habe heute nicht herumgeschrien.«

✓ »Ich habe Alexander heute wirklich zugehört.«

Wir achten auf unsere Gesundheit, so gut wir können

Wenn wir daran arbeiten, so gesund wie möglich zu bleiben, wird uns dies helfen, mit unseren eigenen Gefühlen und dem Verhalten unseres Teenagers besser umzugehen. Es zeigt unserem Teenager auch, dass es wichtig ist, auf seine Gesundheit zu achten.

✓ **Wir ernähren uns gesund und betätigen uns jeden Tag körperlich**

Dabei könnte es sich um einen täglichen Spaziergang oder eine zehn Minuten lange Übung zu Hause handeln. Wir ermutigen unseren Teenager mitzumachen.

✓ Wir suchen nach gesundheitsförderlichen Aktivitäten, die wir als Familie unternehmen können

Wir wandern, fahren Rad, spielen Volleyball. Wir machen unsere Einkäufe zu Fuß. Wir gehen gemeinsam schwimmen.

✓ Wir gehen sorgfältig mit unseren Kräften und unserer Zeit um

Wir können nicht zu allem, was uns angetragen wird, »Ja« sagen. Um der Gesundheit willen ist es wichtig zu lernen, »Nein« zu sagen.

Wir haben Geduld mit uns selbst

Oft stellen wir uns das Lernen als Einbahnstraße vor, bei der es nur bergauf geht, so wie ein Auto langsam einen Berg hinauffährt. Aber bei einem Lernprozess handelt es sich um einen anderen Vorgang. Wir müssen uns diesen Prozess wie die Entstehung der Flut vorstellen. Wenn die Flut kommt, bewegt sich das Wasser auf den Strand zu. Dann zieht es sich wieder zurück, um sich erneut vorwärts zu bewegen. Jedes Mal, wenn sich die Flut nach vorne bewegt, steigt das Wasser am Strand etwas höher.

Rückschritte in alte Gewohnheiten können sehr entmutigend sein. Es hilft, sich vor Augen zu halten, dass es trotz unvermeidbarer Rückschläge doch unaufhaltsam vorwärts geht. Wir kommen nie mehr zu dem Punkt zurück, von dem wir das letzte Mal ausgegangen sind.

STEP ERMUTIGUNG

Bemühen Sie sich diese Woche besonders, Ihrem Teenager zu zeigen, dass sie ihn so annehmen, wie er ist. Achten Sie darauf, wie dies Ihrem Teenager helfen kann, Selbstvertrauen zu entwickeln.

Werden Sie sich bewusst, wann Sie urteilen und kritisieren. Finden Sie einen Weg, wie Sie stattdessen zeigen können, dass Sie Ihren Teenager unterstützen.

So könnten Sie zum Beispiel sagen:

✓ »Ich weiß, es ist schwer für dich, mit deinem Biologielehrer auszukommen. Was glaubst du, kannst du tun, um diese Beziehung zu verbessern?«

✓ »Ich weiß, es war schwer für dich, deine Großmutter im Altenheim zu besuchen. Danke, dass du dir die Mühe gemacht hast.«

Sie sind einen weiteren, den dritten großen Schritt vorangekommen

In Kapitel 3 haben Sie viele Möglichkeiten kennen gelernt, Ihrem Teenager und sich selbst zu helfen:

✓ Sie haben von der Möglichkeit erfahren, über Ihre Gefühle zu sprechen, ohne Vorwürfe zu machen oder zu kritisieren.

✓ Sie haben darüber nachgedacht, wie Sie Respekt in die Beziehung zu Ihrem Teenager einbringen können.

✓ Sie haben gesehen, wie Selbstwertgefühl, Selbstbewusstsein und Ermutigung zusammenhängen.

✓ Sie haben den Unterschied zwischen Lob und Ermutigung kennen gelernt.

✓ Sie haben viele Möglichkeiten entdeckt, Ihren Teenager und sich selbst zu ermutigen.

FÜR IHRE FAMILIE

Überlegen Sie sich, wie Sie gemeinsam Spaß haben können. Lassen Sie alle Familienmitglieder etwas vorschlagen. Hören Sie sich alle Vorschläge an. Manche Ideen klingen vielleicht unsinnig oder unmöglich. Lehnen Sie sie nicht gleich rundweg ab, denn eine »unsinnige« Idee könnte jemand anderen zu einer wirklich guten Idee anregen.

Entscheiden Sie sich für mindestens eine Möglichkeit, wie Sie zusammen als Familie Spaß haben können. Planen Sie dann, was Sie wann tun wollen, und führen Sie es aus. Viel Spaß dabei!

AUFGABE DER WOCHE

Finden Sie Gelegenheiten, Ihren Teenager zu ermutigen. Finden Sie so viele Möglichkeiten wie Sie nur können. Achten Sie jedes Mal darauf,

✓ was passiert ist,

✓ wie Sie Ihren Teenager ermutigt haben,

✓ wie Ihr Teenager reagiert hat.

Halten Sie sich auch weiterhin zurück, wenn Sie dabei sind, sprechen zu wollen ohne vorher zu überlegen. Stattdessen überlegen Sie sich eine respektvolle Art, wie Sie mit Ihrem Teenager sprechen können. Benutzen Sie oft Ich-Aussagen und hören Sie so oft wie möglich aktiv zu.

NUR FÜR SIE HUMOR hilft!

Eine der besten Möglichkeiten, sich und Ihrem Teenager zu helfen, ist Sinn für Humor. In Kapitel 2 haben wir uns angeschaut, wie wir unseren inneren Dialog ändern können. Sobald Ihnen das gelingt, wird es Ihnen auch leichter fallen, die humorvolle Seite der Dinge zu sehen. Es wird Ihnen helfen, sich hoffnungsvoller zu fühlen – und weniger Ärger und Wut zu verspüren. Denn da, wo Humor vorherrscht, ist kein Raum für Ärger und Zorn.

Es folgen drei Fragen, die Ihnen helfen, Ihren Sinn für Humor wieder zu finden und ihn auch zu gebrauchen:

✓ **Wie wäre es, wenn es sich hier um eine lustige Fernsehsendung handeln würde?**
Seifenopern im Fernsehen zeigen oft die lustige Seite des Elternseins. Wenn Sie sich Sorgen machen wegen eines Problems mit Ihrem Teenager, fragen Sie sich: Wäre das in einer Fernsehsendung lustig? Weshalb? Was würde ich als Nächstes machen, wenn es Teil dieser lustigen Fernsehsendung wäre?

✓ **Weshalb bin ich froh, dass ich kein/e perfekte/r Mutter/Vater bin?**
Vielleicht sind Sie froh, dass es noch Raum für Sie gibt, sich zu entwickeln. Vielleicht sind Sie froh, dass Sie sich mal richtig ausweinen können. Vielleicht sind Sie froh, dass andere Eltern keine Angst vor Ihnen haben. Vielleicht sind Sie auch froh, dass Sie mit einem Freund/einer Freundin über Ihre Fehler lachen können.

✓ **Wie kann ich verspielter sein?**
Entspannen Sie sich. Vergessen Sie den Ernst des Lebens und verhalten Sie sich ein bisschen albern. Wenn Sie das

schwierig finden, dann bitten Sie einen Freund/eine Freundin, zusammen mit Ihnen albern zu sein. Beachten Sie, wie Sie sich fühlen, wenn Sie damit anfangen, sich sorglos und albern zu verhalten. Wenn Sie dann einmal schlechter Stimmung sind, dann erinnern Sie sich an dieses wunderbare Gefühl von Spaß, Sorglosigkeit und Albernheit.

Zusammenfassung

1. Mit Du-Aussagen setzen Sie Ihren Teenager herab oder beschuldigen ihn. Mit Ich-Aussagen teilen Sie ihm mit, wie Sie sich fühlen, ohne Vorwürfe zu machen.

2. Beim Benutzen einer Ich-Aussage beschreiben Sie, was geschehen ist, was Sie fühlen und warum Sie so fühlen. Sie benutzen dabei folgende Worte:

Wenn   *Wenn* du nicht anrufst,

fühle ich mich/bin ich *bin* ich besorgt,

weil   *weil* ich nicht weiß, wo du bist.

3. Vermeiden Sie Ich-Aussagen, wenn Sie sehr wütend sind, wenn Ihre Wut den Ton und die Wortwahl bestimmen würde.

4. Respekt und Vertrauen aufzubauen nimmt Zeit in Anspruch. Geben Sie nicht auf!

5. Durch Ermutigung helfen Sie Ihrem Teenager, Selbstbewusstsein und Selbstwertgefühl zu entwickeln. Sie zeigen ihm dadurch, dass er wichtig und fähig ist und geliebt wird.

6. Sie ermutigen Ihren Teenager, wenn Sie

   ihn lieben und annehmen wie er ist,

   seine Bemühungen bemerken,

   ihn schätzen,

   an ihn glauben.

7. Lob ist eine Belohnung, die verdient werden muss. Möglicherweise lernt unser Teenager dadurch anderen zu gefallen, statt selbst zu überlegen, was zu tun ist.

8. Ermutigung ist ein Geschenk. Jeder kann dieses Geschenk bekommen. Es kann für eine Bemühung gege-

ben werden. Es kann auch gegeben werden, wenn unser Teenager nicht besonders erfolgreich ist. Es ist auch dann angebracht, wenn Sie sich einfach darüber freuen, dass es Ihren Teenager gibt.

9. Ermutigen Sie Ihren Teenager, so oft Sie können.

10. Sie ermutigen Ihren Teenager auch dadurch, dass Sie Respekt für sich und andere zeigen.

11. Wenn Sie realistische Ziele setzen, ermutigen Sie dadurch sowohl sich als auch Ihren Teenager.

Tabelle 3

Die Sprache der Ermutigung

Worte, die sagen: »Ich nehme dich, wie du bist.«	Worte, die sagen: »Ich weiß, dass du es kannst.«	Worte, die sagen: »Ich sehe, dass du daran arbeitest und Fortschritte machst.«	Worte, die sagen: »Ich liebe dich und weiß dich zu schätzen.«
»Du scheinst Krimis sehr zu mögen.«	»Du kannst es schaffen, du bist doch schon fast fertig.«	»Du hast hart daran gearbeitet!«	»Ich habe deine Hilfe gebraucht, und du warst für mich da. Danke.«
»Was empfindest du/Wie fühlst du dich dabei?«	»Du bist auf dem richtigen Weg.«	»Du wirst immer besser mit den Gleichungen.«	»Danke, du warst mir eine große Hilfe.«
»Ich sehe, dass du dich darüber freust.«	»Ich vertraue deinem Urteil.«	»Schau dir den Fortschritt an, den du gemacht hast.«	»Es war sehr rücksichtsvoll von dir, das zu tun.«

»Ich kann sehen, dass du nicht zufrieden bist. Was könntest du – deiner Meinung nach – tun, damit du glücklicher bist?«

»Es sieht so aus, als hättest du viel Spaß dabei gehabt.«

»Du hast dein Bestes gegeben – das ist alles, was möglich war.«

»Heute hat dir die Schule richtig Spaß gemacht.«

»Das ist schwierig, aber ich glaube, du wirst eine Lösung finden.«

»Ich brauche deine Hilfe, um das Programm auf dem PC zu installieren.«

»Du wirst einen Weg finden.«

»So wie ich dich kenne, wirst du es gut machen.«

»Es sieht so aus, als hättest du dir eine Menge Gedanken darüber gemacht.«

»Ich kann sehen, dass du dich darin weiterentwickelst.«

»Es sieht zwar so aus, als ob du dein Ziel noch nicht erreicht hättest, aber schau dir doch an, wie weit du gekommen bist.«

»Ich weiß es wirklich zu schätzen, wenn du mir hilfst. Das Einkaufen geht so viel leichter und schneller und es macht mehr Spaß.«

»Ich brauche deine Hilfe, um unser Picknick zu planen.«

»Du bist sehr gut mit dem Internet. Würdest du eine Ferienwohnung für uns suchen?«

»Ich hatte wirklich Spaß an unserem Spiel. Danke.«

»Ich mag deinen Sinn für Humor.«

»Es hat Spaß gemacht, mit dir einkaufen zu gehen.«

Entwickeln Sie den Mut, nicht perfekt zu sein

Sie haben fast die Hälfte des STEP Programms kennen gelernt. An dieser Stelle fühlen sich manche Eltern schuldig. Möglicherweise fühlen Sie sich, als ob Sie Ihre Teenager bislang »falsch« erzogen hätten. Seien Sie geduldig mit sich. Erinnern Sie sich an Ihre Erziehungsziele:

✓ Sie möchten Ihren Teenager dabei unterstützen, gesund, selbstbewusst, kooperativ, selbstständig und unabhängig zu sein.

✓ Sie möchten eine tragfähige, erfüllende Beziehung zu Ihrem Teenager aufbauen.

✓ Sie möchten Ihrem Teenager helfen, zu einem verantwortungsbewussten Erwachsenen heranzuwachsen.

Sie können noch einen wichtigen Aspekt hinzufügen, der Ihnen helfen wird, dieser Herausforderung gerecht zu werden. Der international bekannte und anerkannte Psychiater Rudolf Dreikurs hat ein Prinzip aufgestellt, das er *den Mut, nicht perfekt zu sein* nannte. Mit dem Mut, nicht perfekt zu sein, hören Sie auf, sich Sorgen um die Vergangenheit und Vergangenes zu machen. Stattdessen konzentrieren Sie sich auf das, was heute und in Zukunft passiert. Sie können

1. Ihren Teenager ermutigen, sich zu bemühen und nicht Perfektion von sich zu erwarten;

2. Fehler als Teil des Lernprozesses betrachten – nicht als Versagen. Jeder macht Fehler;

3. daran arbeiten, hilfsbereit zu sein – nicht besser als andere;

4. tun, was in Ihrer Macht steht und Ihre eigenen Bemühungen anerkennen;

5. einen weiteren Schritt gehen;

6. kleine Veränderungen anstreben – versuchen Sie nicht, ein neuer Mensch zu werden;

7. sich selbst wertschätzen;

8. Ihre eigenen Stärken und guten Eigenschaften kennen lernen;

9. Kindererziehung als eine Herausforderung ansehen, der es gilt, gerecht zu werden – nicht als ein Problem, das gelöst werden muss.

Indem Sie dieses Buch lesen, beweisen Sie, dass Sie bereit sind, neue Ideen in Betracht zu ziehen. Es ist ein Zeichen, dass Sie sich weiterentwickeln. Behalten Sie das im Auge und ermutigen Sie sich, während Sie weiterhin Fortschritte machen!

Wir ermutigen unseren Teenager, zu kooperieren und Probleme zu lösen

In diesem Kapitel befassen wir uns mit folgenden Aspekten:

☞ Unser Teenager kann die Verantwortung für die Lösung vieler seiner eigenen Probleme übernehmen.

☞ Wir können mit unserem Teenager sprechen und mit ihm zusammen Probleme lösen.

☞ Familienkonferenzen können uns und unserem Teenager helfen, Spaß miteinander zu haben und gemeinsam Probleme zu lösen.

Als Eltern eines Teenagers stehen wir oft gewissen Herausforderungen gegenüber. Wir können unseren Teenager dazu anleiten, zwei Dinge zu tun:

✓ Verantwortung für seine eigenen Probleme zu übernehmen;

✓ mit anderen zu kooperieren, um Probleme zu lösen.

Wie können wir mit Problemen umgehen?

In Kapitel 1 haben wir gelernt, wie wir entscheiden, um wessen Problem es sich handelt. Derjenige, um dessen Problem es sich handelt, ist für die Lösung verantwortlich. Bedeutet das, dass wir unserem Teenager bei der Lösung seines Problems nicht helfen sollen? Nein. Manchmal werden wir helfen wollen. Aber wenn es sich um ein Problem unseres Teenagers handelt, dann trägt er die Verantwortung für die Lösung.

DENKEN SIE DARÜBER NACH, UM WESSEN PROBLEM ES SICH HANDELT

Denken Sie über ein Problem nach, das Sie mit Ihrem Teenager haben. Fragen Sie sich:

1. Werden meine Rechte missachtet?

2. Ist unser Teenager noch nicht fähig, die Verantwortung zu übernehmen?

3. Könnte jemand verletzt werden?

4. Ist das Eigentum von jemandem gefährdet?

Entscheiden Sie, um wessen Problem es sich handelt – um Ihr Problem, das Ihres Teenagers oder um ein gemeinsames Problem.

Manchmal handelt es sich um ein Problem unseres Teenagers

Wir schauen uns zwei Probleme an, bei denen es sich jeweils um ein Problem des Teenagers handelt.

Schwierigkeiten mit dem Freund

BEISPIEL

Natalie ist 16. Sie und ihr Freund, Tassilo, sind im Wohnzimmer. Herr N., Natalies Vater, ist in der Küche und hört die Auseinandersetzung. Natalie sagt zu Tassilo: »Das war so gemein! Wie konntest du das über mich sagen?« Sie klingt verletzt und wütend. Herr N. weiß jedoch, dass Probleme innerhalb der Beziehung zu Tassilo Natalies Problem sind.

Was kann Herr N. tun?

✓ Im Augenblick kann und sollte Herr N. nichts tun. Er geht nicht ins Wohnzimmer und sagt: »Was ist los?« Sollte ihn die Lautstärke des Streits stören, wären seine Rechte missachtet. Es wäre dann sein Problem. Wenn Natalie und Tassilo Gegenstände herumwerfen würden oder jemand verletzt werden könnte, würde es sich auch um ein Problem von Herrn N. handeln.

✓ Später, wenn Natalie die Hilfe ihres Vaters möchte, könnte er ihr zuhören und Vorschläge machen. Aber er darf das Problem nicht zu seinem machen. Natalie trägt die Verantwortung für die Lösung des Problems.

Arbeitsgewohnheiten

BEISPIEL

Tom ist 15. Er schreibt am Freitag eine Geschichtsarbeit. Am Montag sagt er zu seiner Mutter, Frau P.: »Ich mache mir Sorgen wegen meiner Arbeit. Könntest du mir diese Woche bei der Vorbereitung helfen?« Frau P. ist bereit dazu: »Ich helfe dir gerne heute oder am Mittwochabend.«

Montagabend entscheidet sich Tom, etwas anderes zu machen. Am Mittwoch geht er zu einem Fußballspiel. Inzwischen ist es Donnerstagabend. Er fragt: »Kannst du jetzt mit mir Geschichte durchgehen?« Seine Mutter lehnt ab: »Heute Abend nicht, Tom. Ich habe eine Sitzung.« Tom jammert: »Aber du hast mir versprochen, mir zu helfen!«

Toms Hausaufgaben sind sein Verantwortungsbereich. Er hat das Angebot seiner Mutter, ihm zu helfen, nicht angenommen, als sie ihm hätte helfen können. Außerdem hat er sich die ganze Woche nicht vorbereitet. Es handelt sich um sein Problem.

Was kann Frau P. tun?

✓ Im Augenblick kann Frau P. nichts tun – und sollte es auch nicht –, um Tom zu retten. Die Konsequenz – die schlechte Note – wird eine Folge seines Verhaltens sein. Wenn Frau P. ihre Sitzung ausfallen lassen würde, um ihm zu helfen, sich auf Geschichte vorzubereiten, was würde Tom lernen? Er würde lernen, dass er nicht verantwortungsbewusst zu handeln braucht; dass er die Termine seiner Mutter nicht respektieren muss; dass seine Mutter ihn vor den Folgen seiner schlechten Entscheidungen schützen kann. Es könnte sich zu einem Muster für andere Lebensbereiche entwickeln – nicht nur für die Hausaufgaben und Schularbeiten.

✓ Zu einem anderen Zeitpunkt könnte Frau P. sich mit Tom über seine Arbeitsgewohnheiten unterhalten. Sie könnte zum Beispiel sagen: »Es hilft, wenn man vor einer Arbeit jeden Tag ein bisschen arbeitet. Möchtest du darüber sprechen, wie du dich besser organisieren könntest?« Wenn Tom darüber sprechen möchte, können er und seine Mutter gemeinsam Ideen zusammentragen.

✓ Frau P. könnte über das Ziel von Toms Verhalten nachdenken. Wenn Frau P. verärgert ist, dann möchte Tom Aufmerksamkeit. Frau P. würde gut daran tun, ihm keine zu geben, um zu verhindern, dass er bekommt, worauf er es abgesehen hat. Wenn Frau P. sich fühlt, als ob sie am liebsten aufgeben würde, dann handelt es sich vielleicht darum, dass Tom seine Unfähigkeit demonstrieren will. In diesem Fall wäre Toms Problem auch das seiner Mutter. Ein Teenager, der seine Unfähigkeit beweisen möchte, ist sehr entmutigt. Frau P. müsste Möglichkeiten finden, um ihren Sohn zu ermutigen.

Bei einem Geschwisterstreit handelt es sich gewöhnlich um das Problem der Geschwister.

Manchmal handelt es sich um ein Problem der Eltern

Wir schauen uns jetzt eine Situation an, bei der es sich um ein Problem der Eltern handelt.

Beschimpfungen, Flüche und rauer, respektloser Umgangston

BEISPIEL

Maybritt ist 14. Frau W., ihre Mutter, hat ihr gesagt, dass sie sich spät abends nicht mehr in der Stadt aufhalten darf. Maybritt hat kürzlich angefangen, ihre Mutter zu beschimpfen. Am vergangenen Abend hat Maybritt geflucht und zu ihre Mutter gesagt: »Du hast mir gar nichts zu sagen!« Außerdem schimpft sie über ihre Mutter am Telefon, wenn sie mit einer Freundin spricht. Frau W. hat es gehört und fühlt sich verletzt. Außerdem ist sie wütend. Sie hat ein Recht, mit Respekt behandelt zu werden. Es handelt sich also um ein Problem von Frau W.

Was kann Frau W. tun?

✓ Frau W. kann über Maybritts Ziel nachdenken. Möchte Maybritt es ihrer Mutter heimzahlen? Dann wäre es wichtig, dass Frau W. sich nicht verletzt fühlt. Sie könnte etwas tun, das Maybritt nicht erwartet. Sie könnte ihre Frechheiten eine Weile ignorieren.

✓ Frau W. könnte auch aktiv zuhören, um Maybritt zu zeigen, dass sie ihre Gefühle versteht: »Du scheinst wirklich wütend auf mich zu sein. Können wir darüber sprechen?« Wenn Maybritt dazu bereit ist, können sie das Problem gemeinsam durchsprechen.

✓ Frau W. kann eine Ich-Aussage benutzen, um Maybritt wissen zu lassen, wie sie sich fühlt: »Wenn du fluchst und Schimpfworte benutzt, bin ich verletzt, weil ich mich nicht respektiert fühle.«

✓ Frau W. kann Maybritt auch Wahlmöglichkeiten anbieten: »Du kannst gerne in der Küche bleiben, wenn du dich respektvoll verhältst. Ansonsten möchte ich dich bitten, das Zimmer zu verlassen. Es ist deine Entscheidung.«

Einige Eltern sind besonders betroffen, wenn ihre Teenager sie beschimpfen und Flüche benutzen. In diesem Fall ist es oft am besten, nichts zu sagen und wegzugehen. Das kann eine sehr aussagekräftige Reaktion sein.

Manchmal handelt es sich um ein Problem, für das die Eltern und ihr Teenager gemeinsam die Verantwortung übernehmen müssen

Es folgen zwei Fälle, bei denen es sich jeweils um ein Problem handelt, das beide angeht, sowohl die Eltern als auch den Teenager.

Alkoholkonsum

BEISPIEL
Christian ist 14. Er ist zu einem Schulfest gegangen. Seine Eltern, Herr und Frau C., sind angerufen worden, weil Christian getrunken hat. Der Alkoholkonsum von Christian ist das Problem seiner Eltern. Im Alter von 14 Jahren ist der Genuss von Alkohol gesetzlich nicht erlaubt und zudem gefährlich. Christian lernt, dass Freiheit und Verantwortung ein Gleichgewicht bilden müssen. Er ist für sein Verhalten verantwortlich. Deshalb handelt es sich auch um sein Problem.

Was können Frau und Herr C. tun?

✓ Herr und Frau C. können über Christians Ziel nachdenken. Vielleicht möchte er Aufmerksamkeit und Akzeptanz von seinen Freunden. Vielleicht sucht er Macht und Abenteuer, indem er Risiken eingeht und angibt.

155

Herr und Frau C. könnten Christian helfen herauszufinden, was er spannend und aufregend findet, ohne mit dem Gesetz in Konflikt zu geraten oder seine Gesundheit zu gefährden.

✓ Herr und Frau C. müssen Christian die Konsequenzen seines Verhaltens, entsprechend der Schulregeln bezüglich Alkohol, erfahren und akzeptieren lassen. Das könnte bedeuten, dass er ein paar Tage von der Schule suspendiert wird oder dass er bei den kommenden Fußballschulmeisterschaften nicht mitspielen darf oder bei der Theateraufführung durch jemand anderen ersetzt wird. Manchmal arbeiten Schulen mit der örtlichen Polizei zusammen, wenn es um Alkoholprobleme geht.

✓ Es ist wichtig, dass Christians Eltern sich ihre eigenen Trinkgewohnheiten vor Augen führen. Außerdem: Haben die Eltern mit Christian über den Genuss von Alkohol und die Auswirkungen gesprochen?

✓ Herr und Frau C. müssen auch herausfinden, wie viel und wie oft Christian trinkt. Ist es nur dieses eine Mal vorgekommen oder trinkt Christian oft? Die Antwort zu dieser Frage wird Herrn und Frau C. jeweils verschiedene Wege beschreiten lassen, was die Lösung dieses gemeinsamen Problems betrifft. Vielleicht brauchen sie auch professionelle Hilfe.

In Kapitel 7 sprechen wir mehr über den Alkoholkonsum bei Teenagern und wie und wo wir Hilfe bekommen (s. Seite 295 »Was können wir tun, wenn es um Alkohol und den Gebrauch anderer Drogen geht?«).

Sexualität

BEISPIEL

Friederike ist 17. Als ihre Mutter, Frau R., ihre Jacke wäscht, findet sie in der Tasche ein Kondom. Sie spricht Friederike darauf an. Friederike erzählt ihrer Mutter, dass sie schon einige Male Sex mit ihrem Freund hatte. Frau R. ist schockiert und betroffen darüber. Sie hatte immer gehofft, dass Friederike mit Sex warten würde, bis sie etwas älter wäre.

Frau R. weiß, dass Friederike ihre eigenen Entscheidungen bezüglich ihres Sexuallebens treffen wird. Aber Frau R. hat Wertvorstellungen, die sie gerne an Friederike weitergeben würde. Außerdem macht sie sich Sorgen, dass Friederike schwanger werden, sich AIDS oder eine Geschlechtskrankheit zuziehen könnte. Es handelt sich also um ein Problem, das beide angeht, sowohl Mutter als auch Tochter.

Was kann Frau R. tun?

✓ Frau R. könnte eine Ich-Aussage treffen, um Friederike wissen zu lassen, wie sie sich fühlt. Sie könnte sagen: »Ich bin wirklich besorgt, weil du schon Sex hast. Es gibt viele Gefahren, die du dabei eingehst.«

✓ Frau R. kann aktiv zuhören, um Friederikes Gefühle zu verstehen. Vielleicht sagt Friederike: »Es wird mir schon nichts passieren! Tobias und ich, wir lieben uns!« Frau R. könnte darauf antworten: »Du fühlst dich also sicher, weil du weißt, dass Tobias dich liebt.« Vielleicht sagt Friederike auch: »Du brauchst dir keine Sorgen zu machen, wir benutzen immer Kondome.« Frau R. kann dann erwidern: »Vergesst ihr auch nie, ein Kondom zu benutzen?« Wenn Frau R. dabei respektvoll und fürsorglich bleibt, ist Friederike vielleicht bereit, weiter mit ihr zu sprechen. Zuzuhören kann Frau R. helfen, vieles herauszufinden. Sie würde vielleicht erfahren, dass Friederike sich sehr erwachsen fühlt oder dass sie Tobias zuliebe Sex mit ihm hat oder dass Friederike gemischte Gefühle empfindet und sich nicht sicher ist.

✓ Frau R. könnte auch weiter Ich-Aussagen benutzen, um Friederike zu helfen, die Gefühle ihrer Mutter zu verstehen. Gleichzeitig muss sie sich darüber im Klaren sein, dass Friederike sich möglicherweise entscheidet, weiter Sex zu haben. Wenn das der Fall ist, muss Frau R. tun, was sie kann, um sicher zu gehen, dass Friederike weiß, wie sie verhindern kann, sich anzustecken oder schwanger zu werden. Sie muss über alle möglichen Folgen von Krankheiten und die Folgen einer Schwangerschaft sprechen. Sie muss auch darüber sprechen, wie sich Friederike fühlen würde, wenn Tobias und sie später auseinander gehen würden.

Alkoholkonsum und Sexualität sind zwei Gebiete, die eine große Herausforderung für Eltern und Teenager darstellen. Wir nutzen sie als Chancen, um unserem Teenager zuzuhören, ihn zu respektieren und um zu kooperieren.

Wie lösen wir Probleme gemeinsam?

Zu entscheiden, um wessen Problem es sich handelt, hilft uns zu wissen, was zu tun ist. Es hilft unserem Teenager, unabhängig, selbstständig und verantwortungsbewusst zu werden. Wenn es sich um unser Problem – oder um unseres und das unseres Teenagers – handelt, müssen wir aktiv werden. Wenn das Problem nicht unseres ist, ist es manchmal besser, unseren Teenager selbst eine Lösung finden zu lassen. Andererseits ist es manchmal besser, unserem Teenager zu helfen, sein Problem zu lösen.

Wir haben bereits viel darüber gelernt, was wir tun können, wenn es ein Problem gibt.

✓ Wir könnten es ignorieren.

✓ Wir könnten zuhören und dabei auf Gefühle achten oder eine Ich-Aussage benutzen.

✓ Wir können uns vergewissern, dass unser Teenager alle Lösungsmöglichkeiten sieht, ebenso wie die daraus resultierenden Konsequenzen.

✓ Ein anderer ermutigender Weg, um ein Problem zu lösen, ist es, das Problem mit unserem Teenager durchzusprechen. Wir nehmen uns die Zeit, aktiv zuzuhören, zu reden und schließlich einen Weg zu finden, das Problem zu lösen, dem beide zustimmen. Diesen Vorgang nennen wir *Alternativen erforschen*.

Ein ermutigter Teenager hat den Mut zu kooperieren, Neues auszuprobieren und Verantwortung zu übernehmen.

»Wir sprechen das Problem durch« Fünf Schritte, um Alternativen zu erforschen

Unabhängig davon, um wessen Problem es sich handelt, durchlaufen wir beim Erforschen von Alternativen fünf Schritte:

1. Wir verstehen das Problem

Wir müssen sichergehen, dass beide, wir und unser Teenager, das Problem und die damit verbundenen Gefühle der Beteiligten verstanden haben. Das erreichen wir, indem wir aktiv zuhören. Wir stellen Fragen, die uns helfen zu verstehen. Wir erklären das Problem mit klaren Worten und zeigen dabei Respekt. Wir sprechen über unsere eigenen Gefühle mit Ich-Aussagen: »Wenn …, fühle ich/bin ich …, weil …«

2. Wir überlegen uns verschiedene Möglichkeiten, das Problem zu lösen

Wir lassen unseren Teenager Lösungen vorschlagen und machen auch unsere eigenen Vorschläge. Wir können helfen, indem wir fragen: »Was würde geschehen, wenn du …?«

Diese Vorschläge oder Ideen können wir auch als *Alternativen* bezeichnen. Es ist wichtig, dass wir für alle Vorschläge ein offenes Ohr haben. Manchmal klingen Ideen unsinnig oder unmöglich. Wir dürfen sie nicht vorschnell

159

ablehnen. Eine »unsinnige« Idee könnte uns oder unserem Teenager helfen, auf eine wirklich gute Idee zu stoßen. Zunächst sind *alle* Alternativen gleichermaßen willkommen.

3. Wir diskutieren die Alternativen

Jetzt ist es an der Zeit, alle Ideen genauer zu betrachten. Wir lesen die Liste vor. Wir diskutieren die Alternativen und behandeln dabei unseren Teenager als gleichwertig. Sowohl wir als auch unser Teenager sollten uns frei fühlen, die verschiedenen Ideen »durchzuspielen«. Wenn wir mit einem Vorschlag nicht einverstanden sind, sagen wir unsere Meinung in respektvollem Ton. Wir sagen nicht: »Ich bin sicher, diese Idee ist nicht durchführbar.« Stattdessen sagen wir: »Ich fürchte, es wird schwer für dich sein, diesen Plan durchzuführen.«

4. Wir entscheiden uns für eine Alternative

Wir entscheiden uns für eine Idee, die wir beide akzeptieren können. Wenn es sich um ein Problem unseres Teenagers handelt, trifft er die Entscheidung. Wir als Eltern würden uns nur einmischen, wenn der Vorschlag für den Teenager oder für andere gefährlich wäre. Wenn es sich um ein gemeinsames Problem handelt, müssen beide mit dem Vorschlag einverstanden sein.

5. Wir führen den Plan für eine festgesetzte Zeit durch und überprüfen dann, ob er funktioniert hat

Wir vereinbaren, dass wir die Idee ausprobieren. Wir entscheiden gemeinsam, wie lange die Testperiode sein soll. Wir planen genug Zeit ein, um dem Vorschlag eine faire Chance zu geben. Oft ist eine Woche angemessen. Wir legen außerdem einen Zeitpunkt fest, um zu diskutieren, ob der Plan funktioniert. Sollte das nicht der Fall sein, wiederholen wir die Schritte zur Erforschung von Alternativen oder aber wir probieren eine andere Idee aus, die bei der letzten Diskussionsrunde angesprochen wurde.

Wenn wir Alternativen erforschen, achten wir darauf, Gefühle herauszuhören und zu sehen – sowohl die unseres Teenagers als auch unsere eigenen. Das wird uns helfen, einander zu verstehen. Es wird uns auch helfen, konzentriert an der Lösung des Problems zu arbeiten.

Wir stellen offene Fragen

Wenn wir mit unserem Teenager sprechen, müssen wir Fragen stellen. Wir stellen *offene*, keine *geschlossenen* Fragen. Geschlossene Fragen erlauben *nur eine* mögliche Antwort – es gibt keinen Raum für Diskussion. Einige geschlossene Fragen können nur mit »nein« oder »ja« beantwortet werden. Andere geschlossene Fragen beschuldigen oder kritisieren:

- »Du glaubst wohl, wir hätten einen Goldesel im Keller?«
- »Findest du nicht, du solltest dich heute Abend auf deine Klausur vorbereiten?«
- »Warum hast du das gemacht?«
- »Wirst du jemals erwachsen werden?«

Durch offene Fragen laden wir unseren Teenager ein, weiterzureden. Wir zeigen dadurch Respekt und dass wir zuhören wollen:

- ✓ »Womit könntest du dein Taschengeld aufbessern?«
- ✓ »Was macht das Biologieprojekt so schwer für dich?«
- ✓ »Was meinst du dazu?«, »Wie stehst du dazu?«, »Wie siehst du das?«, »Was ist deine Position in dieser Angelegenheit?«
- ✓ »Was würdest du lieber tun?«

Versetzen Sie sich in die Lage Ihres Teenagers. Wie würden Sie sich fühlen,
wenn so viele geschlossene Fragen an Sie gerichtet werden?

STELLEN SIE OFFENE FRAGEN

Denken Sie an ein Problem, das Sie mit Ihrem Teen-
ager haben. Um zu verstehen, wie Ihr Teenager das
Problem sieht, stellen Sie offene Fragen. Fangen Sie
Ihre Fragen mit folgenden Wörtern an:

Wo?

Wann?

Was?

Wer?

Welcher/e/es?

Wie?

162

Üben Sie offene Fragestellungen. Arbeiten Sie daran, dass Sie durch Ihren Tonfall, Ihre Körperhaltung und Ihren Gesichtsausdruck sich und Ihrem Teenager Respekt erweisen.

Wir erforschen Alternativen: Zwei Beispiele

Wir wollen uns zwei Beispiele anschauen, wie wir Alternativen erforschen. Es handelt sich jeweils um ein Problem, das wir bereits kennen:

BEISPIEL: SCHWIERIGKEITEN MIT DEM FREUND
Natalie und ihr Freund Tassilo streiten sich viel in letzter Zeit. Ihr Vater, Herr N., hat es bemerkt, sich aber nicht eingemischt. An diesem Abend kommt Natalie nach Hause und setzt sich neben ihren Vater, der fern sieht. Sie seufzt und sieht traurig aus. Herr N. spürt, dass Natalie mit ihm sprechen möchte. Er beschließt, ihr anzubieten, mit ihr Alternativen durchzugehen.

1. Wir verstehen das Problem

Herr N. sagt: »Du siehst ziemlich traurig aus.« Natalie antwortet: »Ich hab nichts.« Dabei klingt sie gar nicht, als ob alles in Ordnung wäre. Herr N. fragt weiter: »Deine Augen sagen mir, dass du unglücklich bist. Aber vielleicht möchtest du lieber nicht darüber sprechen.« Natalie entgegnet: »Es ist wegen Tassilo. Ich weiß nicht, was mit ihm los ist.« Herr N. wartet. Natalie fährt fort: »Er ist wirklich so nett, wenn wir alleine sind. Aber wenn seine Freunde dabei sind, behandelt er mich wie Dreck.« Herr N. erkennt, dass Natalie weiß, dass sie ein Problem hat. Es klingt, als ob sie weiter darüber sprechen wollte.

2. Wir überlegen uns verschiedene Möglichkeiten, das Problem zu lösen

Herr N. meint: »Hm, ich kann mir vorstellen, dass das ziemlich schmerzlich für dich ist.« »Es *tut weh!*«, sagt Nata-

163

lie mit Vehemenz. »Ich habe ihn gefragt, wie er sich fühlen würde, wenn ich ihm das Gleiche antun würde.« Herr N. setzt das Gespräch fort: »Das heißt, du hast mit Tassilo darüber gesprochen, wie du dich fühlst?« Natalie antwortet: »Das habe ich versucht, aber er benimmt sich, als ob ich eine Riesenshow um nichts mache.« Herr N. fragt: »Möchtest du vielleicht mit mir üben, wie du mit ihm sprechen könntest?« »Nein«, erwidert Natalie, »ich brauche nicht zu üben! Ich habe schon mit Maria gesprochen und sie findet, dass ich ihm sagen muss, dass er mir zuhören muss … ich weiß nicht!« Natalie seufzt wieder. Herr N. ist vorsichtig. Er kann sehen, dass Natalie sich viele Gedanken gemacht hat und eigene Vorstellungen hat. Er glaubt, er kann am besten helfen, indem er ihr zuhört. Deshalb sagt er: »Du klingst ziemlich entmutigt.«

Daraufhin meint Natalie: »Ja, das bin ich. Ich habe mir überlegt, mit ihm Schluss zu machen. Das Problem ist, dass er einfach so lieb ist, wenn wir alleine sind.« Herr N. fragt: »Wie wäre es, wenn du Tassilo einfach ein paar Tage nicht sehen würdest, ohne mit ihm Schluss zu machen?« Natalie meint dazu: »Daran habe ich noch nicht gedacht.«

3. Wir diskutieren die Alternativen

Vater und Tochter sprechen weiter miteinander. Herr N. hört hauptsächlich zu und stellt offene Fragen. Auf diese Weise hilft er Natalie, sich über ihre Gefühle klar zu werden. Wenn Natalie an dieser Stelle aufhören möchte zu sprechen, wäre das in Ordnung. Es handelt sich um Natalies Problem – nur Natalies Meinung zählt. Herr N. und Natalie brauchen keine gemeinsame, für beide akzeptable Lösung zu finden. Aber Natalie hört nicht auf zu reden. Sie spricht weiter mit ihrem Vater.

4. Wir entscheiden uns für einen der Vorschläge

Natalie sagt zu ihrem Vater: »Ich glaube, ich werde Maria anrufen und sehen, was sie von der Idee hält, Tassilo ein paar Tage nicht zu treffen und auch nicht mit ihm zu sprechen.«

5. **Wir führen den Plan für eine festgesetzte Zeit durch und überprüfen dann, ob er funktioniert hat**

Herr N. meint: »Ich spreche gerne weiter mit dir darüber, wenn du das möchtest.« Natalie geht, um ihre Freundin Maria anzurufen.

Später könnte Herr N. seine Tochter fragen, wofür sie sich entschieden hat. Er könnte auch beschließen, Natalie nicht zu fragen. Es ist nicht einfach zu entscheiden, wann es besser ist nachzufragen und wann es besser ist, sich zurückzuhalten.

Indem Herr N. zugehört hat und respektvoll geblieben ist, hat er Natalie gezeigt, dass er für sie da ist, wenn sie mit ihm sprechen möchte. Er hat ihr geholfen zu erkennen, dass Menschen Probleme miteinander durchsprechen können und sich verschiedene Alternativen überlegen können, um ein Problem zu lösen. Herr N. hat Natalie gezeigt, wie sie das auf ruhige, überlegte Art und Weise tun können. Ohne dass er es als »Alternativen erforschen« bezeichnet hat, hat Herr N. seiner Tochter gezeigt, wie sie ein Problem angehen kann.

SCHRITTE ZUM ERFORSCHEN VON ALTERNATIVEN

1. Verstehen Sie das Problem.

2. Überlegen Sie sich verschiedene Möglichkeiten, das Problem zu lösen.

3. Diskutieren Sie die Alternativen.

4. Entscheiden Sie sich für eine Alternative.

5. Setzen Sie den Plan für eine festgesetzte Zeit in die Tat um. Überprüfen Sie dann, ob er funktioniert hat.

BEISPIEL:
BESCHIMPFUNGEN UND RESPEKTLOSER UMGANGSTON
Maybritt verhält sich inzwischen schon einige Tage lang
respektlos ihrer Mutter, Frau W., gegenüber. Maybritt
flucht, beschimpft ihre Mutter und schreit sie an. Es handelt sich um ein Problem von Frau W. Sie beschließt, mit
Maybritt Alternativen zu erforschen, um eine Lösung für
das Problem zu finden.

1. Wir verstehen das Problem

Frau W. wartet auf eine ruhige Gelegenheit. Maybritt und
ihre Mutter sind alleine zu Hause. Maybritt macht gerade
weder Hausaufgaben noch schaut sie fern oder telefoniert.
Frau W. ist ruhig, sie ist nicht wütend. Sie sagt zu Maybritt
in respektvollem Ton: »Maybritt, seit einiger Zeit scheinst
du sehr wütend auf mich zu sein. Was ist eigentlich los?«
Maybritt erwidert bissig: »Du kontrollierst mein ganzes Leben! Ständig bist du hinter mir her. Du bist einfach blöd!«
    Frau W. bleibt ruhig. Sie sagt: »Ich möchte gerne mit dir
darüber sprechen. Aber wenn du Schimpfwörter benutzt,
ist es schwer für mich, respektvoll zu bleiben. Können wir
übereinkommen, ein paar Minuten ruhig miteinander zu
sprechen?« Maybritt starrt ihre Mutter an. Frau W. wartet
geduldig. Maybritt antwortet schließlich: »Okay. Ich bin
ruhig. Aber ich kann es nicht glauben, dass du nicht weißt,
dass ich die einzige unter meinen Freundinnen bin, die
während der Woche abends nicht in die Stadt darf, die
nicht über Nacht weg darf, die nach 21 Uhr nicht mehr telefonieren darf und die so viele Regeln beachten muss, als
ob sie acht und nicht vierzehn wäre!«
    Frau W. erwidert: »Du findest, dass ich unfair bin. Ich
wusste nicht, dass du das so empfindest.« Maybritt meint
dazu: »Wenn du mich überhaupt beachten würdest – abgesehen davon, wenn ich deine blöden Regeln übertrete –
würdest du wissen, wie ich mich fühle!«
    Jetzt weiß Frau W., was das Problem ist. Maybritt findet
Frau W. zu streng. Außerdem hat Maybritt das Gefühl,
dass es ihrer Mutter gleichgültig ist, wie es ihr geht.

2. **Wir überlegen uns verschiedene Alternativen, um das Problem zu lösen.**

Frau W. achtet darauf, sich nicht verletzt zu fühlen und nicht wütend zu werden. Sie möchte keinen Rachefeldzug. Sie bleibt ruhig und sagt: »Lass uns über die Regeln sprechen. Findest du, dass du die Erlaubnis haben solltest, jeden Tag in die Stadt zu gehen?« Maybritt flucht und erwidert: »Geht das schon wieder los? Nein, abgesehen davon, dass ich sowieso keine Lust habe, jeden Tag in die Stadt zu gehen!« Frau W. entgegnet ruhig: »Wenn du mich beschimpfst und unhöflich zu mir bist, habe ich das Gefühl, dass du nicht wirklich daran interessiert bist, dass wir eine Lösung finden.« Maybritt starrt wütend geradeaus, sagt jedoch nichts. Frau W. fragt in freundlichem Ton: »Was ist denn los in der Stadt?« Schließlich antwortet Maybritt: »Nichts Besonderes. Aber viele Leute aus unserer Schule treffen sich dort am Marktplatz.« Langsam beginnt Maybritt zu erkennen, dass ihre Mutter bereit ist, ihre Gefühle zu beachten. Frau W. bleibt ruhig, akzeptiert aber weder Schimpfwörter noch respektlose Redensarten. Sie erklärt Maybritt, weshalb sie sich Sorgen macht, wenn sie nach Partys auch dort übernachten würde. Maybritt sagt, dass sie sich als Außenseiter fühlt, wenn sie bei Übernachtungspartys nicht mitmachen darf. Sie erklärt ihrer Mutter auch, dass ihre Freundin Martina vor 21 Uhr das Telefon oft nicht benutzen kann, weil ihr Bruder die Leitung für seine Arbeit am Computer braucht.

3. **Wir diskutieren die verschiedenen Alternativen**

Frau W. und Maybritt reden weiter miteinander. Frau W. sagt, dass sie die Vorstellung nicht mag, dass Maybritt in der Stadt »abhängt«. Sie gesteht Maybritt jedoch zu, ab und zu bei einer Übernachtungsparty dabei zu sein, vorausgesetzt, die Eltern sind zu Hause. Maybritt findet, dass ihre Mutter ungerecht ist, was die Stadt anbelangt. Aber sie würde gerne auch mal über Nacht wegbleiben. Außerdem würde sie gerne nach 21 Uhr mit ihrer Freundin Martina telefonieren dürfen. Frau W. gibt zu, dass sie bei einigen Sachen wahrscheinlich zu streng ist. Sie sagt Maybritt, dass sie von ihr respektvoll behandelt werden möchte.

4. Wir entscheiden uns für eine Alternative

Nachdem sie noch eine Weile gesprochen haben, kommen Frau W. und ihre Tochter überein, dass Maybritt im kommenden Monat einmal zu einer Freundin über Nacht gehen darf, vorausgesetzt ein Erwachsener ist dort anwesend. Außerdem kommen sie überein, dass Maybritt bis 21:30 Uhr mit ihrer Freundin telefonieren darf, wenn sie mit ihren Hausaufgaben fertig ist. Frau W. sagt: »Ich erwarte, dass du keine Schimpfwörter gebrauchst und mich nicht anschreist, Maybritt. Um das Recht, bis 21:30 Uhr zu telefonieren, beibehalten zu können, musst du rechtzeitig das Gespräch beenden, ohne dass ich dich daran erinnern muss. Sind wir uns einig, dass du keine Schimpfwörter benutzt und mich nicht anschreist? Ich werde auch respektvoll bleiben.« Maybritt stimmt zu.

5. Wir setzen den Plan um und überprüfen dann nach einer festgesetzten Frist, ob der Plan funktioniert hat

Maybritt und ihre Mutter beschließen, diese Alternative eine Woche lang zu testen. Am Ende dieser Woche wollen sie darüber sprechen, wie es gelaufen ist.

Die Probleme, die Frau W. mit ihrer Tochter hat, werden nicht einfach verschwinden. Das Erforschen von Alternativen hat ihr jedoch geholfen, damit anzufangen, eine bessere Beziehung zu Maybritt aufzubauen. Maybritt hat gesehen, dass ihre Mutter sich nicht mehr auf Machtkämpfe oder Rachefeldzüge einlässt. Sie hat außerdem erfahren, dass ihre Mutter bereit ist zuzuhören. Sie weiß jetzt, dass ein respektvolles Gespräch ihr helfen kann, mehr Freiheiten zu erlangen. Sie hat auch gesehen, dass sie mehr Verantwortung für ihr Verhalten übernehmen muss.

Ein Streit findet nur dann statt, wenn zwei Menschen »vereinbart haben«, miteinander zu streiten.

Wenn es schwer ist, miteinander zu sprechen

Manchmal scheint es keine Lösung für ein Problem zu geben. Vielleicht sind wir selbst oder unser Teenager sehr wütend. Möglicherweise sehen wir die Dinge aus total unterschiedlichen Blickwinkeln. Vielleicht glauben wir auch beide, dass wir recht haben. Vielleicht fällt es uns schwer, geduldig zu sein. Wir denken dann: »Das ist hoffnungslos. Das wird nie irgendwohin führen!«

Wenn wir uns einem solchen *Konflikt* gegenübersehen, ist es wichtig, dass wir nicht aufgeben, aber auch nicht beginnen, die totale Kontrolle zu übernehmen. Stattdessen halten wir uns an folgende Prinzipien, um einen Weg zu finden, wie wir miteinander kooperieren können.

Wir bleiben respektvoll

Wir wissen, dass Respekt wichtig ist. Wir sind Vorbild für unseren Teenager. Wenn wir damit aufhören, unserem Kind mit Respekt zu begegnen, respektieren wir uns auch selbst nicht.

> BEISPIEL
> Herr D. und seine Tochter Constanze haben einen Streit und unterbrechen einander dauernd. Um wieder zu normalem Umgangston zurückzukehren, sagt Herr D.: »Wenn wir beide gleichzeitig sprechen, können wir einander nicht hören. Lass uns einander zuhören und unsere Gefühle gegenseitig respektieren. Bitte, sprich du zuerst – ich werde zuhören.«

Wir sprechen über das eigentliche Problem

In einem Konflikt ist es leicht, von den eigenen Gefühlen übermannt zu werden. Dabei verlieren wir nur zu leicht das Problem aus den Augen.

BEISPIEL

Wir möchten, dass unsere Tochter Tessa ihre häuslichen Aufgaben erledigt. Ein Streit beginnt. Wir werden wütend und denken im Stillen: »Ich muss ihr zeigen, wer hier das Sagen hat!« Diese Gefühle teilen uns etwas Wichtiges mit. Wir haben das Problem »häusliche Aufgaben« aus dem Auge verloren. Das eigentliche Problem ist, dass jeder bestimmen, jeder die Kontrolle haben möchte.

Wir halten uns selbst zurück. Wir atmen tief durch und sagen zu Tessa: »Mir scheint, wir versuchen hier beide das Sagen zu haben. Wird uns das helfen, unser Problem zu lösen?«

Es ist in Ordnung zuzugeben, dass wir Teil des Problems sind. Das ermöglicht unserem Teenager einzugestehen, dass er auch seinen Teil dazu beiträgt. Es wird beiden, sowohl uns als auch unserem Teenager, helfen, eine Lösung zu finden.

Wir vereinbaren, uns nicht zu streiten

Wenn wir uns mit unserem Teenager in einem Konflikt befinden, haben wir eine Vereinbarung. Wir haben über diese Übereinkunft nicht gesprochen, aber sie ist dennoch da: *Wir haben »vereinbart«, uns zu streiten!*

Wir treten einen Schritt zurück. Wir schauen uns an, ob es eine stillschweigende »Vereinbarung« gibt, die uns daran hindert, für das Problem eine Lösung zu finden. Wenn dem so wäre, könnten wir sagen: »Es sieht so aus, als ob wir beide beschlossen hätten, uns zu streiten, anstatt zu versuchen, das Problem zu lösen. Ich bin bereit, das zu ändern, wenn du auch bereit dazu bist. Was meinst du?« Unser Tonfall und unser Gesichtsausdruck bleiben dabei freundlich.

Wir warten und sprechen später darüber

Manchmal scheint es für uns und unseren Teenager unmöglich, eine akzeptable Alternative zu finden. Wenn das

passiert, möchten wir vielleicht zu Schritt zwei zurück-
gehen und neue Vorschläge sammeln. Vielleicht beschließen wir aber auch aufzuhören, Alternativen zu finden, bis
wir beide Gelegenheit hatten, über die ganze Sache nachzudenken.

Wenn das Problem nach einer sofortigen Lösung ver-
langt, müssen wir selbst die Entscheidung treffen. Wir bieten unserem Teenager dann an, ein anderes Mal mit ihm
darüber zu sprechen: »Es scheint, als ob wir im Augenblick
dieses Problem nicht lösen können. Deshalb treffe ich jetzt
die Entscheidung. Wir können in ein paar Tagen wieder
darüber sprechen, um zu sehen, ob wir gemeinsam eine
Lösung finden können.« Möglicherweise weigert sich unser
Teenager, überhaupt über die Sache zu sprechen. Auch in
diesem Fall, müssen wir die Entscheidung möglicherweise
selbst treffen.

Wir schreiben die Vereinbarung auf

Manchmal ist es hilfreich, die Vereinbarung aufzuschrei-
ben. Wir könnten sie am Kühlschrank befestigen oder
unser Teenager könnte sie bei sich behalten, bis wir uns zu-
sammensetzen, um zu sehen, ob die Vereinbarung funktioniert.

Unser Teenager und wir könnten die Vereinbarung auch
unterschreiben. Wir zeigen dadurch gegenseitigen Respekt
und sagen zugleich: »Wir meinen es ernst damit.«

Wir suchen nach Gemeinsamkeiten

In Zeiten eines Konflikts ist es hilfreich zu erkennen, dass
unsere Gemeinsamkeiten zu einem Problem beitragen. Es
mag schwer sein, wenn wir uns in einem Konflikt befinden.
Schauen wir uns die folgenden Beispiele an:

BEISPIELE
Wenn zwei Menschen gerne reden, möchte vielleicht jeder
das letzte Wort in einer Auseinandersetzung haben.

Zwei empfindliche Menschen fühlen sich vielleicht verletzt, wenn harte Worte ausgetauscht werden.

Wenn es so aussieht, dann versetzen wir uns kurzzeitig in die Situation des Teenagers und erkennen, wie das Problem aus seiner Perspektive aussieht und wie es sich anfühlt! Uns unserer Ähnlichkeiten bewusst zu werden, kann uns helfen, die Situation aus einem anderen Blickwinkel – dem Blickwinkel des anderen – zu sehen. Es könnte uns sogar helfen, den Konflikt zu beenden.

Wie können »Familienkonferenzen« die Beziehung zu unserem Teenager verbessern?

Eine weitere Möglichkeit, die Kooperationsbereitschaft in unserer Familie zu fördern, sind regelmäßige Familienkonferenzen. Manche Leute fragen sich, ob eine Familienkonferenz überhaupt der Mühe wert ist. Sie meinen: »Warum sollten wir eine Konferenz haben? Wir sehen uns doch schon jeden Tag?« Sie glauben: »Konferenzen sind bei der Arbeit hilfreich, in der Schule usw., aber nicht in Familien!«

Wenn wir aber jemanden fragen, dessen Familie regelmäßig diese Treffen abhält, werden wir erfahren, dass Familienkonferenzen

✓ der Familie helfen, sich als »Team« zu fühlen, in dem jeder dem anderen hilft,

✓ jedem eine Chance geben, positive Gefühle (und Erlebnisse) mitzuteilen und Spaß miteinander zu haben,

✓ Kindern und Teenagern Respekt beibringen und Wege aufzeigen, Probleme zu lösen,

✓ der Familie helfen, mit Schlagen und Schreien aufzuhören,

✓ Kindern und Teenagern eine Gelegenheit geben, sich gehört zu fühlen.

BEISPIEL

Fabian ist 14. Seine Schwester Alexandra ist 11. Alexandra
läuft weinend zu ihrem Vater, Herrn O., in die Küche. Sie
sagt: »Fabian hat mich gezwungen, mit dem Computer
aufzuhören. Das tut er immer. Ich habe ein Spiel gespielt.
Ich war mittendrin.« Vom Wohnzimmer herüber tönt Fabian: »Papa, ich muss meine Hausaufgaben machen!«

Herr O. ist gerade von der Arbeit nach Hause gekommen. Er ist spät dran mit dem Abendessen. Er ist zu beschäftigt und fühlt sich zu schlecht, um das Problem mit
seinen Kindern durchzusprechen. Deshalb geht er zusammen mit Alexandra ins Wohnzimmer. Herr O. sagt zu Fabian und Alexandra: »Lasst uns bei der Familienkonferenz
darüber sprechen. Schreibt es auf unsere Liste an der
Pinnwand.«

Herr O. wird nicht wütend, schreit oder schlägt zu. Fabian
und Alexandra wissen, dass ihr Problem nicht ignoriert
wird. Bereits vor dem Treffen ist dieser Familie dadurch geholfen, dass die Kinder wissen, sie werden eine Gelegenheit
bekommen, das Problem zu lösen.

Richtlinien für »Familienkonferenzen«

Es braucht Zeit, bis Familienkonferenzen zur Gewohnheit
werden. Damit diese Treffen funktionieren, müssen wir
uns Mühe geben. Es folgen einige Vorschläge, die uns helfen können.

Wir treffen uns regelmäßig zur gleichen Zeit

Regelmäßig könnte einmal die Woche bedeuten. Wir planen, dass das Treffen 20 bis 60 Minuten dauert.

Wir erstellen eine Liste der anfallenden Themen

Manche Leute nennen ihre Liste eine Themenliste oder
Agenda. Wir bringen sie an einer Pinnwand an. Alle Fami-

lienmitglieder können dann während der Tage vor der Konferenz diese Liste um weitere Punkte ergänzen. Das hilft uns, uns mit den Themen zu beschäftigen, die für die einzelnen Familienmitglieder wichtig sind.

Wir erstellen einen Zeitplan

Am Anfang müssen wir diese Aufgabe übernehmen. Wir schauen uns die Liste der Themen an. Wir beschließen, wie viel Zeit wir für welches Thema brauchen. Wir halten uns an den Zeitplan.

Der Teenager weiß, dass seine Meinung bei der Familienkonferenz auf jeden Fall gehört wird.

Wir leiten die Konferenz abwechselnd

Der Leiter des Treffens liest vor, welche Themen sich auf der Liste befinden und achtet darauf, dass wir beim Thema bleiben. Dennoch ist es wichtig, dass jedes Familienmitglied die Chance hat, das Meeting zu leiten. Jüngere Kinder werden dabei Hilfe benötigen und das ist in Ordnung.

Wir machen Notizen

Wir schreiben die während der Konferenzen getroffenen Vereinbarungen und Pläne auf. Es handelt sich dabei um eine Art *Protokoll*. Wir übernehmen diese Aufgabe abwechselnd. Wir finden einen Platz, an dem diese Notizen von jedem gelesen werden können. In manchen Familien hängt das Protokoll an der Pinnwand neben der Liste für das nächste Meeting. Wir bitten Teenager und ältere Kinder, die Notizen den jüngeren, die noch nicht lesen können, vorzulesen.

Wir lassen alle zu Wort kommen

Wenn wir über etwas auf der Liste sprechen, lassen wir die jüngeren Kinder in der Familie zuerst sprechen. Das hilft ihnen, sich verantwortlich zu fühlen.

- ✓ Wenn jemand noch nichts gesagt hat, fragen wir: »Was meinst du?«

- ✓ Wenn jemand zu viel redet, bleiben wir respektvoll. Wir könnten sagen: »Das scheint dir wichtig zu sein. Wir müssen jetzt auch hören, was die anderen darüber denken.«

- ✓ Wenn sich jemand respektlos verhält, benutzen wir eine Ich-Aussage: »Wenn ich diese Beschimpfungen höre, fürchte ich, dass wir keinen Weg finden, zusammenzuarbeiten.«

Wir begrenzen das Ausmaß vorgebrachter Klagen

Eine Menge Klagen können diese Treffen in eine unerfreuliche Angelegenheit verwandeln. Dadurch werden keine

Probleme gelöst und den Familiemitgliedern wird damit nicht geholfen, sich über das Treffen zu freuen. Wenn Klagen zu einem Problem werden, fragen wir: »Was können wir daran ändern? Wie können wir das Problem lösen?« Wir erinnern uns daran, auf Gefühle zu achten und unsere eigenen mitzuteilen. Wenn Probleme auftauchen, erforschen wir Alternativen.

Wir kooperieren bei der Wahl der häuslichen Arbeiten

Zu Anfang ist es möglicherweise eine gute Idee, dass sich die Eltern für Arbeiten freiwillig melden, die keiner gerne tun möchte. Wir könnten sagen: »Ich werde das Katzenklo sauber machen oder das Badezimmer. Entweder das eine oder das andere. Was soll ich machen?« Mit der Zeit erwarten wir, dass auch andere Mitglieder der Familie unangenehme Aufgaben übernehmen. Manche Familien wechseln sich bei den häuslichen Arbeiten ab, andere machen eine »Aufgabenlotterie«.

MACHEN SIE EINE »AUFGABENLOTTERIE«

Eine Möglichkeit, Aufgaben abwechselnd zu übernehmen, ist eine Aufgabenlotterie:

✓ Sprechen Sie über alle Aufgaben, die während der Woche erledigt werden müssen.

✓ Schreiben Sie sie auf kleine Zettel und geben Sie sie in eine Schachtel.

✓ Lassen Sie jede Woche jeden einen Zettel aus der Schachtel ziehen.

Wir halten uns an die Vereinbarungen

Wir halten uns an die Vereinbarungen bis zum nächsten Treffen. Wenn jemand die Vereinbarung ändern will, so hat er dann die Gelegenheit dazu. Von jüngeren Kindern,

Teenagern *und* Eltern wird erwartet, dass sie das tun, wozu sie sich bereit erklärt haben.

Was geschieht, wenn *wir* etwas vergessen und unsere Vereinbarung nicht einhalten?

Was passiert, wenn wir an einem Tag nicht die Zeit haben, das zu tun, was wir vereinbart hatten? Wir sagen unserer Familie, dass es uns Leid tut. Wir sagen, wir werden uns bemühen, es besser zu machen. Vielleicht vergisst unser Teenager auch etwas oder hat keine Zeit. Niemand ist perfekt.

Wenn es immer wieder vorkommt, dass Vereinbarungen nicht eingehalten werden, führen wir die Regel »Erst die Arbeit, dann das Vergnügen« ein: Bevor wir Spaß haben können, müssen die jeweiligen Aufgaben erfüllt worden sein. Diese Regel gilt für Eltern ebenso wie für Teenager und kleinere Kinder.

Wir nehmen uns Zeit für Spaß

Unsere regelmäßigen Konferenzen zu Hause bieten eine gute Gelegenheit, Probleme zu lösen und Aufgaben zu verteilen. Aber sie sind nicht nur dafür da. Um bei diesen Treffen Spaß zu haben, sprechen wir auch über erfreuliche Angelegenheiten. Alle Familienmitglieder danken einander für die Hilfe, die er/sie während der Woche geleistet hat. Wir bitten alle Teilnehmer zu erzählen, was im Augenblick gut für sie läuft. Das schafft eine positive Atmosphäre. Außerdem bringt es unseren Kindern bei, sowohl andere Menschen als auch sich selbst zu ermutigen.

Bei unseren Konferenzen planen wir etwas, das uns allen Spaß macht. Wir könnten zum Beispiel planen, am Sonntagabend zusammen eine Pizza zu backen. Vielleicht möchten wir auch gemeinsam ein Fußballspiel anschauen. Manche Familien unternehmen unmittelbar nach dem Familienrat etwas, das allen Spaß macht. Wir berücksichtigen dabei aber die jeweiligen Pläne der Teilnehmer: Unser

Teenager hat vielleicht andere Aktivitäten für die Zeit nach dem Treffen eingeplant.

Ein Plan für eine Familienkonferenz

1. Tauschen Sie erfreuliche Erlebnisse aus.

2. Lesen Sie die Notizen von der letzten Konferenz.

3. Sprechen Sie über »alte Themen« – Angelegenheiten des letzten Treffens.

4. Sprechen Sie über »neue Themen« – Angelegenheiten, über die die Familienmitglieder sich jetzt austauschen möchten.

5. Planen Sie etwas, bei dem sie alle miteinander Spaß haben.

6. Fassen Sie zusammen und wiederholen Sie, was die Familienmitglieder vereinbart haben.

Familienkonferenzen sind für alle Arten von Familien geeignet

Familienmeetings sind für alle Familien geeignet – für alleinerziehende Eltern ebenso wie für die traditionelle Familie, für Familien mit einem Kind oder mehreren Kindern genauso wie für Patchworkfamilien, Adoptiv- oder Pflegeeltern.

In manchen Familien möchte vielleicht nur ein Elternteil an den Konferenzen teilnehmen. Das ist in Ordnung. Wir beginnen dann mit den Meetings ohne den anderen Erwachsenen. Möglicherweise wird unser Partner oder unsere Partnerin nach einer Weile sehen, wie die Treffen funktionieren und sich anschließen. Auch wenn dies nicht der Fall sein sollte, machen wir weiter, denn trotzdem werden uns die Treffen die Möglichkeit geben, unseren Teenagern und jüngeren Kindern zu helfen, zu kooperieren und Freude an- und miteinander zu haben.

Alleinerziehende Eltern

Auch alleinerziehenden Eltern können Familienkonferenzen helfen. Etwas ist allerdings anders für Alleinerziehende: wenn es um ein Problem geht, das den Elternteil betrifft, der nicht anwesend ist. Kinder und Teenager müssen auch über diese Probleme sprechen können. Allerdings sind Familienkonferenzen dafür nicht gut geeignet, denn sie sind speziell dafür da, den Menschen, die zusammenleben, zu helfen, besser miteinander auszukommen.

Wenn unser Teenager über den Elternteil sprechen will, der nicht anwesend ist, tun wir dies bei einer anderen Gelegenheit. Wir könnten sagen: »Mir ist klar, dass du gerne über das Wochenende reden möchtest, das du mit deiner Mutter verbracht hast. Im Augenblick sprechen wir jedoch über Angelegenheiten, die uns hier betreffen. Lass uns nach der Konferenz über deine Mutter reden.«

Gibt es zu dieser Regel eine Ausnahme? Ja. Wenn das Verhalten des Erwachsenen, der nicht in der Familie lebt, die Familie direkt beeinflusst, dann können solche Angelegenheiten bei der Familienkonferenz besprochen werden. Ein solches Thema könnte zum Beispiel ein ausgefallener oder geänderter Besuchstermin sein. Wir begrenzen die Diskussion auf das jeweilige Thema und beschuldigen den abwesenden Elternteil nicht.

Wenn wir uns nach der Konferenz über den abwesenden Elternteil unterhalten, können wir aktiv zuhören und Feedback geben. Wir folgen den Schritten, die wir zum Erforschen von Alternativen gelernt haben.

Familien mit zwei Personen

Wenn wir ein Kind alleine erziehen, denken wir vielleicht: »Weshalb sollten wir diese Familienkonferenzen haben?

Mein Teenager und ich sind die ganze Zeit zusammen, wenn wir zu Hause sind.«

Eine Familienkonferenz ist für Dinge geeignet, deren Besprechung im täglichen Zusammenleben nicht immer möglich ist. Die Konferenz gibt uns die Möglichkeit, uns speziell Zeit zu nehmen, um über diese Probleme zu sprechen. Wir haben aber auch die Chance, uns über erfreuliche Erlebnisse und Pläne sowie über positive Gefühle auszutauschen. Familienkonferenzen helfen uns und unserem Teenager, einander näher zu kommen und besser zu kooperieren. Unabhängig von der Größe der Familie profitiert jede demokratisch geführte Familie von regelmäßigen Familienkonferenzen.

Patchworkfamilien

Patchworkfamilien brauchen Konferenzen genauso wie jede andere Familie. Wenn die Kinder noch nicht lange mit den neuen Stiefeltern und Stiefgeschwistern zusammengelebt haben, könnten wir versuchen, Familienkonferenzen so einzuführen:

✓ Wir beginnen immer in einer freundlichen Atmosphäre, nicht als Reaktion auf eine Krise oder einen Streit.

✓ Wir beginnen mit Themen, von denen wir glauben, dass es leicht sein wird, darüber zu sprechen. Zum Beispiel planen wir Aktivitäten, bei denen wir gemeinsam Spaß haben können. Haben einige solcher Treffen stattgefunden, können wir auch über »schwierigere« Themen sprechen. Wir können dann über häusliche Aufgaben oder ein Problem reden, das den Kindern besonders am Herzen liegt.

✓ Wir halten Themen, die nicht *unsere Patchworkfamilie* betreffen, aus den Konferenzen heraus.

FINDEN SIE ZEIT FÜR DIE »FAMILIENKONFERENZ«

Natürlich ist jede Familie sehr beschäftigt. Um einen Termin zu finden, an dem die Konferenz stattfinden kann, erstellen Sie einen Plan mit den Aktivitäten eines jeden Familienmitglieds für eine ganze Woche. Auf diese Weise stellen Sie fest, wann alle Mitglieder der Familie frei sind, um an der Konferenz teilzunehmen. Es folgen einige Themen, über die Sie in der Familienkonferenz sprechen können:

✓ Aktivitäten der Kinder,

✓ Taschengeld,

✓ Aufgaben außer Haus (z.B. Einkäufe, Hinfahren/ Abholen),

✓ häusliche Aufgaben,

✓ Regeln, wenn Freunde zu Besuch kommen,

✓ Wochenendpläne,

✓ Benutzung des Telefons,

✓ Fernsehen und Kino,

✓ Hausaufgaben,

✓ Computerbenutzung.

STEP ERMUTIGUNG

Überlegen Sie, was Sie und Ihr Teenager gemeinsam haben. Zum Beispiel:

✓ Sie mögen beide Musik.

✓ Sie sind beide gerne mit Freunden zusammen.

✓ Sie sind beide zunächst schlecht gelaunt, wenn Sie aufwachen.

Überlegen Sie sich so viele Eigenschaften wie möglich, in denen Sie einander ähnlich sind. Wenn Sie ein Problem mit Ihrem Teenager haben, benutzen Sie die Erkenntnisse, die Sie dadurch gewonnen haben, und sehen Sie das Problem mit den Augen Ihres Teenagers.

Sie haben nun den vierten großen Schritt gemacht

In Kapitel 4 haben Sie Möglichkeiten kennen gelernt, wie Sie Ihrem Teenager helfen können, zu kooperieren.

✓ Sie haben Wege entdeckt, wie Sie zusammen mit Ihrem Teenager Probleme lösen können. Das ist notwendig, wenn es sich um Ihre Probleme handelt oder um Probleme, die Sie *und* Ihren Teenager betreffen. Sie haben auch Möglichkeiten gesehen, wie Sie Ihrem Teenager helfen können, für seine eigenen Probleme alleine verantwortlich zu sein und sie zu lösen.

✓ Sie haben fünf Schritte gelernt, gemeinsam mit Ihrem Teenager Probleme zu lösen.

✓ Sie haben gesehen, wie Familienkonferenzen Ihrer Familie helfen können, zusammenzuarbeiten und so zueinander zu finden.

FÜR IHRE **FAMILIE**

Laden Sie Ihre Familie dazu ein, regelmäßige Konferenzen abzuhalten. Verabreden Sie einen Termin für die erste Konferenz. Bevor Sie zusammenkommen, lesen Sie nochmals die Seiten 173–178. Wenn Sie zusammensitzen, erklären Sie den Sinn und Zweck von Familienkonferenzen:

- positive Gefühle und Erfahrungen auszutauschen,
- miteinander Spaß zu haben,
- miteinander Pläne zu schmieden,
- miteinander über Probleme zu sprechen und einander zu helfen.

Dann fragen Sie Ihre Teenager und Ihre anderen Kinder, worüber sie gerne sprechen möchten. Halten Sie die erste Konferenz kurz. Legen Sie fest, wann der nächste Familienrat stattfinden soll. Erwarten Sie keine »perfekte« Konferenz. Sie fangen gerade erst an! Das Wichtigste ist, dass sich jeder mit seinen Ideen ernst genommen fühlt. Viel Glück!

AUFGABE DER WOCHE

Wenn Sie glauben, dass Ihr Teenager so weit ist, üben Sie mit ihm, Alternativen zu erforschen. Wenn Sie sich entschließen, Alternativen für ein Problem zwischen Ihnen und Ihrem Teenager zu finden, dann beachten Sie dabei Folgendes:

- wann Sie miteinander sprechen,
- wie Sie das Thema ansprechen,
- welche Veränderungen Sie bereit sind zu machen,

183

- was Sie machen werden, wenn Sie zu keiner Vereinbarung kommen können.

NUR FÜR SIE WIR SEHEN DIE SITUATION AUS EINEM
anderen Blickwinkel

Können Sie eine Situation auch aus verschiedenen Blickwinkeln betrachten? Wenn Sie das tun, können Sie Ihre Reaktion auf enttäuschende Erfahrungen leichter ändern. Zum Beispiel: Möglicherweise halten Sie Ihren Teenager für eigensinnig und bockig, weil er sich weigert, zu kooperieren. Können Sie erkennen, dass das Verhalten Ihres Teenagers auch anders – z.B. als Beweis seiner Entschlossenheit – bewertet werden kann? Können Sie sehen, dass ein Teenager, der Macht haben und Kontrolle ausüben möchte, auch Entscheidungen treffen möchte? Wenn Ihnen das gelingt, dann sehen Sie Ihren Teenager aus einer anderen Perspektive. Sie haben etwas Positives an seinem negativen Verhalten gefunden.

Denken Sie an mehrere schwierige Situationen. Stellen Sie sich dann folgende Fragen:

✓ Wie sehe ich diese Situation normalerweise? Was sind meine Wertvorstellungen und Überzeugungen? Wie fühle ich mich?

✓ Wie schaffe ich Probleme durch meine übliche Reaktion?

✓ Gibt es eine Möglichkeit, diese Situation anders zu sehen? Wie könnte dieser veränderte Blickwinkel meine Gefühle und (in der Folge) auch meine Reaktion ändern?

Ergreifen Sie die Gelegenheit, die Situation aus einer anderen Perspektive zu betrachten, wenn Sie sich einer Herausforderung gegenüber sehen.

Zusammenfassung

1. Wenn es Probleme mit Teenagern gibt, dann ist jemand für das Problem verantwortlich. Manchmal sind es die Eltern, manchmal ist es der Teenager und manchmal sind beide für das Problem verantwortlich.

2. Um zu entscheiden, um wessen Problem es sich handelt, fragen Sie sich:

   - Werden meine Rechte missachtet?

   - Ist mein Teenager nicht fähig, die Verantwortung dafür zu übernehmen?

   - Könnte jemand verletzt werden?

   - Könnte das Eigentum von jemandem Schaden nehmen?

   Wenn Sie *eine* dieser Fragen mit »ja« beantworten, dann sind Sie – oder Sie und Ihr Teenager – für die Lösung des Problems verantwortlich.

   Wenn *alle* Fragen mit »nein« beantwortet werden, dann handelt es sich um ein Problem Ihres Teenagers.

3. Derjenige, um dessen Problem es sich handelt, ist für die Lösung des Problems verantwortlich. Manchmal möchten Sie Ihrem Teenager auch bei der Lösung seines eigenen Problems helfen.

4. Wenn es ein Problem gibt, können Sie entscheiden, ob Sie es ignorieren, aktiv zuhören, eine Ich-Aussage benutzen, Entscheidungsmöglichkeiten geben oder ob Sie es gemeinsam lösen wollen, indem Sie Alternativen erforschen.

5. Um Alternativen zu finden, folgen Sie diesen fünf Schritten:

Verstehen Sie das Problem.

Überlegen Sie sich verschiedene Alternativen, das Problem zu lösen.

Diskutieren Sie die Alternativen.

Entscheiden Sie sich für eine der Alternativen.

Setzen sie den Plan um und überprüfen Sie nach einer festgesetzten Frist, ob er funktioniert.

6. Wenn Sie mit Ihrem Teenager über ein Problem sprechen, benutzen Sie offene Fragen, die mit den folgenden Worten beginnen:

Wo?

Wann?

Was?

Wer?

Welcher/e/es?

Wie?

7. Wenn Sie wütend sind und sich in einem Konflikt mit Ihrem Teenager befinden,

bleiben Sie respektvoll,

sprechen Sie über das eigentliche Problem,

vereinbaren Sie, sich nicht zu streiten,

warten Sie und sprechen später darüber,

achten Sie auf Ähnlichkeiten zwischen sich und Ihrem Teenager.

8. Regelmäßige Familienkonferenzen helfen allen Familien, bei der Lösung von Problemen zu kooperieren und miteinander Spaß zu haben.

Tabelle 4

Erforschen Sie Alternativen

Schritt	Wenn es sich um ein Problem des Teenagers handelt	Wenn es sich um Ihr Problem bzw. um Ihres und das Ihres Teenagers handelt
Verstehen Sie das Problem.	»Mir scheint, du bist sehr verletzt, wenn die anderen über dich lachen. Was machst du, wenn sie über dich lachen? Wie reagieren sie, wenn du wütend wirst?«	»Wenn du zu spät nach Hause kommst, mache ich mir Sorgen, weil dir etwas zugestoßen sein könnte.« »Bist du verärgert, weil du den Eindruck hast, dass ich mir zuviel Sorgen um dich mache?«
Überlegen Sie sich Alternativen.	»Was könntest du noch tun, wenn sie über dich lachen?«	»Wie können wir dieses Problem lösen, so dass ich mir keine Sorgen mache und du dich für dich selbst verantwortlich fühlst?«

Schritt	Wenn es sich um ein Problem des Teenagers handelt	Wenn es sich um Ihr Problem bzw. um Ihres und das Ihres Teenagers handelt
Diskutieren Sie die Alternativen.	»Was hältst du von der ersten Idee, die du hattest – zusammen mit ihnen zu lachen?«	»Wie wäre es, wenn du mich anrufen würdest, wenn du dich verspätest?«
Entscheiden Sie sich für eine der Alternativen.	»Welche dieser Ideen wird am besten funktionieren? Was meinst du, wird passieren, wenn du dich so verhältst?«	»Mir scheint, wir haben eine Alternative gefunden, die wir beide gut finden.«
Setzen Sie den Plan um und überprüfen Sie nach einer festgesetzten Frist, ob er funktioniert.	»Du möchtest also zusammen mit ihnen lachen, um zu sehen, was passiert? Vielleicht dauert es eine Weile, bis sie sich daran gewöhnt haben, dass du nicht mehr wütend wirst. Wärst du bereit, es mehrmals zu versuchen? Sollen wir in einer Woche, am ... wieder darüber sprechen?«	»Wir haben also jetzt vereinbart, dass du mich anrufst, wenn du mehr als 15 Minuten zu spät kommst. Ist das richtig? Was wäre eine faire Konsequenz, wenn du dich entscheidest, nicht anzurufen? ... Wenn ich unsere Regel übertrete und wütend reagiere, was soll dann passieren? ... Sollen wir das zwei Wochen lang ausprobieren und dann darüber sprechen, wie es funktioniert hat?«

5

Wir lassen Konsequenzen folgen, um Verantwortungsbewusstsein aufzubauen

In diesem Kapitel befassen wir uns mit folgenden Aspekten:

☞ Disziplin hilft unserem Teenager, verantwortungsbewusster zu werden.

☞ Durch Disziplin leiten wir unseren Teenager dazu an, Entscheidungen zu treffen.

☞ Durch Konsequenzen erfährt unser Teenager eine Art Disziplin, die in Zusammenhang mit seinem Verhalten steht und für ihn Sinn macht.

☞ Durch den Einsatz von Konsequenzen bringen wir allen Mitgliedern der Familie Respekt entgegen.

Wir haben viele Möglichkeiten betrachtet, eine gute Beziehung zu unserem Teenager aufzubauen. In diesem Kapitel befassen wir uns mit der Anwendung von *Disziplin*. Wir werden eine Art Disziplin kennen lernen, die Sinn macht – eine Disziplin, die uns helfen wird, unseren Teenager dahin zu führen, dass er kooperiert und verantwortungsbewusst Entscheidungen trifft.

Sind Disziplin ausüben und Strafen das Gleiche?

Disziplin und Strafe sind nicht das Gleiche. Strafe und Belohnungen zu benutzen, um das Verhalten unseres Teenagers unter unsere Kontrolle zu bringen, hilft jungen Menschen nicht, selbstständig und verantwortungsbewusst zu werden. In Kapitel 1 haben wir bereits darüber gesprochen, was unser Teenager durch Belohnung und Strafe lernt:

✓ Belohnungen bringen unserem Teenager bei, wie er etwas bekommen, nicht wie er kooperieren kann.

✓ Strafe bringt dem Teenager bei, uns abzulehnen und zu fürchten. Die Anwendung von Strafe kann der Beziehung, die wir gerne hätten, schaden.

✓ Strafe führt oft zu Rache.

Was ist Strafe?

Strafe ist bezeichnend für einen bestimmten Erziehungsstil. Sie kommt, unter anderem, durch folgendes Verhalten zum Ausdruck:

Drohungen, Schreien und Demütigungen

Manchmal werden die Drohungen ausgeführt, manchmal nicht. Viel Geschrei kann alles noch schlimmer machen. Wenn wir viel schreien, fängt unser Teenager vielleicht an, uns *nur* dann Aufmerksamkeit zu schenken, wenn wir schreien, oder er hört überhaupt nicht mehr zu. Herabsetzungen und Beschimpfungen nützen niemandem – weder den Eltern noch dem jungen Menschen. Wenn ein Teenager häufig Geschrei und Demütigungen ausgesetzt ist, zeigt er oft auch entsprechendes Verhalten im Umgang mit seinen Mitmenschen.

Sachen wegnehmen und Hausarrest

Oft strafen Eltern ihren Teenager, indem sie ihm Hausarrest geben. Oft hat der Hausarrest nichts mit dem zu tun, was der Teenager gemacht hat. Das ist nicht sinnvoll. Oftmals ist auch die *Art*, wie Eltern sich verhalten, wenn sie etwas wegnehmen, nicht respektvoll.

Schlagen

Es kann vorkommen, dass Eltern einen Teenager aus Wut schlagen. Durch Schlagen unternehmen Eltern vielleicht den letzten Versuch, den Teenager zu kontrollieren. Manchmal haben Eltern das Gefühl, dass es keinen anderen Weg gibt, den Teenager dazu zu bringen, sich zu benehmen. Schlagen verletzt beide – sowohl den Teenager als auch die Eltern: Der Teenager fühlt sich ungeliebt, die Eltern fühlen sich schuldig. Der Teenager lernt auch, dass Schlagen ein Weg ist, ein Problem zu lösen oder Macht auszuüben.

Was ist Disziplin?

Disziplin ist weder eine einzelne Handlung noch eine einzelne Aussage. Es handelt sich um einen Prozess, der Zeit in Anspruch nimmt. Disziplin hilft dem Teenager,

✓ sein Leben in die Hand zu nehmen, indem er Entscheidungen trifft;

✓ aus den Konsequenzen seiner Handlungen zu lernen.

191

Denken Sie über Disziplin nach

Denken Sie an ein Ereignis, bei dem Sie Ihren Teenager dazu gebracht haben, sein Verhalten zu korrigieren, ohne ihn zu strafen.

✓ Was hat Ihr Teenager gemacht?

✓ Was haben Sie gemacht?

✓ Warum, glauben Sie, hat sich Ihr Teenager entschieden, sich angemessener zu verhalten?

✓ Wie haben Sie und Ihr Teenager sich danach gefühlt?

✓ Wie können Sie diese Art von Disziplin bei anderen schwierigen Situationen mit Ihrem Teenager anwenden?

✓ Wenn Sie geschrien, geschlagen oder Hausarrest erteilt hätten, inwiefern wäre das anders gewesen?

Wie können wir Disziplin sinnvoll einsetzen?

In den vorherigen Kapiteln haben wir uns verschiedene Möglichkeiten angesehen, wie wir Vorbild sein und Orientierung geben können, indem wir Respekt zeigen und zu Kooperation ermutigen. In diesem Kapitel konzentrieren wir uns auf *Entscheidungsmöglichkeiten und Konsequenzen*. Wir schauen uns genauer an, wie wir Entscheidungsmöglichkeiten anbieten und unseren Teenager aus den Konsequenzen lernen lassen.

Wir geben unserem Teenager die Möglichkeit, zu wählen und Entscheidungen zu treffen

Viele Eltern haben Angst, einen jungen Menschen eigene Entscheidungen treffen zu lassen. Sie fürchten, dass ihr Teenager Freiheit missbraucht – und nicht genug Verantwortung übernimmt. Wir müssen unserem Teenager die Chance geben, zu wählen und *innerhalb bestimmter Grenzen* Entscheidungen zu treffen. Auch wenn unser Teenager heranwächst, braucht er noch immer Grenzen. Aber diese Grenzen müssen sich verändern, wenn unser Teenager reifer und verantwortungsbewusster wird.

Welche Entscheidungsmöglichkeiten und Grenzen können Eltern ihrem Teenager anbieten?

✓ Unser Teenager kann über eine bestimmte Geldsumme – zusätzlich zum Taschengeld – verfügen, von der er bestimmte Ausgaben bestreitet, oder er kann einen Teilzeitjob annehmen. Er kann das Geld verwenden, um sich Kleidung zu kaufen oder besondere Anschaffungen zu tätigen (natürlich nicht für den Kauf von illegalen oder schädlichen Dingen). Die Grenzen sind die Geldsumme, die die Eltern zur Verfügung stellen, oder das Geld, das der Teenager durch den Teilzeitjob verdient.

✓ Unser Teenager kann sich entscheiden, wie er die Medien (z.B. Fernsehprogramm, Computerspiel, soziales Netzwerk) nutzen möchte. Die Grenzen bilden die »Bildschirmzeit«, die Auswahl der inhaltlich akzeptablen Medien und die Regeln zur Mediennutzung, die zwischen Eltern und Teenager vereinbart werden. Infos zu Medienkompetenz – z.B. unter www.klicksafe.de

✓ Unser Teenager kann sich selbst entscheiden, welche Kurse er in der Schule belegt. Die Grenzen bilden zum Beispiel die Anforderung, die die Schule für den Abschluss stellt, die Anforderung für die Zulassung zur Universität oder inwieweit die Kurse zur Verfügung stehen.

193

✓ Unser Teenager kann entscheiden, an welchen Aktivitäten in der Schule, der Kirche oder anderen Organisationen er teilnehmen möchte. Die Grenzen bilden das Programmangebot und die Kosten für die Aktivität.

Andere Entscheidungen sind weniger leicht zu begrenzen. Aber unser Teenager trifft auch Entscheidungen hinsichtlich folgender Angelegenheiten:

✓ Unser Teenager wählt seine eigenen Freunde. Eltern können die Freunde für ihren Teenager nicht aussuchen, aber sie können Grenzen ausarbeiten. Diese Grenzen könnten sich darauf beziehen, wo der Teenager hingehen und wie lange er ausgehen darf.

✓ Unser Teenager entscheidet sich, wie er sich in der Schule, im Bus, im Straßenverkehr, bei Verabredungen oder bei gesellschaftlichen Anlässen verhält. Eltern können Grenzen setzen oder sie mit dem Teenager vereinbaren, zum Beispiel: Zeitpunkt, zu dem er zu Hause sein muss, Verhaltensregeln im Straßenverkehr und welches Verhalten illegal wäre.

Wird unser Teenager immer die richtige Entscheidung treffen? Nein. Aber durch Entscheidungsmöglichkeiten gewinnt er die *Erfahrung*, Entscheidungen zu treffen. Jeder Teenager braucht diese Erfahrung. Er lernt aus den Folgen der Entscheidungen, die er trifft. Mit anderen Worten, er lernt aus den Konsequenzen.

SCHLÜSSEL ZU HILFREICHER DISZIPLIN

✓ Zeigen Sie Respekt vor Ihrem Teenager.
✓ Erwarten Sie, dass Ihr Teenager kooperiert.
✓ Geben Sie ihm Wahlmöglichkeiten und Gelegenheit, Entscheidungen zu treffen.
✓ Lassen Sie Konsequenzen folgen.

Wir lassen unseren Teenager aus den Konsequenzen lernen

Eine Konsequenz ist die Folge der Wahl oder der Entscheidung, die unser Teenager getroffen hat.

Einige Konsequenzen ergeben sich von selbst

Konsequenzen, die sich von selbst als Folge einer Handlung ergeben, nennen wir *natürliche Konsequenzen*:

✓ Wenn Petra ihr Frühstück nicht isst, wird sie in der Schule hungrig sein.

✓ Wenn Matthias bis 3 Uhr morgens aufbleibt und um 6 Uhr aufstehen muss, um in die Schule zu gehen, wird er müde sein.

Teenager lernen aus den Folgen der Entscheidungen, die sie getroffen haben.

Manche Konsequenzen müssen wir schaffen

Manche natürlichen Konsequenzen sind gefährlich. Außerdem gibt es bei manchem Verhalten keine natürlichen Konsequenzen. In diesem Fall müssen wir *logische* Konsequenzen schaffen.

BEISPIEL

Paula hat gerade ihren Führerschein gemacht. Ihr Vater, Herr G., sieht, wie sie auf dem Parkplatz vor dem Mehrfamilienhaus zu schnell fährt. Die Geschwindigkeitsbegrenzung liegt bei 10 km/h. Die Regel ist wichtig, weil oft Kinder auf dem Parkplatz spielen.

Herr G. sagt zu Paula: »Es ist gefährlich, schneller als 10 km/h zu fahren. Du könntest ein Kind überfahren oder ein Auto anfahren. Du kannst mein Auto gerne benutzen, wenn du dich an die Geschwindigkeitsbegrenzungen hältst. Sonst gehe ich davon aus, dass du dich entschieden hast, mein Auto am nächsten Tag stehen zu lassen.«

Paula verspricht, sich an die Begrenzung zu halten. Ein paar Tage später sieht Herr G. sie wieder zu schnell fahren. Am Abend sagt er zu Paula: »Du hast dich also entschieden, morgen das Auto nicht zu benutzen.«

Konsequenzen sind keine Strafe

Durch folgende Aspekte unterscheidet sich eine Konsequenz von einer Strafe:

Konsequenzen

✓ zeigen Respekt, sowohl vor uns als auch vor unserem Teenager,

✓ passen zum Fehlverhalten,

✓ beziehen sich auf die Tat, nicht auf den Teenager als Person (trennen Tat und Täter),

✓ beziehen sich auf die Gegenwart und die Zukunft – nicht auf die Vergangenheit,

✓ zeigen Entschlossenheit und Freundlichkeit,
✓ lassen Raum für Entscheidungsmöglichkeiten.

Mit Konsequenzen zeigen wir Respekt

Mit Konsequenzen zeigen wir Respekt für *beide* – sowohl für uns als auch für unseren Teenager.

> BEISPIEL
> Ansgar, unser 14-jähriger Sohn, hört laute Musik. Wir versuchen zu schlafen. Wir schreien ihn nicht an, dass er jetzt seine Musik leiser machen soll oder »er wird was erleben«. Stattdessen sagen wir: »Ich weiß, du hörst diese Musik gerne laut. Aber ich brauche meinen Schlaf. Bitte stelle die Musik leiser oder benutze deine Kopfhörer.«

Konsequenzen passen zum Fehlverhalten

Konsequenzen sind sinnvoll, weil sie zum Fehlverhalten »passen«.

> BEISPIEL
> Florian ist 13. Er hat große Unordnung in der Küche hinterlassen. Sein Vater, Herr L., sagt nicht etwa: »Du gehst am Samstagabend nicht zum Fußball!« Das Fußballspiel hat nichts mit der Unordnung zu tun. Stattdessen sagt Herr L.: »Wenn ich nach Hause komme, möchte ich eine saubere Küche vorfinden. Bitte, mache die Küche sauber, sonst kann ich kein Abendessen zubereiten.«

So, Herr Meier, schreiben sie 500 Mal „Ich werde keinen Papierstau beim Kopierer mehr verursachen." und putzen sie die Kantine mit der Zahnbürste.

Was lernt jemand aus einer Konsequenz, die keinen Sinn macht?

Konsequenzen richten sich gegen das Fehlverhalten, nicht gegen unseren Teenager – sie trennen die Tat vom Täter

Konsequenzen sind die Folge einer falschen Entscheidung des Teenagers – sie richten sich nicht gegen den »bösen« Teenager. Wir trennen die Tat vom Täter. Konsequenzen helfen uns dabei. Schließlich soll das Verhalten – nicht unser Teenager als Person – geändert werden! Konsequenzen geben unserem Teenager zu verstehen: »Ich mag nicht, was du tust, aber ich liebe dich trotzdem!«

BEISPIEL
Ohne zu fragen, trägt Edda die Schuhe ihrer Mutter, Frau T., zu einem Lagerfeuer. Es regnet und die Schuhe sind danach aufgeweicht und kaputt. Frau T. sagt nicht zu Edda: »Du hast kein Recht, meine Schuhe zu nehmen, ohne zu fragen! Du wirst viele Stunden arbeiten müssen, um das

198

Geld zu verdienen, das du mir dafür schuldest!« Stattdessen sagt sie: »Wie wirst du die Schuhe ersetzen, Edda?«

Konsequenzen beziehen sich auf die Gegenwart und die Zukunft – nicht auf die Vergangenheit

Konsequenzen befassen sich mit der gegenwärtigen und der zukünftigen Situation – nicht mit der Vergangenheit.

BEISPIEL
Pia ist 17. Sie fragt ihre Mutter, Frau U., ob sie eine Geburtstagsparty für ihre Freundin veranstalten darf. Frau U. sagt nicht:»Nein, auf keinen Fall wird es eine Party geben. Das letzte Mal habt ihr eine unglaubliche Unordnung gemacht und einige deiner Freunde haben ziemlich viel Alkohol getrunken.« Stattdessen sagt sie:»Du kannst gerne eine Party haben, vorausgesetzt du räumst danach auf und wenn überhaupt Alkohol, dann nur Bier und Wein. Du entscheidest. Was möchtest Du tun?« Frau U. hat Vertrauen und erwartet Kooperation.

Konsequenzen beweisen Entschlossenheit und Freundlichkeit

Durch unsere Konsequenz zeigen wir Respekt und Fürsorge.

BEISPIEL
Tim ist 14 Jahre alt. Er bittet seine Großmutter, Frau A., ihn zur Stadtbibliothek zu fahren, weil er die Computer dort benutzen möchte. Sie vereinbaren, dass sie ihn um 20.00 Uhr dort wieder abholen wird. Sie ist rechtzeitig dort und wartet und wartet. Um 20.30 Uhr geht Frau A. in die Bibliothek. Sie sucht und findet Tim im Computerraum. Er spielt mit einigen Freunden ein Spiel. Frau A. sagt nicht:»Tim, ich habe eine halbe Stunde gewartet! Wie kannst du nur so rücksichtslos sein? Jetzt komm sofort zum Auto!« Stattdessen sagt Frau A. entschieden:»Bitte, komm mit.«

Am nächsten Tag möchte Tim wieder zur Bibliothek gefahren werden. Frau A. sagt: »Ich habe gestern Abend lange vor der Bibliothek auf dich gewartet. Ich bin nicht bereit, das heute Abend noch mal zu tun. Morgen kannst du zeigen, dass du so weit bist, unsere Verabredung einzuhalten.«

Konsequenzen erlauben Entscheidungsmöglichkeiten

Durch die Wahlmöglichkeit bekommt unser Teenager eine gewisse Kontrolle übertragen.

BEISPIEL
Am Samstagmorgen sagt Herr L. zu Simon, seinem Sohn: »Du kannst Staubsaugen, bevor du zu Susi gehst oder danach, solange du damit um 16.00 Uhr fertig bist, weil wir dann Besuch bekommen. Es ist deine Entscheidung.«

**Logische Konsequenzen passen zum Fehlverhalten:
Jede Konsequenz ist anders.**

Wie lassen wir Konsequenzen folgen?

Bei der Anwendung von Konsequenzen gibt es vier Schritte. Wir schauen uns jeden einzelnen Schritt an.

1. Wir entscheiden, wessen Problem es ist

Wenn es sich um ein Problem unseres Teenagers handelt, brauchen wir wahrscheinlich keine Konsequenzen zu schaffen. Sie werden sowieso folgen. So lange die Konsequenzen nicht gefährlich sind, müssen wir nicht einschreiten:

✓ Wenn Thomas zu lange aufbleibt, wird er am nächsten Tag müde sein.

✓ Wenn Kim den Bus verpasst, muss sie eine andere Möglichkeit finden, in die Schule zu kommen.

Wenn es sich um unser Problem handelt, können wir uns dafür entscheiden, Konsequenzen zu schaffen. Viele Eltern haben ein großes Problem damit, dass die häuslichen Aufgaben nicht erledigt werden. In einem solchen Fall ist »Aufgabentausch« eine gute Möglichkeit, Konsequenzen folgen zu lassen.

BEISPIEL
Bei einer Familienkonferenz hat sich Kurt bereit erklärt, alle Recyclingprodukte zu sammeln und am Tag, an dem sie abgeholt werden, vor das Haus zu stellen. Außerdem wird er auf dem Gehweg Schnee schippen, wenn es schneit. Seine Mutter, Frau L., wird sich um die Pflanzen, den Hund und die Wäsche kümmern. Sie sagt zu Kurt: »Wenn sich herausstellt, dass du eine der Aufgaben nicht erledigen kannst, dann komm bitte und sprich mit mir darüber. Wir können gerne einen deiner Jobs gegen einen von meinen tauschen.«
An dem Tag, an dem die Recyclingprodukte abgeholt werden, geht Kurt in die Schule, ohne dass er die Sachen zusammengetragen und vor das Haus gestellt hat. Er sagt nichts zu seiner Mutter. Frau L. sieht, dass Kurt seine Aufgabe nicht erledigt hat. Sie übernimmt die Aufgabe. Am gleichen Abend sagt Frau L. zu Kurt: »Ich musste heute Morgen die Recyclingsachen rausstellen. Welche meiner Aufgaben möchtest du stattdessen heute Abend übernehmen? Du kannst die Pflanzen gießen oder den Hund spazieren führen. Du entscheidest.«
Kurt meint dazu: »Ich habe Pläne für heute Abend!« Frau L. erwidert: »Für keine dieser Aufgaben wirst du lange brauchen. Du brauchst deswegen nicht deine Pläne aufzugeben.« Kurt antwortet: »Okay, ich geh mit dem Hund spazieren.« Er fügt hinzu: »Es sieht aus, als ob es morgen schneien würde. Aber ich habe ein Auswärtsspiel und werde nicht vor spät abends zu Hause sein.« Frau L. sagt:

»Wenn es dir nicht möglich ist, Schnee zu schaufeln, dann werde ich das für dich übernehmen. Du kannst dann am Samstag stattdessen die Wäsche machen.« »In Ordnung«, erwidert Kurt. Er klingt nicht besonders glücklich dabei. Frau L. sagt nichts mehr.

Was wäre passiert, wenn Kurt nicht bereit gewesen wäre, den Aufgabentausch zu diskutieren? Mit dieser Art Konsequenzen folgen zu lassen, könnte Frau L. trotzdem einen Konflikt vermeiden. Sie braucht Kurt zu nichts zu zwingen. Sie braucht nur die Aufgaben, die sie für Kurt macht, nicht zu erledigen. Dabei könnte es sich um das Waschen seiner Wäsche, für ihn zu kochen oder ihn zu diversen Aktivitäten zu fahren handeln. Ein oder zwei Wochen später kann sie die häuslichen Aufgaben wieder mit Kurt diskutieren. Auf diese Weise wird er wieder eine Chance bekommen zu kooperieren.

Aufgabentausch

Wenn häusliche Aufgaben zu einem Problem werden, kann ein Aufgabentausch eine wirksame Konsequenz sein. Benutzen Sie diese Vorgehensweise jedoch nicht als Waffe. Benutzen Sie sie einfach nur als Mittel, um Aufgaben im und um das Haus gerecht zu verteilen. Vergewissern Sie sich, dass die Aufgaben, die Sie tauschen, auch gleichwertig sind, damit es keinen Grund gibt, sich rächen zu wollen.

2. Wir erkennen das Ziel

Wenn unser Teenager Fehlverhalten zeigt, lassen wir Konsequenzen folgen. Damit die Konsequenzen wirksam sind, müssen wir zuerst über das Ziel des Fehlverhaltens nachdenken.

Aufmerksamkeit erlangen

Wenn das Ziel des Fehlverhaltens unseres Teenagers Aufmerksamkeit ist, vermeiden wir es am besten, ihm diese Aufmerksamkeit dann zu geben, wenn er sie fordert.

BEISPIEL
Robert ist 13. Er liebt es, Leuten, die ihn noch nicht kennen, auf seiner Gitarre vorzuspielen. Sein Vater, Herr M., sagt zu Robert: »Ich weiß, dass du gerne auf der Gitarre vorspielst. Aber heute Abend habe ich ein wichtiges Treffen hier, deshalb ist es nicht in Ordnung, wenn du vorspielst. So lange du ruhig bist, kannst du hier bleiben.«

Sollte Robert doch seine Gitarre mitbringen, wenn die Gäste kommen, bittet Herr M. ihn, den Raum zu verlassen. Dabei vermeidet er jeglichen Kommentar.

Robert muss lernen, wann und wo es akzeptabel ist, seine Musik anderen vorzuspielen. Es ist wichtig, dass Herr M. ihm seine Aufmerksamkeit zu einem anderen Zeitpunkt widmet, wenn Robert es nicht erwartet. Zum Beispiel kann Herr M. seinen Sohn begleiten und so zeigen, dass er gerne mit ihm ist, wenn sein Sohn den Hund spazieren führt. Er könnte Robert auch bitten, bei passenden Anlässen etwas auf der Gitarre zu vorzuspielen.

Macht ausüben

Wenn ein Teenager Macht haben möchte, ist die beste Konsequenz, dass niemand bereit ist, mit ihm zu streiten.

BEISPIEL
Wenn Mascha nicht bekommt, was sie möchte, versucht sie, ihre Eltern dazu zu zwingen nachzugeben. Sie wird wütend und sagt ihnen, dass sie unfair sind. Heute beschließen Herr und Frau Z., Maschas Eltern, weder mit ihr zu streiten *noch* nachzugeben. Als Mascha mit ihrem wütenden Geschrei beginnt, verlassen Herr und Frau Z. das Zimmer und gehen spazieren. Mascha ist überrascht und betroffen. Sie hat *keine* Zuschauer.

203

Ein Teenager, der Macht will, möchte auch Kontrolle ausüben. Zu einem anderen Zeitpunkt, wenn Mascha nicht versucht einen Machtkampf zu beginnen, können ihre Eltern
sie um ihre Meinung und ihre Hilfe bitten. Sie können ihr
Gelegenheit geben, vernünftige Entscheidungen zu treffen.

Rache nehmen

Wenn unser Teenager es uns heimzahlen möchte, erlauben
wir unserem Teenager, aus den Konsequenzen zu lernen.
Gleichzeitig ist es wichtig, dass wir uns nicht verletzt fühlen. Dies kann uns helfen, uns auf den Aufbau von Respekt
und Vertrauen zu konzentrieren.

BEISPIEL

Freyas Eltern, Herr und Frau B., sind von der Schule be-
nachrichtigt worden, dass Freya möglicherweise sitzen
bleiben wird. Es ist ihren Eltern peinlich und sie sind sehr
enttäuscht. Gute Noten sind wichtig für sie und Freya weiß
das. Zuerst versuchen sie, Freya zur Arbeit zu zwingen. Sie
geben ihr Hausarrest. Sie verbieten Freya fern zu sehen
oder das Telefon zu benutzen, bis sich ihre Noten verbessert haben. Aber Freyas Noten werden nicht besser.

Herr und Frau B. beschließen, eine Familienberatungs-
stelle aufzusuchen. Der Berater glaubt, dass Freya in der
Schule versagt, um es ihren Eltern heimzuzahlen. Er
schlägt den Eltern vor, Freya die Verantwortung für die
Schule übernehmen zu lassen. Statt sich auf die Schule zu
konzentrieren, können Herr und Frau B. daran arbeiten,
die Beziehung zu ihrer Tochter zu verbessern.

Sich aus dem Schulleben von Freya zurückzuziehen, fällt
ihren Eltern schwer. Aber sie entscheiden sich, es zu tun.
Zu Beginn verbessern sich die Noten nicht sehr viel. Aber
Freya und ihre Eltern fangen an, besser miteinander auszukommen. Sie beginnen, miteinander zu sprechen und
Spaß miteinander zu haben. Auch der Respekt voreinan-
der kehrt zurück. Langsam beginnen sich Freyas Noten zu
verbessern.

Freyas Eltern sind zu einem Berater gegangen. Das kann Eltern helfen, wenn sie keinen Rat mehr wissen. Der Berater hat ihnen geholfen, inne zu halten und darüber nachzudenken, wie sie auf Freya reagiert haben. Der Berater hat ihnen geholfen, ihre Reaktion zu ändern. Mit der Zeit – durch die Tatsache, dass das Problem Schule in den Hintergrund getreten ist und die Eltern sich auf die Beziehung zu Freya konzentriert haben – haben sie ihrer Tochter geholfen, sich in der Schule zu verbessern.

Mit Strafen erreichen Eltern selten, was sie möchten. Das gilt besonders für Teenager, die sich rächen wollen. Manchmal sehen Teenager Konsequenzen als Strafe an. Es kann wichtig sein, *wann* wir eine Konsequenz einsetzen.

BEISPIEL
Die 14-jährige Carola ist wütend auf ihren Vater, Herrn S. Sie rennt auf ihr Zimmer. Als sie an der Lampe vorbeikommt, tritt sie diese mit dem Fuß. Die Lampe fällt um und zerbricht. Herr S. lässt nicht sofort eine Konsequenz folgen. Er weiß, es würde wie eine Strafe klingen. Carola würde schrecklich wütend werden und der Rachefeldzug fortgesetzt.

Stattdessen wartet Herr S. bis später am Abend. Dann sagt er zu Carola: »Wir müssen darüber sprechen, was mit der Lampe geschieht, ob sie repariert werden kann oder ersetzt werden muss.«

Die eigene Unfähigkeit unter Beweis stellen

Konsequenzen einzusetzen ist nicht hilfreich, wenn wir es mit einem Teenager zu tun haben, der seine Unfähigkeit beweisen möchte. Der Teenager hat aufgegeben. In einem solchen Fall ist es entscheidend, dass die Eltern ihren Teenager nicht aufgeben, nicht kritisieren und ihn nicht bemitleiden. Wir *geben* so viel *Ermutigung* wie möglich. Wir konzentrieren uns auf das, was unser Teenager *kann*. Wenn wir auch nur den kleinsten Fortschritt erkennen oder die geringste Bemühung bemerken, teilen wir ihm das mit.

Auf diese Weise können wir unserem Teenager helfen, so viel Selbstvertrauen zu gewinnen, dass er auch auf anderen Gebieten versucht, besser zu werden.

3. Wir bieten Wahlmöglichkeiten an

Wenn wir Konsequenzen schaffen, ist es wichtig, Wahlmöglichkeiten anzubieten, damit unser Teenager lernen kann, Entscheidungen zu treffen. Wenn wir das tun, erinnern wir uns daran, dass es sich um eine *richtige Entscheidung handelt, gleichgültig* für *welche der Wahlmöglichkeiten sich unser Teenager entscheidet.* Es geht um eine Lernerfahrung. Wir müssen bereit sein, die Entscheidung zu akzeptieren, auch wenn wir selbst nicht so entschieden hätten.

✓ »Du kannst die Sachen, die du im Wohnzimmer hast liegen lassen, wegräumen oder ich werde sie in einen Karton tun und auf den Dachboden stellen, damit sie nicht mehr im Weg sind.«

Vielleicht lässt unser Teenager die Sachen trotzdem im Wohnzimmer liegen. Das steht jedoch nicht zur Wahl. Wir müssen also den Karton holen, die Sachen unseres Teenagers hineinräumen und auf den Dachboden bringen.

✓ »Du kannst langsam fahren oder du hältst an und ich fahre.«

Wenn unser Teenager dann langsamer fährt, werden wir uns als Beifahrer wohl fühlen? Wenn Geschwindigkeit nicht unser einziges Problem ist bei dieser Fahrt, dann machen wir die Reduzierung der Geschwindigkeit auch nicht zu einer Wahlmöglichkeit.

✓ »Deine Freunde können gerne hier schlafen, vorausgesetzt ihr seid bereit, nach Mitternacht ruhig zu sein.«

Wir erwarten Kooperation. Gleichzeitig sind wir aber bereit, die Freunde nach Hause zu fahren – oder deren Eltern anzurufen, damit sie abgeholt werden, wenn die Vereinbarung nicht eingehalten wird.

✓ »Ich bin nur bereit, die Wäsche zu waschen, die sich auch im Wäschekorb befindet.«

Das sagt unserem Teenager: »Du kannst deine Wäsche in den Korb tun oder nicht.« Wir tun, was wir gesagt haben, indem wir nur die Wäsche im Wäschekorb waschen. Wir gehen nicht herum und sammeln schmutzige Wäsche ein!

HANDELN SIE KONSEQUENZEN AUS

Wann immer es möglich ist, handeln Sie Konsequenzen mit Ihrem Teenager aus. Mit anderen Worten, *verhandeln* Sie über die Konsequenzen. Teenager akzeptieren Konsequenzen besser, wenn sie mitgeholfen haben, darüber zu entscheiden. Sie könnten fragen:

✓ »Was würdest du machen, wenn du der Vater oder die Mutter wärst?«

✓ »Was würdest du an meiner Stelle tun?«

✓ »Was würdest du als gerecht betrachten?«

✓ »Können wir zehn Minuten darüber sprechen?«

✓ »Was hältst du von folgendem Vorschlag …«

Verhandeln Sie, bevor das Problem auftaucht. Warten Sie nicht, bis das Problem oder der Machtkampf bereits eingetreten ist.

Manchmal macht verhandeln jedoch keinen Sinn. Vielleicht ist das Problem zu unbedeutend, vielleicht ist es auch zu gravierend. Vielleicht gibt es auch nicht viele brauchbare Entscheidungsmöglichkeiten.

Vielleicht weigert sich Ihr Teenager mitzuarbeiten oder er entscheidet sich für eine Konsequenz, die nicht vertretbar ist. In diesen Fällen entscheiden wir, welche Konsequenz eintreten soll. Es wird viele andere Gelegenheiten geben, mit Ihrem Teenager zu verhandeln!

4. Wir lassen die Konsequenz folgen

Wenn unser Teenager sich für eine Konsequenz entscheidet, dann muss diese Entscheidung für den Augenblick bestehen bleiben.

BEISPIEL

Norma ist 14. Sie freut sich darauf, ein Wochenende mit ihrer Jugendgruppe zu verbringen. Am Montag nach diesem Wochenende muss sie ein wichtiges Referat in der Schule abgeben. Vor zwei Wochen hat Frau S., Normas Mutter, mit ihr vereinbart: »Du kannst mit der Gruppe wegfahren, wenn du dein Referat fertig hast. Wenn es nicht fertig ist, bleibst du zu Hause.« Norma hat zugestimmt.

Am Freitagnachmittag, bevor sie wegfahren möchte, gesteht Norma ihrer Mutter: »Ich bin nicht ganz fertig geworden mit dem Referat. Ich muss noch ein Kapitel schreiben. Aber das kann ich leicht am Sonntagabend machen, wenn ich wiederkomme.« Frau S. bleibt dabei: »Wir haben vereinbart, dass du fertig bist damit, bevor du gehst.« »Aber Mama, sie brauchen mich dort. Herr C. wird es nicht verstehen, wenn ich nicht komme. Alle haben bestimmte Aufgaben zugeteilt bekommen. Es wird alles durcheinander geraten. Sie werden alle fürchterlich sauer auf mich sein!«

Frau S. bleibt freundlich und bestimmt und sagt: »Es ist schade, dass das Referat nicht fertig ist, Norma, aber das war unsere Vereinbarung.«

Vielleicht gibt es jedoch eine Gelegenheit, die Entscheidung etwas später aufgrund veränderter Voraussetzungen zu ändern.

Norma bleibt zu Hause und ist unglücklich. Freitagnacht bleibt sie in ihrem Zimmer und bringt ihr Referat zu Ende. Sie kommt nicht heraus, um mit Frau S. zu sprechen. Am Samstagmorgen klingelt das Telefon. Norma geht dran. Sie läuft in die Küche und sagt zu ihrer Mutter: »Es ist Frau C. Sie ist gestern nicht mit der Gruppe mitgefahren.

Sie fährt aber heute hin und fragt, ob ich mitfahren möchte. Kann ich gehen?« Frau S. antwortet: »Ist das Referat fertig?« Norma erwidert: »Ja, ich hab es letzte Nacht zu Ende gebracht.« Frau S. meint dazu: »Na, dann los, pack deine Sachen!«

Norma hat sich entschieden. Frau S. hat sich entsprechend dieser Entscheidung verhalten. Norma hat die Konsequenz akzeptiert und ihr Referat fertig gemacht. Jetzt hat sie die Chance, die restliche Zeit mit der Gruppe zusammen zu verbringen. Es gibt keinen Grund, weshalb Frau S. jetzt »nein« sagen sollte. Wenn sie jetzt »nein« sagen würde, wäre das eine Strafe für Norma.

WENN SIE KONSEQUENZEN EINSETZEN

1. Entscheiden Sie, um wessen Problem es sich handelt.
2. Erkennen Sie das Ziel des Fehlverhaltens.
3. Geben Sie Wahlmöglichkeiten.
4. Lassen Sie Konsequenzen folgen.

Konsequenzen: Zwei Beispiele

Wir schauen uns zwei Beispiele an, bei denen Konsequenzen eingesetzt werden.

BEISPIEL: DIE GROSSE UNORDNUNG
Nadine ist 15. Es ist Sommer. Sie spielt Volleyball in der Volleyballliga der Stadt. Das Team trainiert jeden Tag um 16.00 Uhr. Nadine ist alleine zu Hause, bis ihr Vater, Herr R., um 15.30 Uhr von der Arbeit nach Hause kommt. Herr R. bringt sie dann zum Training. An jedem Tag dieser Wo-

che ist Herr R. nach Hause gekommen und hat eine unglaubliche Unordnung vorgefunden. In der Küche stapelt sich das ungespülte Geschirr und dazwischen liegen und kleben Essensreste. CDs, Spiele und Kleidungsstücke liegen auf dem Fußboden. Herr R. ist wütend. Er fühlt sich, als ob er die ganze Arbeit machen müsste und Nadine auf nichts anderes aus wäre, als Spaß zu haben. Er sagt zu Nadine: »Du musst hier sauber machen!« Nadine denkt gar nicht daran. Es entsteht ein Machtkampf. Herr R. denkt über das Problem nach. Seine Rechte werden nicht respektiert. Es ist sein Problem.

Auf dem Weg zum Training benutzt Herr R. eine Ich-Aussage: »Wenn ich nach Hause komme zu einer solchen Unordnung, fühle ich mich wirklich ausgenutzt, weil ich eine Unordnung beseitigen soll, die ich nicht gemacht habe.« Nadine erwidert: »Papa – ich habe Ferien. Ich brauche mal ne Zeit, wo ich nichts machen muss!« Herr R. streitet nicht. Er bleibt respektvoll und sagt: »Ich brauche auch eine Zeit, in der ich nicht arbeiten muss. Wenn ich aufräumen und dich zum Training fahren muss, dann ist das zu viel für mich. Also: Ich kann sauber machen *oder* dich zum Training fahren. Was möchtest du lieber?« Nadine seufzt: »Okay. Ich räume auf. Es ist schwer, jemanden zu finden, der mich zum Training mitnimmt.«

Am nächsten Tag, als Herr R. nach Hause kommt, hat Nadine aufgeräumt. Herr R. bringt sie zum Training. Einen Tag später herrscht wieder eine gewisse Unordnung. Nadine sagt: »Papa, wir müssen zum Training!« Herr R. sagt: »Wenn ich mich hier umsehe, denke ich, du hast entschieden, jemand anderen zu finden, der dich fährt.« »Papa!«, schreit Nadine. »Ich habe *fast* alles aufgeräumt!« Herr R. sagt nichts mehr. Er beginnt damit, in der Küche aufzuräumen. Nadine ruft ein paar Freunde aus ihrem Team an, aber niemand ist zu Hause. »Der Trainer wird fürchterlich sauer sein und du bist schuld daran!«, sagt Nadine wütend. Herr R. sagt noch immer nichts. Er lässt die Konsequenz eintreten ohne sich auf einen Machtkampf einzulassen.

Wenn Sie Probleme haben beim Einsatz von Konsequenzen

Wenn Sie es schwer finden, Konsequenzen einzusetzen:

✓ Zeigen Sie eine »offene« Haltung. Geben Sie Wahlmöglichkeiten und akzeptieren Sie die Entscheidung Ihres Teenagers.

✓ Sprechen Sie in einem freundlichen Ton, der Ihren guten Willen zeigt.

✓ Vergewissern Sie sich, dass die Konsequenz zum Fehlverhalten passt.

✓ Überlegen Sie sich, welche Wahlmöglichkeiten Sie geben möchten, und bieten Sie nur Wahlmöglichkeiten an, hinter denen Sie stehen.

✓ Halten Sie sich an Ihr Wort und handeln Sie konsequent.

✓ Setzen sie schwerwiegendere Konsequenzen ein, wenn Ihr Teenager weiterhin Fehlverhalten zeigt.

Beispiel: Die gestohlenen Schuhe

Bastian ist 14. Seine Mutter, Frau M., bemerkt, dass er sehr modische neue Schuhe trägt. Frau M. weiß, dass sich Bastian solche teuren Schuhe von seinem Taschengeld nicht leisten kann. Sie fragt ihn: »Wo hast du diese Schuhe her?« Bastian antwortet: »Tobias hat sie mir gegeben. Er hat neue und wollte die nicht mehr.«

Frau M. ist klar, dass diese Schuhe neu sind. Bastian lügt. Sie ist wütend darüber. Frau M. sagt: »Bastian, wenn das wahr ist, musst du die Schuhe zurückgeben. Bitte ruf Tobias an und sage ihm, dass du ihm die Schuhe zurückgibst. Oder soll ich ihn anrufen?« Bastian runzelt die Stirn. Er sagt: »Okay – ich habe gelogen! Ich habe die Schuhe im Geschäft mitgehen lassen. Ich habe sie anprobiert und bin dann einfach gegangen, als der Verkäufer ging, um jemand anderen zu bedienen.« Frau M. starrt ihren Sohn an und Bastian schreit: »Schau mich nicht so an! Es ist nicht meine Schuld, dass du so kleinlich bist und mir nicht die Schuhe kaufst, die jeder hat!«

Frau M. ist verletzt und wütend. Außerdem macht sie sich Sorgen. Frau M. denkt darüber nach, um wessen Problem es sich handelt. Bastian hat etwas genommen, was ihm nicht gehört. Es betrifft das Eigentum von jemand anderem – in diesem Fall das Eigentum des Geschäfts. Dass Bastian Schuhe gestohlen hat, ist sowohl Bastians Problem als auch das seiner Mutter. Frau M. denkt über Bastians Ziel nach. Ihr Gefühl sagt ihr, dass es sich um mehr als nur ein Ziel handelt. Es ist klar, dass er von Gleichaltrigen akzeptiert werden möchte, indem er Schuhe trägt, die »alle« haben. Bastian möchte sich auch dafür rächen, dass seine Mutter ihm keine teuren Schuhe kauft. Frau M. erkennt also, dass Bastian von Gleichaltrigen akzeptiert werden möchte, Macht haben und sich rächen möchte. Frau M. weiß, dass der Versuch, es ihm heimzuzahlen, nur dazu führen wird, dass er sich wieder rächen möchte. Deshalb beschließt Frau M., dass sie sich weder mit ihm streiten noch es ihm heimzahlen wird. Sie braucht Zeit, um darüber nachzudenken, deshalb sagt sie zu Bastian: »Ich bin zu sehr betroffen, um jetzt etwas zu sagen. Ich brauche ein paar Minuten alleine. Dann sprechen wir weiter darüber.«

Frau M. überlegt, welche Wahlmöglichkeiten sie anbieten kann. Die Frage ist nicht ob, sondern *wie* die Schuhe dem Geschäft zurückgegeben werden. Bastian muss sie zurückgeben. Frau M. sagt: »Du musst die Schuhe dem Geschäft zurückgeben. Ich kann dich heute Abend hinfahren. Möchtest du, dass ich mit dir ins Geschäft gehe oder soll ich draußen warten? Du kannst entscheiden.«

Bastian muss die Konsequenz dessen akzeptieren, was er getan hat. Diese Wahlmöglichkeit kann ihm helfen. Wenn er Unterstützung braucht, wird ihm seine Mutter helfen. Gleichzeitig hat Frau M. ihm gezeigt, dass sie ihm noch immer genug vertraut, dass sie ihn auch alleine gehen lässt. Frau Ms. Aussage ist klar und deutlich. Sie sagt ihrem Sohn: »Du musst die Konsequenzen deines Verhaltens annehmen. Ich weiß, du kannst das Richtige tun.«

Frau M. fährt Bastian zum Schuhgeschäft. Er beschließt, ohne seine Mutter hineinzugehen. Als er zurückkommt, sagt er ihr, dass der Geschäftsführer überhaupt nicht freundlich war. »Er hat mir gesagt, dass ich Glück hatte, nicht erwischt worden zu sein. Sie rufen die Polizei, wenn jemand beim Stehlen erwischt wird. Er hat mir gesagt, ich darf nicht mehr in den Laden kommen, bis ich 16 bin.« Frau M. sagt nichts dazu. Sie sagt nicht: »Ich hoffe, das war eine Lektion für dich!« oder: »Ich hoffe, du weißt das nächste Mal, was du zu tun hast!« Würde sie in dieser Weise zu ihrem Sohn sprechen, würde sie die Konsequenz in eine Strafe verwandeln.

Dieses Beispiel zeigt uns eine respektvolle, logische Art, Konsequenzen zu verhandeln und folgen zu lassen. Genauso könnten sich Eltern in vielen anderen Situationen ihrem Teenager gegenüber verhalten.

Richtlinien beim Einsatz von Konsequenzen

Es folgen einige Richtlinien für den Einsatz von Konsequenzen.

Wir sind beides: freundlich und bestimmt

Strikt und *bestimmt* zu sein, bedeutet nicht das Gleiche. Wenn wir strikt sind, zeigen wir, dass wir der Boss sind. Wenn wir bestimmt sind, zeigen wir, dass wir Kooperation und Respekt erwarten. Durch unsere Tonlage und Körpersprache zeigen wir Freundlichkeit. Unsere Entschiedenheit wird dadurch deutlich, dass wir Konsequenzen folgen lassen.

Wir reden weniger und handeln mehr

Teenager hören nicht mehr zu, wenn ihre Eltern zu viel reden. Die beste Zeit zum Reden ist dann, wenn wir und un-

ser Teenager, freundlich – oder zumindest respektvoll –
miteinander umgehen. Wenn wir Konsequenzen einsetzen,
reden wir so wenig wie möglich und lassen unsere Handlungen für sich sprechen.

Wir streiten uns nicht und wir geben nicht nach

Wir setzen oder verhandeln Grenzen. Wir erlauben unserem Teenager, darauf zu reagieren. Wir akzeptieren dann
die Entscheidung unseres Teenagers. Wir befinden uns
nicht in einem Wettkampf und wir brauchen nicht zu »gewinnen«. Das Ziel ist, unserem Teenager zu helfen, für sein
eigenes Verhalten Verantwortung zu übernehmen.

Wir benutzen respektvolle Worte

Wenn wir Wahlmöglichkeiten geben, sprechen wir in einem freundlichen und hilfreichen, ermutigenden Ton:

- ✓ »Du kannst gerne ein Video ausleihen, wenn du damit
  einverstanden bist, kein Video mit Gewaltszenen aus-
  zuwählen.«
- ✓ »Ich rufe gerne Damians Vater wegen der Party an.
  Aber du kannst Damian auch bitten, dass sein Vater
  mich anruft. Was wäre dir lieber?«
- ✓ »Ich warte auf einen Anruf. Bitte, benutze das Telefon
  jetzt nur für fünf Minuten oder rufe später an.«
- ✓ »Wenn du das Auto benutzt, bitte achte darauf, dass
  niemand darin raucht.«
- ✓ »Du kannst gerne Plätzchen backen, vorausgesetzt du
  hinterlässt die Küche so, wie du sie vorgefunden hast.«

Wir respektieren die Entscheidung

Vielleicht nutzt unser Teenager die Konsequenz, um zu testen, ob wir tatsächlich meinen, was wir sagen. Wenn das
passiert, respektieren wir seine Entscheidung. Wir sagen
einfach: »Dein Verhalten zeigt mir, dass du eine Entschei-

dung getroffen hast« oder: »Ich sehe, du hast dich entschieden.« Wir achten dabei darauf, dass unsere Stimme
sachlich klingt und sowohl Gesichtsausdruck als auch Körperhaltung zeigen, dass wir die Entscheidung unseres Teenagers akzeptieren.

Wir sagen es deutlich, wenn es *keine* Wahlmöglichkeiten gibt

Oft bieten Eltern Entscheidungsmöglichkeiten, die sie
letztendlich nicht akzeptieren würden. Viele Eltern tun
dies, indem sie sagen: »Okay?«, »In Ordnung?« oder: »Einverstanden?«. Indem wir diese Worte mit einem Fragezei-
chen verbinden, geben wir unserem Teenager Entscheidungsmöglichkeiten.

- »Auf dieser Party wird sich keiner betrinken – in Ordnung?« Unser Teenager wird es möglicherweise so sehen, dass sich zu betrinken eine Wahlmöglichkeit ist.
- »Keine Freunde hier, während ich weg bin – okay?« Unser Teenager wird möglicherweise entscheiden, dass er
  da anderer Meinung ist.

Wenn es wirklich keine Wahl gibt, tun wir nicht so, als ob
es eine gäbe, denn das schafft nur weitere Probleme. Stattdessen sagen wir klar und deutlich, was wir erwarten:

- ✓ »Ich erwarte, dass sich niemand auf dieser Party betrinkt.«
- ✓ »Ich bin nicht einverstanden, dass deine Freunde kommen, wenn ich weg bin.«

Wir konzentrieren uns auf positives Verhalten

Nachdem wir auf Fehlverhalten mit Konsequenzen reagiert
haben, konzentrieren wir uns sobald als möglich auf das
positive Verhalten unseres Teenagers. Vielleicht haben wir
Konsequenzen folgen lassen, weil unser Teenager die ganze
Nacht weggeblieben ist, ohne zu Hause anzurufen. Wir
achten jetzt auf positive Dinge, die wir in Zukunft ermuti-

215

gen können: Freundlichkeit gegenüber einem jüngeren Bruder oder einer jüngeren Schwester, Hilfsbereitschaft im Haus, Bemühungen bei den Hausaufgaben, in der Schule oder beim Sport.

**Das Ziel von Disziplin ist,
dem Teenager *Selbstdisziplin* beibringen.**

Wir machen uns keine Sorgen darüber, was andere denken

Manchmal gehen unsere Teenager bis an die Grenzen, wenn ihre eigenen Freunde da sind – oder unsere. Dadurch stellen sie uns auf die Probe. Es ist wichtig, konsequent zu handeln. Es ist nicht leicht, entschlossen zu bleiben, wenn es Druck von anderen Teenagern oder Erwachsenen gibt. Wir senden unserem Teenager deutliche Botschaften. Unser Teenager erkennt, dass unsere Grenzen klar sind. Wir sind berechenbar und verlässlich.

Manchmal finden wir das Verhalten unseres Teenagers peinlich. Vielleicht denken wir, dass es uns als Eltern bloßstellt. Aber Teenager treffen ihre eigenen Entscheidungen und werden nicht immer so handeln, wie wir es gerne hätten. Wenn das geschieht, dann sind wir nicht immer die Ursache dafür.

Wir bleiben ruhig

Wenn wir schreien, nörgeln oder drohen, verwandeln wir eine Konsequenz in eine Strafe. Wir bleiben ruhig. Wir sind beides, freundlich und bestimmt. Wir zeigen Respekt für uns und unseren Teenager. Wenn wir wütend werden und es schwer finden, ruhig zu bleiben, *warten* wir. Wir sagen nichts. Wir gehen in einen anderen Raum, um uns zu beruhigen. Wenn wir das Zimmer nicht verlassen können, sagen wir zu unserem Teenager: »Ich bin jetzt zu wütend, um darüber zu sprechen. Wir werden später darüber reden.« Wir atmen tief durch und denken daran, welche Wahlmöglichkeiten wir geben können.

Unser Teenager wird sich nicht immer so verhalten, wie wir es uns wünschen. Wir brauchen uns deswegen nicht zu schämen.

Wir respektieren den Partner bzw. den anderen Elternteil

Erwachsene in einer Familie sind nicht immer einer Meinung, wenn es um Disziplin geht. Wenn dies innerhalb einer Familie der Fall ist, dann muss jeder Erwachsene mit dem Teenager auf seine eigene Art umgehen. Über Disziplin zu streiten, hilft unserem Teenager nicht. Er gewöhnt sich an unterschiedliche Erziehungsmethoden und lernt sich anzupassen. Wir zeigen, so gut wir können, dass wir mit dem anderen Elternteil kooperieren und ihn respektieren. Es mag schwer sein, die Meinung des anderen Elternteils zum Thema Disziplin zu akzeptieren, wenn wir getrennt leben oder geschieden sind. Solange unser Teenager jedoch nicht körperlich oder psychisch missbraucht wird, akzeptieren wir den Erziehungsstil des Anderen.

Sollte der andere Elternteil jedoch schlagen oder demütigen, so handelt es sich um *Kindesmissbrauch*. Missbrauch

217

schadet unserem Teenager. Bei Missbrauch dürfen wir nicht kooperieren. Wenn wir den Verdacht haben, dass Missbrauch vorliegt, wenden wir uns an Dritte, um Hilfe zu bekommen.

Stiefkinder akzeptieren nicht immer die disziplinierende Rolle von Stiefeltern. Wenn es sich nicht um ein Problem z.B. zwischen Stiefmutter und Stiefkind handelt, überlassen wir die Wahrung der Disziplin dem leiblichen Elternteil, mit dessen Erziehungsstil der Teenager vertraut ist. Sobald sich die Beziehung verbessert hat, kann auch der Stiefelternteil die gleiche disziplinierende Rolle übernehmen wie der leibliche Elternteil.

Wir sind geduldig

Konsequenzen sind wirkungsvoll und führen zu Selbstdisziplin. Dieser Prozess braucht jedoch Zeit. Wir ändern unsere bisherigen Reaktionen. Ein neues, vielleicht ganz anderes System entwickelt sich. Unser Teenager testet vielleicht unsere Grenzen aus. Wir bleiben geduldig mit uns selbst und unserem Teenager. Langsam werden wir Fortschritte sehen.

ÜBEN SIE, WIE SIE SICH AM BESTEN AUSDRÜCKEN

Wenn Sie eine Konsequenz festsetzen, verfolgen Sie das Ziel, Ihren Teenager etwas lernen zu lassen. Dabei sind drei Aspekte wichtig:

✓ Ihre Stimmlage,

✓ Ihre Körpersprache,

✓ die Worte, die Sie wählen.

Denken Sie an ein Problem, das Sie mit Ihrem Teenager haben. Überlegen Sie sich respektvolle Worte, mit denen Sie Wahlmöglichkeiten geben. Üben Sie vor dem Spiegel oder bitten Sie einen Freund/eine Freundin um Rückmeldung.

STEP ERMUTIGUNG

Beachten Sie, wenn Ihr Teenager sich ernsthaft bemüht. Durch ermutigende Worte helfen Sie ihm, an Selbstvertrauen zu gewinnen. Zum Beispiel:

✓ »Du hast lange daran gearbeitet (z.B. dein Fahrrad zu putzen).«

✓ »Du scheinst zufrieden mit dir zu sein, weil du Fortschritte gemacht hast.«

✓ »Danke, dass du dich an unsere Absprache erinnert hast.«

Nehmen Sie besonders zur Kenntnis, wenn Ihr Teenager kooperiert.

Sie haben einen weiteren, den fünften Schritt gemacht

In Kapitel 5 haben Sie eine Art Disziplin kennen gelernt, die sinnvoll ist:

✓ Sie haben gelernt, was das Ziel sinnvoller Disziplin ist: dem Teenager Selbstdisziplin beizubringen.

✓ Sie haben den Unterschied zwischen Strafe und Disziplin kennen gelernt.

✓ Sie haben gelernt, Grenzen zu setzen und Wahlmöglichkeiten zu geben.

✓ Sie haben erkannt, dass Sie Disziplin sinnvoll anwenden, indem Sie ihrem Teenager mit Respekt und Entschlossenheit begegnen.

✓ Sie haben über Wahlmöglichkeiten und Entscheidungen nachgedacht, die zu Ihrem Teenager passen.

✓ Sie haben erkannt, dass konsequentes Handeln wichtig ist.

✓ Sie haben geübt, so zu sprechen und sich so zu verhalten, dass sich Ihr Teenager respektiert fühlt, statt Ihre Wut zu empfinden.

FÜR IHRE **FAMILIE**

Treffen Sie sich auch weiterhin zu regelmäßigen Familienkonferenzen. Diskutieren Sie Konsequenzen für nicht eingehaltene Vereinbarungen. Wenn Sie die Konsequenzen diskutieren, sagen Sie: »Wir alle vergessen manchmal etwas. Was soll geschehen, wenn jemand eine Vereinbarung vergisst?« Möglicherweise kommen Kinder und jüngere Teenager mit Vorschlägen, die Strafen gleichkommen, wie zum Beispiel schlagen oder Hausarrest. Andere Teenager sagen vielleicht: »Ich werde es nicht vergessen.« Wenn das geschieht, erklären Sie, dass Ihnen diese Lösung nicht zusagt, und entwickeln Sie zusammen weitere Alternativen.

Bei den häuslichen Aufgaben entscheiden sich viele Familien für die Regel: »Erst die Arbeit, dann das Vergnügen.« Bevor sich die Familienmitglieder Freizeitaktivitäten zuwenden, müssen die anstehenden Aufgaben erledigt sein. Diese Regel gilt für Eltern ebenso wie für Teenager.

AUFGABE DER WOCHE

Wählen Sie ein Disziplinproblem, an dem Sie arbeiten möchten. Beginnen Sie nicht mit dem schwierigsten! Überlegen Sie sich Konsequenzen, die Sie verwenden könnten. Überlegen Sie sich, was Sie sagen und tun könnten, wenn Sie Wahlmöglichkeiten anbieten. Seien Sie konsequent, berechenbar, freundlich und bestimmt. Ziehen Sie die Konsequenzen durch.

NUR FÜR SIE DIE Rechte
VON ELTERN UND TEENAGERN

Eltern *und* Teenager haben Rechte. Das eigene Leben nur auf Ihren Teenager auszurichten, ist weder Ihnen selbst noch dem Teenager gegenüber fair.

Als Eltern haben Sie ein Recht auf:
- ✓ Freundschaften,
- ✓ Privatleben,
- ✓ Zeit für sich selbst,
- ✓ Respekt vor Ihrem Eigentum,
- ✓ ein Leben auch ohne Beteiligung der Kinder.

Ihr Teenager hat ein Recht auf:
- ✓ ein sicheres und liebevolles Zuhause,
- ✓ Freundschaften außerhalb der Familie,
- ✓ Privatleben,
- ✓ Respekt vor seinem Eigentum.

Diese Rechte können in einem Ausdruck zusammengefasst werden: *gegenseitiger Respekt*.

221

Diese Woche achten Sie besonders auf die Einhaltung dieser Rechte. Was können Sie tun, um Respekt vor den Rechten Ihres Teenagers zu zeigen?

Was können Sie tun, um Ihrem Teenager zu zeigen, dass Sie Kooperation und Respekt hinsichtlich Ihrer Rechte erwarten?

Zusammenfassung

1. Disziplin hilft einem Teenager zu lernen, verantwortungsbewusst zu sein. Disziplin hilft ihm, Selbstdisziplin zu lernen.

2. Schlüssel zu wirkungsvoller Disziplin:
   - Zeigen Sie Respekt vor Ihrem Teenager.
   - Erwarten Sie Kooperation von Ihrem Teenager.
   - Geben Sie Wahlmöglichkeiten und die Gelegenheit, Entscheidungen zu treffen.
   - Lassen Sie Konsequenzen folgen.

3. Statt Befehle zu erteilen, setzen Sie Grenzen und geben Wahlmöglichkeiten.

4. Eine Konsequenz ist die Folge einer Entscheidung, die Ihr Teenager getroffen hat. Konsequenzen sind eine Möglichkeit, Grenzen zu setzen und Entscheidungen zu ermöglichen. Konsequenzen
   - vermitteln Respekt vor Eltern und Teenager,
   - passen zum Fehlverhalten,
   - beziehen sich auf das Verhalten, nicht die Person – sie trennen Tat vom Täter,
   - beziehen sich auf die Gegenwart – nicht auf die Vergangenheit,
   - vermitteln Entschlossenheit und Freundlichkeit, lassen Entscheidungsmöglichkeiten zu.

5. Um Konsequenzen einzusetzen, gehen Sie folgende Schritte:
   - Erkennen Sie das Ziel des Fehlverhaltens,
   - entscheiden Sie, um wessen Problem es sich handelt,

- bieten Sie Wahlmöglichkeiten an,
- lassen Sie Konsequenzen folgen.

6. Konsequenzen sind nicht hilfreich, wenn ein Teenager seine Unfähigkeit unter Beweis stellt.

7. Es folgen einige Richtlinien für die Benutzung von Konsequenzen:

   ✓ Seien Sie sowohl freundlich als auch bestimmt.

   ✓ Reden Sie weniger und handeln Sie mehr.

   ✓ Streiten Sie nicht und geben Sie nicht auf.

   ✓ Benutzen Sie respektvolle Worte.

   ✓ Respektieren Sie die Entscheidung, die Ihr Teenager trifft.

   ✓ Sagen Sie klar und deutlich, wenn es keine Wahl gibt.

   ✓ Machen Sie sich keine Sorgen darüber, was andere denken.

   ✓ Bleiben Sie ruhig.

   ✓ Respektieren Sie Ihren Partner oder andere Erziehungsberechtigte, die an der Erziehung Ihres Teenagers beteiligt sind.

8. Seien Sie geduldig mit sich und Ihrem Teenager.

Tabelle 5

Konsequenzen im Alltag

Tageszeit	Tätigkeit oder Problem	Wessen Problem ist es?	Wahlmöglichkeiten (Bewahren Sie einen respektvollen Ton)	Mögliche Konsequenzen (Vorschläge)
Am Morgen/*Schultag*	rechtzeitiges Aufstehen	Teenager (der zu Fuß geht oder mit dem Bus fährt)	Stellen Sie einen Wecker zur Verfügung. Teenager stellt den Wecker und steht rechtzeitig auf oder kommt zu spät.	Wenn er zu spät kommt, kommt er mit den Folgen in der Schule selbst zurecht. Wenn er den Bus verpasst, findet er eine andere Möglichkeit (z.B. Fahrrad) oder er geht zu Fuß*.
		Eltern (wenn sie den Teenager fahren)	»Wenn du bis 7 Uhr fertig bist, fahre ich dich in die Schule. Wenn du bis dahin nicht fertig bist, findest du eine andere Möglichkeit, in die Schule zu kommen.«	Wenn der Teenager die Mitfahrgelegenheit verpasst, muss er mit dem Zuspätkommen in der Schule selbst fertig werden.
	Frühstück	Teenager	Teenager kommt rechtzeitig zum Frühstück bzw. macht das Frühstück selbst oder geht ohne Frühstück.	Wenn er kein Frühstück isst, wird er in der Schule hungrig sein.
Wochenende	unordentliches Zimmer	Teenager und Eltern	Vereinbarung, wann das Zimmer sauber gemacht wird und darüber, was »sauber« bedeutet.	Wenn das Zimmer nicht aufgeräumt und sauber gemacht wird, geht der Teenager nicht mit Freunden aus, bis das Zimmer sauber ist oder Eltern machen Aufgabentausch.
Nach der	Hausaufgaben	Teenager und Eltern	Vereinbarung, bis wann die Aufgaben gemacht sein müssen, zum Beispiel vor oder nach dem Abendessen.	Wenn die Hausaufgaben nicht gemacht wurden, macht der Teenager sie am nächsten Tag vor dem Abendessen (dann gibt es keine Wahlmöglichkeit mehr). Wenn sich ein Machtkampf entwickelt, ziehen sich die Eltern zurück und lassen ihren Teenager die Konsequenzen seines Verhaltens in der Schule erfahren. Die Eltern informieren die Schule und ziehen mit den Lehrern am gleichen Strang.

	Wer		
Schule Freunde zu Hause, wenn Eltern ausgegangen sind	Eltern	»Du kannst warten, bis ich zu Hause bin, wenn du Freunde zu Besuch haben möchtest, oder ich werde schauen, dass ein anderer Erwachsener da ist, wenn ich weg bin.«	Eltern sorgen dafür, dass ein Erwachsener da ist, um die Teenager zu beaufsichtigen.
Teenager kommt zu spät zum Essen	Teenager	Vereinbarung der Essenszeiten im Voraus.	Teenager bereitet sein eigenes Essen und isst alleine.
Am Abend Teenager hat das Geschirr nicht gespült, wie es vereinbart war	Eltern	»Ich kann in einer unordentlichen Küche nicht kochen.«	Eltern lassen das ungespülte Geschirr sich stapeln und kochen nicht.
zu viel fernsehen	Eltern	Vereinbarung bzgl. der Zeit, die der Teenager (z.B. innerhalb einer Woche) fernsehen darf. Teenager wählt unter den vereinbarten Sendungen das Programm aus.	Wenn Teenager die Grenze überschreitet, stellen die Eltern – freundlich und bestimmt – das Fernsehgerät ab.
zu viel Zeit am Telefon	Eltern	Vereinbarung über die Dauer der Telefonate oder Möglichkeit für den Teenager, einen zweiten Anschluss zu zahlen.	Wenn Teenager länger telefoniert als vereinbart, fordern Eltern den Teenager – freundlich und bestimmt – auf, das Gespräch sofort zu beenden. Teenager zahlt die ganzen oder anteiligen Kosten für den zweiten Anschluss.
Teenager möchte Leistungssport treiben	Teenager und Eltern	Teenager kann solange bei der Fußballmannschaft mitspielen wie seine Schulergebnisse nicht darunter leiden. (Schulergebnis entsprechend der Vereinbarung zwischen Eltern und Teenager).	Wenn die Noten schlechter werden, spielt Teenager für einige Zeit kein Fußball mehr.
Alkoholgenuss und Straßenverkehr	Eltern und Teenager	Eltern setzen im Voraus die Grenzen: kein Alkohol am Steuer	Problem des Teenagers: »Kater« und Ärger mit der Polizei. Problem der Eltern: Sicherheitsgefährdung. Recht des Teenagers zu fahren wird eine Zeit lang ausgesetzt. Wenn Alkohol zu einem Problem wird, suchen Eltern Hilfe für Teenager.

---

* Wenn Sie vermuten, dass Ihr Teenager nicht in die Schule geht, arbeiten Sie zusammen mit der Schule an einer Lösung.

Was machen wir, wenn …?

Teil 1

In diesem Kapitel befassen wir uns mit folgenden Aspekten:

☞ Unsere Vorgehensweise hängt von der jeweiligen Situation ab.

☞ Um zu entscheiden, wie wir vorgehen, fragen wir uns, um wessen Problem es sich handelt, was das Ziel des Teenagers ist, was unsere Absicht ist und wie wir am besten helfen können.

☞ Was die Arbeit für die Schule betrifft, ist es unsere Aufgabe, die Voraussetzungen zu schaffen, unter denen unser Teenager bereit und fähig ist zu lernen und erfolgreich zu sein.

☞ Wir können unsere STEP Fertigkeiten nutzen, um unserem Teenager zu helfen, mit alltäglichen Problemen umzugehen.

☞ Wir können unsere erworbenen Fähigkeiten nutzen, um unserem Teenager zu helfen, ernste Sicherheitsrisiken zu vermeiden.

Bisher haben wir folgende Fertigkeiten gelernt, um unserem Teenager zu helfen, verantwortungsbewusste Entscheidungen zu treffen:

1. Herauszufinden, **um wessen Problem es sich handelt**, hilft uns zu wissen, wer die Verantwortung für die Lösung übernimmt.

2. Das **Ziel des Fehlverhaltens** zu erkennen hilft uns zu entscheiden, wie wir reagieren.

3. **Aktiv zuhören** ist hilfreich, wenn es sich um ein Problem unseres Kindes handelt.

4. **Ich-Aussagen** helfen uns mitzuteilen, wie wir uns fühlen, wenn es sich um unser Problem handelt.

5. **Alternativen erforschen** ist hilfreich, unabhängig davon, um wessen Problem es sich handelt.

6. Ob wir unserem Teenager **Wahlmöglichkeiten geben** und die Gelegenheit, Entscheidungen zu treffen, ist davon abhängig, um wessen Problem es sich handelt.

7. **Ermutigung** ist der Eckstein der Beziehung zu unserem Teenager. Wir ermutigen so oft wir können.

Wie entscheiden wir, was wir tun werden?

Welche STEP Fertigkeiten wir benutzen, hängt von der jeweiligen Situation ab. Manchmal wenden wir nur eine Fertigkeit an, manchmal alle. Schauen wir uns ein Beispiel an.

BEISPIEL
CARMENS JOB
Während der Sommerferien hat die 16-jährige Carmen einen Teilzeitjob angenommen. Sie möchte damit ihr Taschengeld aufbessern. Als die Schule wieder beginnt, möchte sie gerne weiter arbeiten. Ihre Mutter, Frau M., ist der Meinung, dass die Schule wichtiger ist als der Job. Sie möchte sicher gehen, dass Carmen genug Zeit hat, sich für die Schule vorzubereiten. Deshalb betrachtet sie die Situation sowohl als ihr Problem als auch als das ihrer Tochter.

Bei einer Familienkonferenz spricht sie mit Carmen über deren Arbeit. Sie sagt: »Ich habe verstanden, dass du weiterarbeiten möchtest, auch wenn die Schule anfängt.« Carmen erwidert: »Ja – hast du damit ein Problem?« Frau M. benutzt eine Ich-Aussage: »Wenn du auch dann arbeiten möchtest, wenn die Schule wieder beginnt, mache ich mir Sorgen, dass deine Noten darunter leiden.« »Meine Noten sind in Ordnung.«, meint Carmen. Sie fügt noch in sarkastischem Ton hinzu: »Vielen Dank, dass du mir so vertraust!«

Frau M. bleibt respektvoll. Sie hört aktiv zu: »Du bist verletzt, weil du denkst, dass ich nicht an dich glaube? Aber ich vertraue dir. Ich würde dir gerne helfen, einen Weg zu finden, damit die ganze Sache funktionieren kann.« »Ich brauche deine Hilfe nicht!«, antwortet Carmen. »Ich kann das selbst regeln!« Frau M. beschließt, Carmen die Verantwortung zu überlassen. Sie setzt vernünftige Grenzen. Sie sagt: »Okay, du kannst deinen Job behalten, solange deine Noten im Vergleich zum letzten Jahr nicht schlechter werden und du an Schultagen nur bis 21 Uhr arbeitest.« Carmen ist einverstanden.

In der zweiten Woche nachdem die Schule angefangen hat, sagt Carmen zu ihrer Mutter: »Ich muss heute bis 22 Uhr arbeiten. Aber du musst mich nicht abholen, denn Frau Z., meine Chefin, hat gesagt, dass sie mich nach Hause bringt.« Frau M. meint dazu: »Wir haben vereinbart, dass du an Schultagen nur bis 21 Uhr arbeitest.« »Ich weiß! Ich habe ihr auch gesagt, sie soll mich nicht später einsetzen. Sie hat aber zu wenig Leute, sie braucht mich. Mama, es ist ein Job! Ich kann mir die Stunden nicht immer aussuchen!« erwidert Carmen. Frau M. fährt fort: »Du findest, dass ich unvernünftig bin, weil ich möchte, dass du dich an unsere Abmachung hältst?« Carmen antwortet: »Ja, es geht nicht immer, wie man es gerne hätte, wenn man einen Job hat.« Frau M. bleibt standhaft: »Carmen, es ist wichtig, dass du dich an unsere Vereinbarung hältst. Ich bin bereit, dich diese Woche noch etwas länger arbeiten zu lassen, weil deine Chefin auf dich zählt. Aber damit ist es dann genug. Wie kannst du mit ihr zu einer Vereinbarung kommen, dass du nicht wieder länger als bis 21 Uhr arbeiten musst?«

Carmen rollt mit den Augen: »Mama, was ist, wenn sie mich dann rausschmeißt?« Frau M. erwidert: »Machst du dir Sorgen, dass sie dich entlässt, obwohl sie zu wenig Leute hat?« Carmen meint dazu: »Naja, ich nehme an, dass sie mich im Augenblick braucht. Einer der Gründe, weshalb ich so lange dort bleiben soll, ist, dass sie die Kasse machen kann, während ich das Telefon übernehme. Vielleicht lässt sie mich helfen, den Kassenabschluss zu machen. Ich könnte schon mal bis 21 Uhr abrechnen ....«

Frau M. meint: »Das ist eine Idee. Du könntest ihr das vorschlagen. Vielleicht kannst du auch andere Kollegen fragen, ob sie ihre Schicht mit dir tauschen.« Carmen und ihre Mutter überlegen sich ein paar Alternativen. Carmen beschließt, ihrer Chefin zu sagen, dass sie auf jeden Fall nur bis 21 Uhr arbeiten kann. Carmen wird ihre Chefin außerdem fragen, ob sie vor 21 Uhr zusätzlich etwas erledigen kann, um ihr auf diese Weise zu helfen. Sie entschließt sich auch, den älteren Bruder ihrer Freundin zu fragen, ob er an ihrer Stelle ein paar Stunden später am Abend arbeiten könnte. Frau M. bittet Carmen: »Lass mich wissen, was dabei herauskommt.« Sie kommen überein, in der kommenden Woche, beim nächsten Familientreffen, wieder darüber zu sprechen.

Beim nächsten Treffen berichtet Carmen, dass ihre Chefin bezüglich der späten Uhrzeit sehr verständig war. Alles scheint ein paar Wochen lang gut zu laufen. Aber dann kommt die Nachricht von der Schule, dass Carmen eine 5 in Mathematik geschrieben hat. Frau M. sagt zu Carmen: »Du hast Schwierigkeiten in Mathematik.« Carmen erwidert: »Die letzte Klassenarbeit war so furchtbar schwer! Niemand hat etwas besseres als eine 4 gehabt!« Frau M. antwortet: »Carmen, wir haben die Vereinbarung, dass du solange arbeiten kannst, wie deine Noten nicht schlechter werden. Du musst den Job aufgeben, bis du wieder deine 3 hast wie zuvor.« Carmen ist wütend und schreit: »Das ist *nicht* fair! Ich habe die ganze Zeit gute Noten gehabt. Ich habe ein paar Wochen lang weniger gearbeitet, bekomme eine 5 bei dieser blöden Arbeit und schon willst du mir meinen Job wegnehmen!« Frau M. bleibt ruhig. Sie sagt: »Du kannst die Arbeit wieder aufnehmen, wenn sich deine Noten verbessert haben.« Carmen meint dazu: »Das ist doch zu blöd! Glaubst du, meine Chefin wird mich wieder nehmen, wenn ich den Job jetzt aufgebe?« Frau M. bleibt respektvoll: »Du bist wütend, weil du mich für ungerecht hältst … Aber du weißt, wir haben eine Vereinbarung.« Sie sagt nichts mehr. Carmen tobt weiter, deshalb verlässt Frau M. den Raum.

Was hat Frau M. gemacht?

Frau M. hat jedes Mal eine passende STEP Fertigkeit angewandt, um mit Carmens Verhalten umzugehen.

Zuerst hat Frau M. eine Ich-Aussage benutzt

Dadurch konnte sie ihre Gefühle respektvoll ausdrücken. Das hat Carmen gezeigt, dass sie bereit ist, über das Problem zu sprechen. Frau M. gibt keine Anordnungen.

Frau M. hat aktiv zugehört

Dadurch hat sie gezeigt, dass sie Carmens Gefühle respektiert. Frau M. hat erkannt, dass ihre Tochter denkt, sie würde ihr nicht vertrauen. Das hat Frau M. die Chance gegeben zu zeigen, dass sie an Carmen glaubt und dass sie bereit ist, ihr Verantwortung zu übergeben.

Frau M. hat Carmen Entscheidungsmöglichkeiten gegeben

Sie war freundlich, aber bestimmt. Carmen hat eine Wahl getroffen und die Verantwortung dafür übernommen.

Frau M. hat mit Carmen Alternativen gesucht

Carmen hat die Vereinbarung gebrochen, indem sie ihrer Chefin zugesagt hat, bis 22 Uhr zu arbeiten. Frau M. hat dazu nicht gesagt: »Jetzt reicht es aber! Du hast versprochen nicht so spät zu arbeiten. Du hörst sofort mit dieser Arbeit auf!« Indem sie aufmerksam zugehört hat, hat sie verstanden, dass Carmen nicht wusste, wie sie mit diesem Problem umgehen sollte. Sie hat Carmen eine Möglichkeit gegeben, die Sache wieder in Ordnung zu bringen. Frau M. ist dabei respektvoll geblieben und hat Carmen geholfen, Möglichkeiten zu finden, wie sie ihren Job behalten kann, ohne spät am Abend noch arbeiten zu müssen. Sie haben sich verschiedene Alternativen überlegt und sich dann auf einen Plan geeinigt. Carmen konnte sich so an die Vereinbarung halten. Sie hat auch gelernt, wie sie Probleme bei der Arbeit lösen kann.

Frau M. hat konsequent gehandelt

Als Carmen eine 5 in Mathematik geschrieben hat, hat Frau M. wieder aktiv zugehört. Sie hat verstanden, dass Carmen sich nicht genug auf die Klassenarbeit vorbereitet hat. Sie hat auch verstanden, dass Carmen Entschuldigungen finden möchte und auf einen Machtkampf aus ist. Frau M. ist konsequent geblieben und hat Carmen dazu gebracht, die Folgen ihrer Entscheidung – sich nicht ausreichend auf die Mathearbeit vorzubereiten – zu akzeptieren. Das war wahrscheinlich nicht leicht für Frau M. Sie hat zusammen mit Carmen daran gearbeitet, das Jobproblem zu lösen. Das hat sich gut auf ihre Beziehung ausgewirkt. Es hat ihnen geholfen, miteinander auszukommen. Der Einsatz von Konsequenzen könnte eine Zeit lang diese guten Gefühle verdrängen. Aber was würde Carmen lernen, wenn Frau M. nachgäbe? Sie würde erfahren, dass sie nicht mit den Folgen ihrer Entscheidungen leben muss. Sie würde lernen, dass ihr Fehlverhalten dazu geführt hat, dass sie der Boss ist. Sie würde nicht lernen, verantwortungsbewusst zu sein.

Was kann Frau M. noch machen?

Frau M. muss andere Gelegenheiten finden, um Carmen zu ermutigen.

✓ Sie kann Bemühungen und Verbesserungen auf anderen Gebieten bemerken.

✓ Sie kann zeigen, dass sie Carmen zu schätzen weiß.

✓ Sie kann Carmen um Hilfe bitten.

✓ Sie kann Carmen bitten, bei Familienentscheidungen mitzuhelfen.

✓ Sie kann Carmen ermutigen, ihren Job wieder aufzunehmen – oder einen anderen zu finden – sobald ihre Noten besser werden.

Auf diese Weise kann Frau M. Carmen helfen zu lernen, sowohl selbstständig als auch verantwortungsbewusst zu sein. Außerdem hilft es beiden, an einer guten Beziehung zu arbeiten.

Wenn Frau M. nicht aufgibt, wird ihre Beziehung zu Carmen durch diese Erfahrung keinen Schaden nehmen. Langfristig wird sich die Beziehung verbessern. Vielleicht muss Frau M. mit der Zeit weniger Konsequenzen folgen lassen. Carmen wird mehr Respekt vor ihrer Mutter haben. Carmen wird wissen, dass ihre Mutter von ihr erwartet, die Konsequenzen ihrer Entscheidung zu akzeptieren. Vielleicht beschließt sie dann, in Zukunft bessere Entscheidungen zu treffen.

WESSEN PROBLEM IST ES?

Fragen Sie sich:

1. Werden meine Rechte missachtet?

2. Ist unser Teenager nicht fähig, die Verantwortung zu übernehmen?

3. Könnte jemand verletzt werden?

4. Könnte das Eigentum von jemandem beschädigt werden?

Wir entscheiden, was wir tun werden

Wann immer wir mit unserem Teenager ein Problem haben, entscheiden wir zunächst, wessen Problem es ist.

Wenn es sich um ein Problem unseres Teenagers handelt

Wir haben mehrere Möglichkeiten: Wir können uns dafür entscheiden, das Problem zu ignorieren. Wir können aktiv zuhören und zeigen, dass wir unseren Teenager verstehen. Wir können anbieten, ihm bei der Lösung des Problems zu helfen.

Wenn es sich um unser Problem handelt

Wenn es sich um unser Problem handelt – bzw. um ein Problem von uns beiden, sowohl des Teenagers als auch um unser Problem – ist es wichtig, zuerst zu erkennen, mit welchem Ziel des Fehlverhaltens wir es zu tun haben. Wir reagieren so, wie es unser Teenager nicht von uns erwartet. Wir denken über unsere Absicht nach: Wir wollen unserem Teenager zeigen, dass wir ihn verstehen, und ihm helfen, unabhängig, selbstständig und verantwortungsbewusst zu sein.

Wir benutzen Ich-Aussagen, um mitzuteilen, wie wir uns fühlen. Wir arbeiten mit unserem Teenager zusammen, um Alternativen zu finden. Wenn nötig, bieten wir Entscheidungsmöglichkeiten und lassen unseren Teenager die Konsequenzen seines Verhaltens erfahren. Wir sind entschieden, respektvoll und ermutigend.

Ihr Teenager wird Sie manchmal testen. Bleiben Sie respektvoll und bestimmt.

DENKEN SIE ÜBER DAS THEMA »SCHULE« NACH

Manchmal sind Sie sich vielleicht nicht sicher, wie Sie mit dem Thema Schule umgehen sollen. Wenn das geschieht, behalten Sie folgende Aspekte im Auge:

✓ Vermeiden Sie Machtkämpfe.

✓ Nehmen Sie alle Möglichkeiten wahr, Ihren Teenager zu ermutigen.

235

Wie verhalten wir uns beim Thema »Schule«?

Die Schule gehört zum Verantwortungsbereich unseres Teenagers. Trotzdem glauben viele Eltern, dass das Problem zum Teil ihr eigenes ist, da die Zukunft des Teenagers von dem beeinflusst wird, was er in der Schule lernt.

Wir erinnern uns daran, dass wir bei Problemen unseres Teenagers mit ihm zusammenarbeiten können. Wir können ihm helfen und ihn beeinflussen. Trotzdem handelt es sich letztlich um ein Problem des Teenagers. Wir können die Arbeit nicht für ihn tun. Wir können ihn außerdem nicht zum Arbeiten zwingen, wenn unser Teenager sich *dagegen* entschieden hat.

SCHULE IST TEAMARBEIT

Stellen Sie sich den Lernprozess Ihres Teenagers als das Ergebnis von Teamarbeit vor. Die Mitglieder des Teams sind die Schule, Ihr Teenager und Sie:

✓ Die Aufgabe der Lehrer ist es, zu unterrichten.

✓ Die Aufgabe des Teenagers ist es, zu lernen.

✓ Ihre Aufgabe ist es, die Voraussetzungen zu schaffen, unter denen Ihr Teenager mit Erfolg lernen kann.

Wir schaffen die Voraussetzungen für den Erfolg in der Schule

Es folgen einige Vorschläge, wie wir unserem Teenager helfen können, in der Schule erfolgreich zu sein.

Wir ermutigen unseren Teenager, sich körperlich zu betätigen

Körperliche Betätigung hilft unserem Teenager, mit Stress besser umzugehen. Sie hilft ihm, die hormonellen und für die Pubertät spezifischen Stimmungsschwankungen besser auszugleichen und sie fördert seine Denkfähigkeit.

Wir entwickeln das Selbstvertrauen unseres Teenagers

Wir ermutigen so oft wie möglich. Ermutigte Teenager sind wissbegierig und deshalb lernwillig.

Wir fördern Verantwortungsbewusstsein zu Hause

Indem unser Teenager Verantwortungsbewusstsein zu Hause lernt, entwickelt er diese Fähigkeit auch in der Schule. Auf dieses Weise gewinnt unser Teenager Selbstvertrauen. Viele Eltern machen sich Sorgen, dass eine Arbeit nicht erledigt wird, wenn sie sie ihrem Teenager überlassen. Wir erwarten, dass die Aufgabe erfüllt wird!

Viele Eltern finden, dass sie keine Zeit haben, um ihrem Teenager beizubringen, bestimmte Aufgaben im Haus zu erledigen, z.B. wie sie den Staubsaugerbeutel wechseln oder Hemden bügeln. Wir nehmen uns die Zeit, unserem Teenager diese Fertigkeiten beizubringen, anstatt die Aufgaben selbst zu erledigen.

Wir kümmern uns um Schulangelegenheiten

Wir gehen zu Elternsprechtagen und nehmen an Schulaktivitäten wie Sportfesten, Konzerten und Theateraufführungen teil. Wir arbeiten für die Elternpflegschaft, melden uns als Klassenelternvertreter, bieten unsere Hilfe bei Schulprojekten an, für die die Unterstützung der Eltern erbeten wird.

Wir vermeiden Belohnungen und Strafen

Einige Eltern strafen ihre Kinder für schlechte Noten. Strafen helfen jungen Menschen jedoch nicht zu lernen und verantwortungsbewusst zu sein. Hausarrest, Fernsehverbot

oder der Entzug anderer Privilegien führen zu Machtkämpfen, nicht zu Kooperation.

Wieder andere Eltern bezahlen ihren Teenager für gute
Noten. Noten sind jedoch nicht so wichtig wie das Lernen
selbst. Wenn Teenager Geld für Noten erwarten, konzentrieren sie sich möglicherweise auf das Geld und nicht auf
das Lernen.

Dadurch entgeht dem Teenager die Erfahrung, dass Lernen, harte Arbeit und eine gut und erfolgreich durch-
geführte Aufgabe innere Zufriedenheit mit sich bringen.
Noten und Geld dagegen kommen von außen, von den
Lehrern bzw. den Eltern.

Wir sind da für unseren Teenager

Einige Teenager bewältigen ihre Hausaufgaben alleine, ohne jede Schwierigkeit. Sie erstellen ihren eigenen Zeitplan
und gehen ohne Mühe an die Arbeit. Wieder andere brauchen die Hilfe der Eltern, um Selbstdisziplin zu lernen:

✓ Wir setzen Grenzen, lassen aber unseren Teenager
  entscheiden, wann er am besten seine Hausaufgaben
  machen kann.

✓ Wir stellen sicher, dass unser Teenager zu Hause einen
  Platz hat, an dem er seine Hausaufgaben erledigen
  kann. Wir helfen ihm herauszufinden, mit welchen öffentlichen Verkehrsmitteln er in die Bibliothek fahren
  kann.

✓ Wir bieten unser Zuhause als einen Ort an, an dem unser Teenager zusammen mit anderen Mitschülern an einem Gruppenprojekt arbeiten kann.

✓ Wir sind anwesend, um Fragen zu beantworten oder
  mit unserem Teenager Material für eine bevorstehende
  Arbeit durchzugehen, nachdem er bereits einen Teil seiner Aufgabe erarbeitet hat.

✓ Wir zeigen Interesse an den Fächern unseres Teenagers.
  Vielleicht möchten wir auch das Buch lesen, das unser
  Teenager gerade liest. Wenn unser Teenager Politik-

unterricht hat, sprechen wir zu Hause über Politik. Wenn unser Teenager sich für Astronomie interessiert, bitten wir ihn, uns einige Sternenkonstellationen am Himmel zu zeigen.

Wir lassen zu, dass in der Schule Konsequenzen folgen

Wenn unser Teenager die Verantwortung für seine Hausaufgaben und Projekte nicht übernimmt, wird es Konsequenzen in der Schule geben. Wir lassen unseren Teenager diese Konsequenzen erleben. Wenn wir oder die Lehrer unseres Teenagers finden, dass wir unserem Teenager helfen sollten, dann benutzen wir die Fertigkeiten, die wir bislang in STEP für Eltern von Teenagern gelernt haben. Wir setzen Grenzen und bieten Entscheidungsmöglichkeiten. Wir finden zusammen Alternativen.

Wir halten uns aus Machtkämpfen heraus

Wenn andere Mittel nicht zum Ziel führen, wird unser Teenager vielleicht versuchen, Macht auszuüben oder sich zu rächen. Wir sagen ruhig zu unserem Teenager: »Ich kann dich nicht dazu zwingen, für die Schule zu arbeiten. Ich überlasse es dir. Du kannst mich fragen, wenn du meine Hilfe möchtest.« Wir sind dabei entschlossen, uns aus einem Machtkampf herauszuhalten. Wir erwarten, dass unser Teenager sich mit der Zeit entscheiden wird, Verantwortung zu übernehmen.

Wir ermutigen

Viele jungen Leute, die in der Schule nicht gut abschneiden, stellen ihre Unfähigkeit unter Beweis. Wir erinnern uns daran, dass ein Teenager, der Hilflosigkeit zeigt, sehr entmutigt ist. Deshalb bemerken und ermutigen wir unseren Teenager bei jedem kleinen Schritt, den er geht – sowohl in der Schule als auch auf anderen Gebieten. Wir konzentrieren uns auf die Stärken unseres Teenagers. Wir zeigen ihm, dass wir ihn lieben, und wir sagen es ihm auch.

Wir hören aktiv zu

Diese Fertigkeit hilft uns, mehr darüber zu erfahren, was in der Schule läuft und wo mögliche Probleme liegen. Wir sprechen miteinander über Möglichkeiten, die notwendige Hilfe zu bekommen. Wir bemühen uns auch um die Kooperation der Schule.

Wir nehmen an einem Elterntraining teil

Sich im Rahmen eines Elternkurses mit anderen Eltern auszutauschen, ist sehr hilfreich. Es ist eine gute Möglichkeit, unsere Fertigkeiten als Erzieher zu verbessern und unser Selbstvertrauen aufzubauen. Indem wir das tun, gewinnen wir als Eltern an Sicherheit. Die Zusammenarbeit mit unserem Teenager wird einfacher. Wenn Sie dieses Buch lesen, überlegen Sie sich, an einem STEP Elternkurs »Leben mit Teenagern«* teilzunehmen.

> **Ein Teenager, der mit sich zufrieden ist, ist eher bereit, Verantwortung zu übernehmen.**

Wie gehen wir mit Stimmungsschwankungen unseres Teenagers um?

In Kapitel 1 und 2 haben wir über Stimmungsschwankungen gesprochen und weshalb sie so häufig vorkommen.

Einige Stimmungsschwankungen sind normal

Wenn unser Teenager sich gelegentlich niedergeschlagen fühlt, ist es wichtig, dass wir da sind, um zuzuhören und ihn zu ermutigen. Es folgen einige Aussagen, die Eltern manchmal von Teenagern hören, und einige Vorschläge, wie wir reagieren könnten.

---

* Informationen über STEP Elterntraining finden Sie auf der Website www.instep-online.de, www.instep-online.at oder www.instep-online.ch

»Das ist mir egal.«

Einige Teenager haben eine »Null-Bock«-Haltung. Wir können dies auch als *Apathie* bezeichnen. In Wirklichkeit ist ein solcher Teenager wahrscheinlich sogar sehr betroffen. Aber er glaubt, dass er keine Kontrolle über sein Leben hat. Er braucht viel Ermutigung. Um diesem Teenager zu zeigen, dass er zählt und wichtig ist, lassen wir ihn zu Hause mitentscheiden. Wir ermutigen ihn, sich für Kurse und Aktivitäten zu entscheiden, die von besonderem Interesse für ihn sein könnten. Bei einem Teenager, der an Schulaktivitäten nicht interessiert ist, ist es besonders wichtig, kreativ zu sein.

BEISPIEL
Martin (15) fühlt sich in seiner Schule nicht dazugehörig. Er ist am glücklichsten, wenn er malen und zeichnen kann. Inzwischen hat er an allen Kunstkursen teilgenommen, die die Schule anbietet. Herr L., Martins Vater, macht sich Sorgen um ihn. Er spricht mit dem Kunstlehrer. Dieser weiß von einem besonderen Kunstkurs, der nachmittags an der VHS angeboten wird. Er spricht mit Martin darüber. Zusammen mit Martin finden sie einen Weg, dass Martin jeden Tag nach der Schule zwei Stunden an dem Kunstkurs teilnehmen kann. Er hilft ihm auch, einen Bus zu finden, der ganz in der Nähe seiner Schule zur VHS fährt.

Manchmal sind »Ist-mir-egal« und ähnliche Apathiebekundungen auch eine Art Machtausübung. Wir überprüfen unsere Gefühle, um herauszufinden, ob das der Fall ist. Wenn das so ist, vermeiden wir Machtkämpfe und lassen Konsequenzen folgen.

»Mir ist langweilig.«

»Hier gibt's einfach nie etwas zu tun!« »Die Schule ist so langweilig!« Welche Eltern haben diese Worte nicht von ihrem Teenager gehört? Viele Eltern versuchen ihrem Teenager zu helfen, indem sie sagen: »Warum machst du nicht ...?«

Das ist möglicherweise ein Fehler. Unser Teenager muss dafür verantwortlich sein, dass sein Leben interessant ist. Oft ist der Spruch »mir ist langweilig« eine Art, Aufmerksamkeit zu bekommen oder gar Macht auszuüben. Unsere beste Reaktion ist wahrscheinlich, diese Bemerkung des Teenagers zu ignorieren.

»Ich kann das nicht ... Ich habe Angst ... Was ist, wenn ...?«

Die Ängste und Sorgen eines jungen Menschen sagen uns, dass es ihm an Selbstvertrauen mangelt. Selbstvertrauen entsteht nicht über Nacht. Aber wir können unserem Teenager helfen, sich selbst mehr zu vertrauen. Wie können wir das tun?

Eine Möglichkeit ist die, eine Situation hervorzuheben, in der unser Teenager erfolgreich war. Eine andere Idee wäre, ihn zu bitten, sich an eine Situation zu erinnern, bei der er sich sicher gefühlt hat. Sollte er Angst haben oder sich Sorgen machen, schlagen wir vor, dass er sich an eine Situation erinnert, in der er sich wohl gefühlt hat. Wir können unserem Teenager auch helfen, auf andere Weise erfolgreich zu sein.

BEISPIEL
Robin (13) und sein Freund Timo (14) essen zusammen. Herr B., Robins Vater, kommt in die Küche. Timo sagt: »Robin, du solltest vorsingen, um in unseren Chor zu kommen.« Robin ist unsicher: »Ich hätte Angst, vor so vielen Menschen zu singen.« Timo möchte ihm Mut machen: »Du warst doch mit mir zusammen im Chor in der Grundschule. Ich wette, sie würden dich nehmen.« Robin zögert noch immer: »Ja, aber unser Chor im Gymnasium ist dreimal so groß!«

Herr B. sagt nichts dazu. Später spricht er Robin an und fragt, wie es wäre, wenn er versuchen würde, in den Chor aufgenommen zu werden. Er weist auf einige Situationen hin, bei denen Robin gut war, obwohl er zuvor gedacht hatte, dass er es nicht könnte. Herr B. ermutigt Robin in verschiedenen Situationen, damit Robin langsam mehr Vertrauen gewinnt. Sollte Robin versuchen, im Chor aufgenommen zu werden und es nicht schaffen, weiß Herr B., dass er entmutigt sein wird. Er kann dann Robins Mut und Bemühung anerkennen.

»Ich bin gestresst.«

Stress ist eine Reaktion auf Druck. Wenn ein Teenager entscheidet, dass das Leben zu anstrengend oder gar überwältigend für ihn ist, dann findet sein Körper oft einen Weg zu beweisen, dass er Recht hat. Er bekommt vielleicht Magenprobleme oder Kopfschmerzen, vielleicht entwickelt er auch einen nervösen Tick.

Stress bedeutet, sich Sorgen zu machen und sich unsicher zu fühlen. Wenn ein Teenager lernt, mit diesen Gefühlen umzugehen, dann wird er auch fähig sein, das Gefühl von überwältigendem Stress zu vermeiden. Wie bei so vielen anderen Dingen, bemerkt unser Teenager auch hier, wie *wir* mit Stress umgehen. Wir helfen unserem Teenager, sich zu entspannen und Entspannungstechniken zu lernen. In Kapitel 1, auf Seite 57, gibt es eine »Nur für Sie« Aktivität, die »Reduzieren Sie den Stress« heißt. Wir könnten unserem Teenager diese Entspannungsübung beibringen.

DENKEN SIE ÜBER SELBSTVERTRAUEN NACH

Denken Sie an so viele Dinge wie möglich, die Ihr Teenager richtig und gut macht.

Wenn Ihr Teenager sagt: »Ich kann das nicht«, dann erinnern Sie sich an die Dinge, die Sie zusammengetragen haben. Erinnern Sie Ihren Teenager an all das, was er gut macht und gut kann.

Bei einigen Emotionen könnte es sich um Warnsignale handeln

Manchmal geraten die Stimmungen und Gefühle eines Teenagers aus dem Gleichgewicht:

- Es ist eine Sache, traurig zu sein. Es ist etwas ganz anderes, depressiv zu sein.
- Es ist eine Sache, unglücklich über sein Gewicht zu sein. Es ist etwas ganz anderes, seinen Körper zu hassen.
- Es ist eine Sache, über etwas wütend zu sein. Es ist etwas ganz anderes, sehr oft wütend und sogar gewalttätig zu sein.
- Es ist eine Sache, verliebt zu sein. Es ist etwas ganz anderes, an nichts anderes mehr zu denken oder nicht zu sehen, wenn eine Beziehung nicht gut für einen ist.
- Es ist eine Sache, Aufregendes zu erleben und Spaß haben zu wollen. Es ist etwas anderes, wenn ein Teenager sich betrinkt oder Drogen nimmt.

In diesem Kapitel sprechen wir über drei dieser Aspekte: Depression, Essstörungen, Wut und Gewalt. In Kapitel 7 wenden wir uns Alkohol- und Drogenproblemen sowie dem Thema Sexualität, der Beziehung zu den Geschwistern und den Problemen Lügen und Stehlen zu.

DIE SYMPTOME EINER DEPRESSION

- Eine traurige oder lustlose »Null-Bock«-Stimmungslage, die nicht verschwindet, sondern lange anhält;
- der Mangel an Interesse oder Freude an normalen Aktivitäten;
- Energieverlust oder ein Gefühl der Müdigkeit, das sich hartnäckig hält;

- eine merkliche Veränderung im Hinblick auf die Arbeit in der Schule, das Gewicht, die Schlaf- oder Essgewohnheiten;
- Konzentrationsschwierigkeiten, Probleme, sich zu erinnern oder Entscheidungen zu treffen;
- ein Gefühl der Schuld, der Wertlosigkeit oder Hilflosigkeit;
- sprechen über Tod oder Suizid oder Suizidversuche;
- Übellaunigkeit, die nicht vergeht;
- häufiges Weinen;
- Schmerzen, die bei medizinischer Behandlung nicht verschwinden.

Was können Sie tun?

Wenn vier oder mehr der oben genannten Symptome länger als zwei Wochen andauern, sollte der Teenager einen Arzt oder einen Therapeuten aufsuchen. Es ist möglich, dass der Teenager Medikamente oder eine Therapie braucht. Oft kann beides hilfreich bzw. notwendig sein.

Was können wir bei einer Depression tun?

Traurigkeit und Unglücklichsein sind normale menschliche Emotionen. Ein Teenager, dessen Freundschaft mit einem Freund oder einer Freundin endet, ist oft tieftraurig. Der Teenager braucht Zeit, um zu *trauern* – um die Beziehung zu beenden, indem er akzeptiert, dass sie vorüber ist. Wenn wir jemanden verlieren, den wir sehr gemocht haben, dann sind wir traurig. Manchmal kann diese Art von Traurigkeit hilfreich sein.

Depression ist anders als Traurigkeit. Eine Depression ist ein Problem, das gewöhnlich nicht von selbst verschwindet. Sie kann emotionale oder physische Ursachen haben. Deprimierte Teenager hören auf, sich emotional weiterzuentwickeln und dazuzulernen. Oft benutzen deprimierte Teenager Alkohol oder andere Drogen, um sich zurechtzufinden. Dieses Verhalten kann die Depression verlängern oder sogar verschlimmern.

Wir suchen Hilfe

Wenn wir das Gefühl haben, dass unser Teenager depressiv ist, holen wir uns sofort Hilfe. Wir rufen unseren Arzt an, sprechen mit dem Schulpsychologen, suchen eine psychotherapeutische Praxis auf oder rufen die Telefonseelsorge an. (Weitere Hinweise – zum Beispiel über die *Bundeszentrale für gesundheitliche Aufklärung* (www.bzga.de) – finden Sie in Kapitel 7 dieses STEP Elternbuches.)

Wir bleiben in Verbindung

Es folgen einige Vorschläge, wie wir unserem deprimierten Teenager helfen können:

Wir sprechen über das Thema Suizid. Wenn in der Zeitung über einen Suizid berichtet wird oder sich in der Schule ein Suizid ereignet hat, sprechen wir offen darüber. Wir erhalten dadurch die Chance zu hören, was unser Teenager denkt. Wir können unserem Teenager auch helfen zu verstehen, was mögliche Alternativen für die Person gewesen wären, anstatt sich das Leben zu nehmen.

Wir achten auf Warnsignale. Warnsignale für Suizid sind unter »Die Symptome einer Depression«, S. 244/245, aufgelistet. Ein Teenager, der einen fehlgeschlagenen Suizidversuch unternommen hat, wird es möglicherweise wieder versuchen. Ein Teenager, der über Suizid spricht, wird sich vielleicht entscheiden, es auch zu tun. Es stimmt nicht, dass Menschen, die über Suizid sprechen, sich nicht umbringen. Die meisten Menschen, die Suizid begehen, sprechen zuvor darüber.

Wir hören zu. Was wir zu hören bekommen, wird uns
vielleicht Angst machen. Aber durch Zuhören erfahren wir,
was im Kopf unseres Teenagers vor sich geht. Wir benutzen
offene Fragen, um mehr herauszufinden.

Wir halten die Kommunikationskanäle offen. Wenn wir
mit unserem Teenager nicht gut kommunizieren können,
finden wir jemanden, der es an unserer Stelle tut. Es könnte sich dabei um eine andere Person aus der Familie handeln: vielleicht ein älterer Bruder oder eine ältere Schwester, eine Tante oder ein Onkel. Es könnte auch ein
Stiefvater oder eine Stiefmutter sein, der Vertrauenslehrer
oder ein Schulsozialarbeiter, ein Lieblingslehrer oder ein
anderer Erwachsener, dem sich der Teenager nahe fühlt. Es
ist wichtig, dass diese Person dem Teenager die Chance
gibt, über seine bedrückenden Gefühle zu sprechen.

**Wir zeigen unsere Liebe und Zuneigung und geben Er-
mutigung.** Ein Teenager, der Suizidgedanken hegt, fühlt
sich wertlos und glaubt, dass nichts besser werden kann. Es
ist wichtig, dass sich der Teenager wertgeschätzt und geliebt fühlt. Wir finden Wege, um unserem Teenager zu zeigen, dass wir ihn lieben, akzeptieren und wertschätzen.

**Die meisten Teenager, die Suizid begehen,
sprechen zuvor darüber.**

Wie verhalten wir uns bei Schlankheitskuren und schlechten Essgewohnheiten?

Jeden Tag wird unserem Teenager durch Fernsehen, Kino und Magazine suggeriert, wie der »perfekte« Körper auszusehen hat. Gleichzeitig verändert sich sein eigener Körper. Beide, sowohl Jungen als auch Mädchen, können sehr empfindlich bezüglich ihres Aussehens sein.

Viele Eltern machen sich Sorgen um ihren übergewichtigen Teenager. Andere ängstigen sich, weil ihr Teenager dauernd eine andere Diät zu machen scheint, obwohl er in den Augen der Eltern ein normales Gewicht und Aussehen hat. Viele Erwachsene haben auch ihre Probleme bezüglich ihres Aussehens, ihres Gewichts und ihrer Essgewohnheiten. Wir erinnern uns daran, dass wir Vorbild sind.

Wie verhalten wir uns, wenn unser Teenager sagt: »Ich bin fett! Ich hasse, wie ich aussehe!« Wir könnten dazu sagen: »Wie möchtest du gerne aussehen? Inwiefern weicht dein Wunschbild davon ab, wie du jetzt aussiehst?« Wir erinnern unseren Teenager daran, dass viele verschiedene Körperformen und -größen normal sind.

Wir vermeiden es, Gewicht und Essen zum Thema zu machen

Durch die folgenden Möglichkeiten können wir vermeiden, Gewicht und Essen zum Thema werden zu lassen:

Wir machen keine große Sache daraus

Wir bemühen uns, Aussehen und Essen nicht zum Mittelpunkt werden zu lassen. Wir mischen uns in die Essgewohnheiten unseres Teenagers nicht ein. Wir schlagen keine Diät vor. Wir sagen nicht: »Ein Apfel wäre besser für dich als diese Süßigkeiten.« oder: »Ich habe ein Buch/einen Artikel über eine Diät gelesen. Möchtest du sie ausprobieren?« Wenn unser Teeanger uns bezüglich einer Diät um Hilfe bittet und wir finden, dass das hilfreich sein könnte, *unterstützen* wir unseren Teenager. Wir fangen jedoch nicht immer wieder mit diesem Thema an.

Wir beobachten unser eigenes Verhalten: Worte und Taten

Sagen wir etwa: »Iss deinen Teller leer!«? Das ermutigt unseren Teenager, selbst dann noch zu essen, wenn er satt ist. Sagen wir: »Keine Mahlzeit zwischendurch, du wirst zum Abendessen keinen Hunger mehr haben!« Ernähren wir uns selbst gesund? Möglicherweise wird unser Teenager durch unsere Worte und unsere Taten beeinflusst. Sagen wir, dass wir mit unserem Aussehen unzufrieden sind?

Wir essen möglichst abwechslungsreiches Essen

Wir haben möglichst viel gesundes Essen zu Hause. Wir richten den Tag so ein, dass die ganze Familie jeden Tag zusammen essen kann oder wenigstens mehrere Male in der Woche. Wir bieten unserem Teenager ab und zu sein Lieblingsessen an. Wenn unser Teenager sehr gerne Schokoladenkekse mag, ist es in Ordnung, ein paar im Schrank zu haben.

Wir sprechen über die Bilder, die die Medien schaffen

Wir diskutieren darüber, dass die »perfekten« Körper in den Zeitschriften und im Fernsehen nicht so aussehen wie die meisten Menschen. Wir unterhalten uns mit unserem Teenager darüber, was wir im Fernsehen und in Presseartikeln darüber gelernt haben, wie ein normaler Körper aussieht. Wir teilen unserem Teenager mit, wie wir uns selbst bezüglich unseres Körpers gefühlt haben, als wir ein Teenager waren.

Wir wirken ermutigend

Das Selbstvertrauen eines Teenagers, der sich zu viele Gedanken über sein Aussehen macht, muss gestärkt werden. Wir benutzen die Fertigkeiten, die wir bezüglich Ermutigung gelernt haben, um ihm zu helfen, sich geliebt, akzeptiert, wertvoll und geschätzt zu fühlen. Wir konzentrieren uns auf die Stärken unseres Teenagers: »Du hast ein wundervolles Lächeln.« »Durch den Aerobic-Kurs hast du offensichtlich mehr Kraft bekommen.«

Eine Essstörung ist mehr als eine schlechte Essgewohnheit

Einige Teenager leiden an *Essstörungen*. Die drei häufigsten Störungen sind *Fettleibigkeit, Magersucht und Bulimie.*

DREI HÄUFIG AUFTRETENDE ESSSTÖRUNGEN

Adipositas oder Fettleibigkeit. In den meisten Fällen, isst ein Teenager, der fettleibig – sehr übergewichtig – ist, zu viel. Das Essen ist zur Sucht geworden.

Anorexia nervosa oder Magersucht. Diese Essstörung tritt gewöhnlich bei Mädchen auf. Das Mädchen glaubt, es sei fett, obwohl es dünn ist. Es hungert, um auf keinen Fall »fett« zu sein.

Bulimie oder Ess-Brechsucht. Auch diese Essstörung kommt bei Mädchen häufiger vor als bei Jungen. Genauso wie bei der Magersucht, fühlt sich der Teenager fett, obwohl er schlank ist. Aber der Teenager isst viel zu viel und erbricht das Essen dann absichtlich wieder, damit er nicht zunimmt. Bei Magersucht und Bulimie verwenden Teenager oft Laxative (Abführmittel) oder nehmen Diätpillen.

Beispiel

Frau W. ist besorgt um ihre 18-jährige Tochter Laura.
Laura ist sehr dünn, obwohl sie sich darüber nicht im Klaren zu sein scheint. Sie kritisiert oft ihr eigenes Aussehen.
Am Telefon sagt sie zu ihren Freunden: »Ich kann Simon
nicht mal einen Blick auf mich werfen lassen, bevor ich
nicht noch 5 Pfund abgenommen habe!« Sie steht vor dem
Spiegel und sagt: »Schau dir bloß diese fetten Arme an.«

Frau W. hat bemerkt, dass Laura bei den Mahlzeiten
ziemlich viel isst. Es macht daher keinen Sinn, dass sie
dennoch immer mehr abnimmt. Eines Abends nach dem
Essen, als Frau W. am Badezimmer vorbeigeht, hört sie,
dass Laura sich übergibt. Am folgenden Abend isst Laura
wieder ziemlich viel beim Abendessen. Nachdem Laura
den Tisch verlassen hat, sagt ihr Bruder Ralf: »Ich wette,
sie steckt sich den Finger in den Hals!« Frau W. fragt ihren
Sohn: »Weshalb sagst du das?« Ralf erwidert: »Das macht
sie in der Schule auch. Alinas Schwester hat sie gesehen.«

Bulimie ist eine ernste Angelegenheit. Was kann Frau W.
tun, um Laura zu helfen?

Frau W. kann Ich-Aussagen benutzen und aktiv zuhören

Sie kann zu Laura sagen: »Wenn ich sehe, dass du immer
dünner wirst, mache ich mir Sorgen, dass du krank wirst.«
Wenn Laura sich weigert zu sehen, dass sie zu dünn ist,
könnte Frau W. sagen: »Ich habe gehört, wie du dich übergeben hast. Wenn du absichtlich erbrichst, macht mir das
Angst. Es scheint, dass du das Erbrechen herbeiführst, und
das ist nicht gut für deinen Körper.« Vielleicht wird Laura
wütend und antwortet: »Du hast kein Recht vor dem Badezimmer zu stehen und mich zu belauschen! Kann ich nir-
gends alleine sein?« Frau W. könnte dazu sagen: »Du bist
wütend auf mich, weil du findest, dass ich dir nachspionie-
re. Eigentlich habe ich dich nur zufällig im Vorbeigehen
gehört, Laura. Aber ich mache mir große Sorgen. Weshalb
glaubst du, dass du dünner sein musst?«

251

Frau W. könnte zusammen mit Laura Alternativen erkunden

Das ist ein schwieriger Balanceakt. Frau W. muss aktiv zuhören und Laura zeigen, dass sie versteht, wie Laura sich fühlt. Sie muss Laura so weit als möglich Verantwortung für sich übernehmen lassen. Sie muss respektvoll bleiben. Frau W. könnte Laura fragen, was sie unternehmen möchte, um zu verhindern, dass sie sich übergibt und dadurch weiter abnimmt.

Frau W. muss professionelle Hilfe suchen

Frau W. muss Laura im Auge behalten und mit ihr darüber sprechen, wie die Situation sich entwickelt. Wenn sie feststellt, dass Laura noch immer zu dünn ist oder sich merkwürdig verhält, handelt es sich um ein Problem von Frau W., denn Lauras Gesundheit und Sicherheit sind gefährdet. Frau W. wird dafür sorgen müssen, dass Laura Hilfe bekommt. Sie kann mit einem Arzt sprechen und herausfinden, wo es eine Klinik für Essstörungen gibt, oder einen Therapeuten suchen. Der Schulsozialarbeiter könnte ihr helfen, geeignete professionelle Hilfe zu finden.

Ein Teenager, der an einer Essstörung leidet, ist entmutigt. Er fühlt sich unfähig, seinen Körper unter Kontrolle zu haben. Der Körper wird zum Feind.

Ein fettleibiger Teenager hat anfangs Essen vielleicht als Ersatz für Kameradschaft und Freundschaft benutzt oder auf diese Weise einfach mehr Aufmerksamkeit gesucht. Schließlich entwickelt sich Essen möglicherweise zur Sucht. Der Teenager fühlt, dass das Essen ihn kontrolliert, statt dass er Kontrolle darüber hat, was und wie viel er isst.

Ein Teenager, der an Magersucht oder Bulimie leidet, sieht möglicherweise seine Eltern oder andere Erwachsene als zu sehr kontrollierend. Er fühlt sich entmutigt. Vielleicht glaubt er, dass das einzige, das er kontrollieren kann, sein Körper ist. Er weigert sich möglicherweise, überhaupt Essen zu sich zu nehmen. Oder aber er versucht sein Körpergewicht zu kontrollieren, indem er sich »vollstopft« und dann erbricht. Dieses Essverhalten kann auch zu einer Abhängigkeit führen. Dann fühlt der Teenager möglicherweise, dass er nicht einmal seinen Körper kontrollieren kann.

Bei jeder Art von Essstörung braucht ein Teenager die Hilfe eines Arztes oder eines Psychotherapeuten. Teenager mit Essstörungen brauchen außerdem von ihren Eltern soviel Liebe und Ermutigung wie möglich.

Wie gehen wir mit Wut und Gewalt um?

Gewalt ist allgegenwärtig. Wir sehen sie im Fernsehen. Wir lesen darüber in der Zeitung. Für manche Menschen gehört Gewalt zum familiären Alltag. Eltern sorgen sich über zu viel Gewalt an Schulen, auf der Straße usw. Das Wichtigste, das wir tun können, ist selbst *keine Gewalt* anzuwenden – und damit unserem Teenager beibringen, dass es möglich ist, ein Leben ohne Gewalt zu führen.

Wir erinnern uns daran, dass wir unserem Teenager Modell und Vorbild sind. Schlagen ist eine Form der Gewalt. Wenn wir andere schlagen, sieht unser Teenager vielleicht das Schlagen als akzeptables Verhalten eines Erwachsenen. Es gibt keinen Grund, weshalb ein Mensch einen anderen schlagen sollte. Schreien hilft auch nicht. Wenige Menschen möchten kooperieren, nachdem sie durch Brüllen eingeschüchtert wurden.

Schlagen und Schreien lösen keine Probleme. Sie verschlimmern sie. Auf Seite 113 in Kapitel 3 finden wir mehr Vorschläge, was wir tun können, wenn uns nach schlagen oder schreien zumute ist.

Wir helfen unserem Teenager, mit Wut und Zorn umzugehen

Genauso wie Sie manchmal traurig oder aufgeregt sind, können auch Teenager sehr wütend werden.

Wenn die Wut gegen uns gerichtet ist, lassen wir uns auf keinen Machtkampf oder Rachefeldzug ein. Wutanfälle brauchen Zuschauer – wir stellen uns nicht als Zuschauer zur Verfügung!

Wenn sich der Zorn nicht gegen uns richtet, könnten wir

✓ aktiv zuhören, um unseren Teenager wissen zu lassen, was wir verstanden haben: »Du bist wütend auf Marco. Möchtest du darüber sprechen?«;

✓ betonen, dass die Wut verhindert, dass ein Problem gelöst wird: »Ich frage mich, was du tun könntest, um dich besser zu fühlen?«;

✓ später, wenn sich unser Teenager beruhigt hat, darüber sprechen, wie wir mit der Wut umgehen können. Manche Teenager finden, dass eine körperliche Betätigung ihnen hilft, mit Wut umzugehen, *und* verhindern kann, dass sie überhaupt erst so wütend und zornig werden. Andere Teenager möchten vielleicht Musik hören, eine/n Freund/in anrufen, in ein Tagebuch schreiben, zeichnen oder malen. Wir betonen, dass Wut die Lösung eines Problems verhindert. Wir helfen unserem Teenager zu erkennen, dass beide Beteiligte sich gut fühlen, wenn sie das Problem gemeinsam lösen. Beide haben dann die Kontrolle über die Situation. Keiner braucht wütend zu sein.

Ein Teenager, der sehr oft wütend ist, braucht professionelle Hilfe. Das gilt sowohl für die Wut auf die Eltern als auch auf andere Menschen.

Wir begrenzen den Einfluss von Gewalt in Fernsehen, Kino, Comics, Computerspielen und Musikvideos auf unseren Teenager

Es ist in Ordnung, in unserer Familie Regeln aufzustellen, die den Einfluss von Gewalt in den Medien betreffen. Wir haben das Recht zu erwarten, dass unser Teenager unserem Wunsch nach gewaltfreiem Fernsehen, gewaltfreien Computerspielen und Internetseiten, gewaltfreier Musik und Kommunikation in sozialen Netzwerken entgegenkommt und sich kooperativ verhält.

Wir wissen alle, dass dieses Thema nicht einfach ist. Ein 16-Jähriger kann leicht in einen Film ab 18 gehen. Eine 14-Jährige kann Gewalt im Fernsehen sehen. Ein 12-Jähriger kann ein Comic-Heft verstecken. Außerdem besuchen alle Teenager ihre Freunde zu Hause, wo oft andere Regeln gelten.

Es ist wichtig, dass wir mit unserem Teenager darüber sprechen, weshalb wir diese Grenzen stecken. Bevor wir Vereinbarungen diesbezüglich mit unseren Teenagern treffen, ist es hilfreich sich – insbesondere über die Nutzung des Internets – auf www.klicksafe.de oder www.polizei-beratung.de zu informieren. Wir schauen uns einige Programme selbst an, um zu entscheiden, wo wir Grenzen setzen. Wir schauen auch *gemeinsam mit* unserem Teenager Fernsehen. Das ist eine gute Art, mit dem Thema »Gewalt in den Medien« umzugehen.

Verschiedene Menschen bewerten Gewalt, und wie viel davon sie zu akzeptieren bereit sind, unterschiedlich. Einige Eltern fühlen sich wohl bei Western und Science-fiction-Geschichten. Andere wiederum finden, dass Boxen eine gewalttätige Angelegenheit ist. Wir denken über unsere eigene Einstellung zu Gewalt nach. Wir nehmen uns die Zeit, unserem Teenager unsere eigene Einstellung zu erklären. Wir hören uns auch an, was unser Teenager über seine Gefühle bezüglich Gewalt zu sagen hat. Wir erforschen Alternativen, wenn es darum geht, welches Programm in Ordnung ist und welches nicht.

255

Manchmal machen Eltern unbedachte Äußerungen, so dass Teenager glauben, ihre Eltern wären für Gewalt.

Teenager sind auch besorgt, wenn es um Gewalt geht

Vielleicht werden wir feststellen, dass unser Teenager mit uns über Gewalt sprechen möchte, denn junge Menschen sind auch besorgt über die Gewalt, der sie im Alltag begegnen.

BEISPIEL
Julius ist 14. Er geht in eine neue Schule, in die 9. Klasse. Einige Jungen, die Mitglieder einer gewaltbereiten Clique sind, möchten, dass Julius sich ihnen anschließt. Einer der Jungs warnt ihn, sich nicht mit Carina sehen zu lassen, ein

Mädchen, das Julius aus der Parallelklasse kennt. Julius sagt zu dem Jungen: »Ich möchte nicht zu eurer Clique gehören. Ich möchte niemandem wehtun. Lass mich in Ruhe.« Julius hat Angst. Er erzählt zu Hause seinen Eltern, Herrn und Frau G., was passiert ist: »Ich weiß, dass sie mich nicht in Ruhe lassen werden. Was soll ich denn machen?«

In diesem Fall haben wir es mit einem großen Problem zu tun. Cliquen dieser Art respektieren oft nicht die Rechte anderer Menschen. Jemand könnte verletzt werden. Julius kann mit diesem Problem nicht alleine fertig werden.

Was können Herr und Frau G. tun?

Sie können zunächst auf Julius' Gefühle achten. Julius muss wissen, dass sie für ihn da sind. Das ist jedoch nicht genug. Herr und Frau G. können keine vollkommen sichere Welt schaffen. Aber sie können Julius helfen, Banden zu meiden:

- Sie können Julius sagen, dass er das Richtige gemacht hat. Zu den Jungs »nein« zu sagen, hat viel Mut erfordert. Es hat gezeigt, dass er weiß, was richtig ist.

- Sie können darüber sprechen, was Julius das nächste Mal tun kann. Sie können ihn fragen, welche Vorschläge er hat. Möglicherweise hat er einige gute und einige weniger gute Ideen. Herr und Frau G. müssen sich diese Vorschläge anhören, damit sie ihm helfen können, das Beste, d.h. das Sicherste zu tun. Wenn sie mit Julius sprechen, können sie auch ihre Ideen einbringen.

- Sie können Julius helfen, Pläne zu machen, wie er in der neuen Schule Freundschaft schließen kann mit Jugendlichen, die keiner gewaltbereiten Clique angehören. Vielleicht möchte Julius einen Sport in einem Verein ausüben. Vielleicht möchte er in einer AG (z.B. Theater oder Orchester) oder für die Schülerzeitung aktiv sein.

- Sie müssen sich außerdem mit der Schule in Verbindung setzen, um mehr über Gruppenbildungen in Julius' Schule herauszufinden. Was unternimmt die Schule bezüglich dieser Gruppierungen? Was schlägt die Schule vor, um Julius zu helfen, sich in der neuen Schule sicher und wohl zu fühlen?

Herr und Frau G. können nach anderen Möglichkeiten Ausschau halten, um Julius zu helfen, sich sicher zu fühlen, wenn sie beide arbeiten und Julius am Nachmittag alleine zu Hause ist:

- Vielleicht gibt es Aktivitäten an der Schule nach dem Schulunterricht oder im Gemeindezentrum, an denen er teilnehmen kann.

- Vielleicht gibt es auch eine kirchliche Einrichtung (in der katholischen oder evangelischen Kirche, der Synagoge oder Moschee), die sich nach der Schule als sicherer Aufenthaltsort anbietet und wo er Hausaufgaben machen oder/und seine Freizeit verbringen kann.

Wir helfen unserem Teenager, gewaltbereiten Gruppen aus dem Weg zu gehen

Banden sind ein ernstzunehmendes Problem. Niemand kann Banden einfach verschwinden lassen. Als Eltern können wir unseren Teenagern jedoch helfen zu vermeiden, sich mit Banden einzulassen. Was können wir tun?

Wir helfen unserem Teenager, sich geliebt zu fühlen, indem wir ihn ermutigen

Indem wir unseren Teenager akzeptieren, helfen wir ihm, sich angenommen, anerkannt und geschätzt zu fühlen. Wir alle brauchen die Gewissheit, dass wir geliebt werden – auch unser Teenager. Er wird dann weniger geneigt sein, in einer gewaltbereiten Clique nach »Liebe« und Anerkennung zu suchen.

Wir helfen ihm, sich stark zu fühlen

Teenager müssen sich stark fühlen. Indem wir vernünftige Grenzen setzen und Entscheidungsmöglichkeiten anbieten, geben wir unserem Teenager eine gewisse Kontrolle. Wir bieten ihm viele Gelegenheiten, Entscheidungen zu treffen. Es wird dann weniger wahrscheinlich sein, dass er sich einer dominierenden Gruppe anschließt, um Macht auszuüben.

Wir lassen unseren Teenager spüren, dass er gebraucht wird

Unser Teenager muss wissen, dass er für uns wichtig ist. Wir zeigen dies, indem wir von ihm erwarten, dass er kooperiert. Wir zeigen dies auch, indem wir ihm Verantwortung übergeben, ihn um Vorschläge und Hilfe bitten. Wir können unserem Teenager auch sagen, wie viel uns seine Hilfe bedeutet. Wir können unserem Teenager helfen, sich als wichtigen Teil der Familie zu erachten. Es wird dann weniger wahrscheinlich sein, dass er sich eine gewaltbereite Clique als »Familienersatz« sucht.

STEP ERMUTIGUNG

Bemerken Sie, wenn Ihr Teenager hilfsbereit ist. Beachten Sie, wenn er sich verantwortungsbewusst zeigt. Benutzen Sie freundliche Ich-Aussagen oder sagen Sie einfach: »Ich habe es bemerkt/gesehen.« Zum Beispiel:

- ✓ »Ich habe bemerkt, dass du den Hund gebadet hast. Er riecht jetzt wirklich gut!«
- ✓ »Ich habe gesehen, dass du heute Morgen den Saft gepresst hast. Danke schön.«

Sie sind einen weiteren, den sechsten großen Schritt gegangen

In Kapitel 6 haben Sie gelernt, dass Sie die Fertigkeiten und Vorgehensweisen, die Sie bei STEP gelernt haben, auf vielfältige Weise anwenden können:

✓ Sie haben gelernt, welche Fragen Sie sich selbst stellen, damit Sie sich entscheiden, was Sie tun können.

✓ Sie haben Möglichkeiten erkannt, wie Sie Ihre Fertigkeiten einsetzen können, um Ihrem Teenager zu helfen, mit alltäglichen Problemen umzugehen.

✓ Sie haben über Möglichkeiten nachgedacht, wie Sie Ihrem Teenager helfen können, ernste Probleme zu vermeiden oder zu lösen.

✓ Sie haben sich an die Bedeutung von Ermutigung erinnert.

FÜR IHRE **FAMILIE**

Halten Sie auch weiterhin Familienkonferenzen ab. Wenn Sie zusammen kommen, erinnern Sie alle an den Zweck der Zusammenkunft:

✓ schöne Erlebnisse und gute Gefühle auszutauschen,

✓ zusammen Spaß zu haben,

✓ miteinander Pläne zu schmieden,

✓ über Probleme zu sprechen und einander zu helfen.

Fragen Sie Ihre Familie: »Wie fühlt ihr euch bezüglich unserer Treffen? Wie helfen sie uns als Familie?« Sollte Ihre Familie Schwierigkeiten haben, zusammen zu arbeiten, sprechen Sie darüber. Achten Sie auf Gefühle. Teilen Sie auch Ihre eigenen Gefühle mit. Bitten Sie um Vorschläge, wie die Zusammenarbeit besser klappen könnte. Treffen Sie dazu Vereinbarungen.

AUFGABE DER WOCHE

Wenn Probleme auftauchen, denken Sie darüber nach, *bevor* Sie handeln. Denken Sie über Ihr eigenes Ziel nach. Entscheiden Sie, wie Sie am besten helfen können. Fragen Sie sich:

1. Um wessen Problem handelt es sich?
2. Was ist das Ziel meines Teenagers?
3. Kann ich auf Gefühle achten?
4. Kann ich eine Ich-Aussage verwenden?
5. Können wir Alternativen erforschen?
6. Kann ich Wahlmöglichkeiten geben?
7. Wie kann ich meinen Teenager ermutigen?

Planen Sie, wie Sie damit anfangen können, gemeinsam mit Ihrem Teenager das Problem zu lösen.

NUR FÜR SIE WAS IST IHRE Priorität?

Wir alle möchten dazugehören. Auf welche Weise Sie versuchen dazuzugehören, ist abhängig von Ihren *Prioritäten* – jenen Dingen, die Ihnen am wichtigsten sind.

Eine Reihe von Prioritäten haben mit der Art zu tun, wie Sie Ihre Beziehungen mit anderen Menschen gestalten.

Um Ihre eigenen Prioritäten zu finden, machen Sie folgenden Test. Denken Sie über jeden der folgenden Aspekte nach. Was ist Ihnen am wichtigsten? Setzen Sie eine »1« davor. Setzen Sie eine »2« vor den Aspekt, der Ihnen am zweitwichtigsten ist. Die anderen bewerten Sie entsprechend mit »3« und »4«.

___ A. Ich möchte vermeiden, abgelehnt zu werden.
___ B. Ich möchte vermeiden, dass mir etwas peinlich ist.
___ C. Ich möchte Stress oder Konflikt vermeiden.
___ D. Ich möchte vermeiden, unproduktiv zu sein.

A. Wenn Sie diesen Punkt mit einer »1« gekennzeichnet haben, ist Ihr Wunsch, *anderen zu gefallen*, wahrscheinlich Ihre wichtigste Priorität. Sie möchten von anderen gemocht werden.

B. Wenn Sie diesen Punkt mit einer »1« bewertet haben, dann ist wahrscheinlich *Kontrolle* Ihre wichtigste Priorität. Sie möchten bestimmen und Verantwortung übernehmen. Sie möchten von niemandem kontrolliert werden.

C. Wenn Sie diesen Punkt mit einer »1« versehen haben, dann ist *Bequemlichkeit/Gelassenheit* wahrscheinlich Ihre höchste Priorität. Sie möchten Stress oder Konflikte vermeiden.

D. Wenn Sie diesen Punkt mit einer »1« bewertet haben, dann ist wahrscheinlich *Perfektion* Ihre wichtigste Priorität. Sie möchten Ihrem Leben Bedeutung geben.

In der folgenden Tabelle werden einige Möglichkeiten aufgezeigt, wie sich die unterschiedlichen Prioritäten bei Ihnen und Ihrem Teenager auswirken können.

Priorität	Vorteile für Sie	Nachteile für Sie	Vorteile für Ihren Teenager	Nachteile für Ihren Teenager
Gefallen wollen	Sie kommen möglicherweise gut mit anderen aus. Sie wissen wahrscheinlich, was andere wollen.	Vielleicht fühlen Sie sich (und werden auch tatsächlich) ausgenutzt und nicht respektiert.	Er erlebt wahrscheinlich selten Konflikte und fühlt sich schnell verstanden.	Möglicherweise respektiert er die anderen nicht oder er nutzt sie aus.
Kontrolle	Wahrscheinlich denken Sie sehr logisch und sind sehr organisiert.	Sie finden es schwer, anderen Menschen nahe zu kommen und Gefühle mitzuteilen.	Er lernt Grenzen zu akzeptieren und sich zu organisieren.	Er sieht sich vielleicht vielen Machtkämpfen ausgesetzt, hat möglicherweise Angst, Gefühle mitzuteilen.
Bequemlichkeit/ Gelassenheit	Sie sind wahrscheinlich sehr umgänglich, haben wenige Konflikte.	Möglicherweise haben Sie das Gefühl, dass Sie zu kurz kommen und zu wenig Erfolgserlebnisse haben.	Er erlebt wenig Konflikte, kann eigene Interessen verfolgen.	Vielleicht bleiben seine Interessen unerkannt, scheinen unwichtig.
Perfektionismus	Sie sind wahrscheinlich sehr fähig und kreativ.	Sie fühlen sich überlastet und tragen zu viel Verantwortung.	Er ist wahrscheinlich kreativ, sieht das Leben positiv.	Er fühlt sich möglicherweise nicht gut genug, hat das Gefühl perfekt sein zu müssen.

- Welche positive Auswirkung hat Ihre Priorität auf Ihr Leben und auf Ihren Erziehungsstil?
- Welche negative Auswirkung hat Ihre Priorität?
- Welche Änderungen möchten Sie vornehmen?

Zusammenfassung

1. Ihre Vorgehensweise ist abhängig von der jeweiligen Situation.

2. Um zu entscheiden, was Sie tun, fragen Sie sich, um wessen Problem es sich handelt, welches Ziel der Teenager mit seinem Verhalten erreichen möchte, welche Absicht Sie verfolgen und wie Sie am besten helfen können.

3. Was die Schule betrifft, besteht Ihre Aufgabe darin, die Voraussetzungen zu schaffen, die es Ihrem Teenager ermöglichen, zu lernen und erfolgreich zu sein. Sie tun dies, indem Sie

   - Ihren Teenager ermutigen, gesund zu leben und verantwortungsbewusst zu sein,

   - sich in der Schule engagieren und mit anderen Eltern kommunizieren,

   - Belohnungen und Bestrafungen vermeiden,
     für Ihren Teenager da sind,

   - Konsequenzen eintreten lassen,
     ermutigen.

4. Stimmungsschwankungen sind normal. Hören Sie aktiv zu und benutzen Sie Ich-Aussagen, um Ihrem Teenager zu helfen. Mischen Sie sich nicht ein, wenn Ihr Teenager Aufmerksamkeit erlangen oder Macht ausüben möchte.

5. Eine Depression unterscheidet sich von Traurigkeit. Sie kann sowohl emotionale als auch physische Ursachen haben.

6. Um Ihrem Teenager zu helfen, eine positive Einstellung zu seinem Körper zu entwickeln:

- machen Sie Gewicht und Essen nicht zu einem zentralen Thema,
- stellen Sie viel gesunde Nahrung zur Verfügung und ein paar ganz besondere Lieblingsmahlzeiten für zwischendurch,
- sprechen Sie über die »perfekten« Körper, die in den Medien präsentiert werden,
- ermutigen Sie Ihren Teenager.

7. Sollte Ihr Teenager deprimiert sein oder an einer Essstörung leiden, holen Sie sich Hilfe. Kommunizieren Sie mit Ihrem Teenager. Zeigen Sie ihm, dass Sie ihn lieben, und ermutigen Sie ihn.

8. Um Gewaltlosigkeit zu fördern, entscheiden Sie sich, nicht zu schlagen. Setzen Sie Grenzen hinsichtlich gewalttätiger Fernsehprogramme, Filme, Comics, Computerspiele und Musik und sprechen Sie mit Ihrem Teenager darüber.

9. Um Ihrem Teenager zu helfen, mit Wut und Zorn umzugehen:

- hören Sie aktiv zu und benutzen Sie Ich-Aussagen,
- helfen Sie ihm, einen Weg zu finden, um das Problem zu lösen,
- sprechen sie mit ihm über Möglichkeiten, Zorn und Wut zu vermeiden und Ärger loszuwerden.

10. Um Ihrem Teenager zu helfen, gewaltbereite Gruppen zu meiden, ermutigen Sie ihn, organisierte Aktivitäten (z.B. in der Schule, im Verein, im Gemeindehaus) auszuüben. Arbeiten Sie daran, dass Ihr Teenager sich geliebt, stark und gebraucht fühlt.

11. Sie können die Sicherheit Ihres Teenagers nicht garantieren. Sie können ihm jedoch helfen, ernste Probleme zu vermeiden und gute Entscheidungen zu treffen.

Tabelle 6

Wirkungsvolle Vorgehensweisen, Probleme anzugehen

Vorgehensweise (STEP Fertigkeiten)	Wessen Problem ist es?	Was ist Ihre Absicht?	Was können Sie sagen?
Aktiv zuhören	Teenager	zu zeigen, dass Sie das Problem Ihres Teenagers verstehen.	»Du klingst sehr besorgt wegen der Klausur.« »Bist du verletzt, weil Thomas mit Julia tanzen geht?«
Ich-Aussagen	Eltern	respektvoll zu sagen, welche Wirkung das Verhalten Ihres Teenagers auf Sie hat.	»Wenn du deine Nase und deine Augenbrauen piercen lässt, bin ich besorgt, dass du eine Infektion bekommst.« »Wenn du dir Werkzeug ausleihst und es nicht zurücklegst, bin ich frustriert, weil ich es nicht finde, wenn ich es brauche.«
Alternativen erforschen	Teenager	Ihrem Teenager zu helfen, zu entscheiden, wie er Probleme lösen kann.	»Welche Möglichkeiten kannst du dir vorstellen, dieses Problem zu lösen?« »Welchen Vorschlag ziehst du vor?« »Willst du das bis _____ ausprobieren?«

Vorgehensweise (STEP Fertigkeiten)	Wessen Problem ist es?	Was ist Ihre Absicht?	Was können Sie sagen?
	Eltern bzw. Eltern und Teenager	Mit Ihrem Teenager Vereinbarungen zu treffen.	»Was können wir tun, um das Problem, das wir haben, zu lösen?« »Sind wir beide mit diesem Vorschlag einverstanden?« »Was sollen wir tun, wenn einer von uns die Vereinbarung nicht einhält?«
Konsequenzen	Teenager	unserem Teenager zu ermöglichen, Entscheidungen zu treffen und aus den Konsequenzen zu lernen.	Der Teenager, der seinen Mantel an einem kalten Tag vergisst, wird frieren. Der Teenager, der sein Training ausfallen lässt, wird beim nächsten Spiel nicht mitspielen (Regeln, die der Trainer aufstellt, nicht die Eltern).
	Eltern bzw. Eltern und Teenager	Wahlmöglichkeiten zu geben oder mit Ihrem Teenager Vereinbarungen zu treffen und Konsequenzen für ein Problemverhalten aufzustellen.	Der Teenager, der sein Taschengeld schnell ausgegeben hat, bekommt kein Geld zusätzlich, sondern erst dann, wenn es regulär wieder ansteht. Der Teenager, der zu spät nach Hause kommt, geht am nächsten Abend nicht aus.

Was machen wir, wenn …?

Teil 2

In diesem Kapitel befassen wir uns mit folgenden Themen:

☞ Von Geschwistern können wir erwarten, dass sie miteinander auskommen und ihre Probleme gemeinsam lösen.

☞ Wir können daran arbeiten, das Vertrauen zwischen uns und unserem Teenager aufzubauen, und wir können unsere STEP Fertigkeiten benutzen, wenn Lügen oder Stehlen zu einem Problem werden.

☞ Es ist wichtig, dass wir mit unserem Teenager über die Themen Liebe, Sexualität und die Folgen sprechen.

☞ Mit unseren STEP Fertigkeiten können wir unserem Teenager helfen, auf Drogen zu verzichten.

☞ Wir können all unsere STEP Fertigkeiten nutzen, um eine tragfähige Beziehung zu unserem Teenager aufzubauen.

In Kapitel 6 haben wir verschiedene STEP Strategien betrachtet, die wir bei bestimmten Herausforderungen mit unserem Teenager anwenden können. In Kapitel 7 schauen wir uns weitere Möglichkeiten an, wie wir mit anderen Herausforderungen umgehen, die unseren Teenager betreffen.

SIEBEN HILFREICHE FERTIGKEITEN BEIM UMGANG MIT UNSEREM TEENAGER

1. Herauszufinden, **um wessen Problem es sich handelt** hilft uns zu wissen, wer die Verantwortung für die Lösung übernimmt.

2. **Das Ziel des Fehlverhaltens** zu erkennen, hilft uns zu entscheiden, wie wir mit STEP anders als bisher reagieren können.

3. **Aktiv zuhören** ist hilfreich, wenn es sich um ein Problem unseres Teenagers handelt.

4. **Ich-Aussagen** helfen uns, über unsere Gefühle zu sprechen, wenn es sich um unser Problem handelt.

5. **Erforschen von Alternativen** ist nützlich, unabhängig davon, um wessen Problem es sich handelt.

6. Ob wir unserem Teenager **Wahlmöglichkeiten geben** und die Gelegenheit, Entscheidungen zu treffen, ist abhängig davon, um wessen Problem es sich handelt.

7. **Ermutigung** ist der Eckstein unserer Beziehung zu unserem Teenager. Wir ermutigen, so oft wir können.

Was ist zu tun, wenn Geschwister sich streiten?

Geschwister kämpfen oder streiten oft miteinander. Die Streitereien verschwinden nicht immer von selbst, wenn

Kinder zu Teenagern heranwachsen. Die Streitereien kommen möglicherweise so häufig vor, dass viele Eltern glauben, dass sie »normal« sind. Die Eltern *erwarten*, dass sich die Geschwister streiten.

BEISPIEL

Fabian ist 15 und Justus ist 12. Sie sind Brüder. Justus ist gerne mit Fabian und seinen Freunden zusammen. Er folgt ihnen ins Wohnzimmer, um mit ihnen zusammen fern zu sehen. Er geht auch mit ihnen Fußball spielen.

Fabian möchte lieber mit seinen Freunden alleine sein. Er ist auf Justus wütend und sagt: »Lass uns in Ruhe! Geh und finde ein paar kleine Kinder, mit denen du spielen kannst!« Es dauert nicht lange, bis Fabian und Justus sich in den Haaren haben.

Oft versuchen die Jungs ihren Vater, Herrn H., in den Streit hineinzuziehen. Justus sagt: »Fabian ist gemein zu mir. Er lässt mich in unserem Wohnzimmer nicht fernsehen!« Manchmal sagt Fabian zu seinem Vater: »Sag ihm, dass er mich und meine Freunde in Ruhe lassen soll.«

BESCHLIESSEN SIE, WAS SIE TUN MÖCHTEN

Denken Sie über Ihr Ziel bzw. Ihre Absicht nach. Entscheiden Sie, wie Sie am besten helfen können. Fragen Sie sich:

1. Um wessen Problem handelt es sich?
2. Was ist das Ziel des Fehlverhaltens unseres Teenagers?
3. Kann ich auf Gefühle achten und aktiv zuhören?
4. Kann ich eine Ich-Aussage benutzen?
5. Können wir Alternativen finden?
6. Kann ich Wahlmöglichkeiten geben?
7. Wie kann ich unseren Teenager ermutigen?

271

Was kann Herr H. tun?

Es ist Fabians und Justus' Problem, miteinander auszukommen. Der Versuch, den Streit zu schlichten, macht
die Situation möglicherweise noch schlimmer. Unabhängig
davon, was Herr H. tut, wird wahrscheinlich einer der Jungen finden, dass ihr Vater für den anderen Partei ergreift.

Wenn Teenager und jüngere Kinder miteinander streiten,
haben sie oft ein Ziel. Möglicherweise möchten sie die Aufmerksamkeit ihrer Eltern. Vielleicht wollen sie ihren Eltern
auch zeigen, dass sie tun können, was sie wollen. Sie möchten zeigen, dass sie die Macht dazu haben. Ein Kind ärgert
das andere möglicherweise, weil es annimmt, dass das Ge-
schwisterkind der »Liebling« der Eltern ist. Das Ziel könnte
sein, es den Eltern heimzuzahlen.

Herr H. kann sich aus dem Konflikt heraushalten

Herr H. kann Fabian und Justus nicht dazu bringen, besser
miteinander auszukommen, aber er kann sich weigern sich
einzumischen. Wenn er damit anfängt, werden die Streitereien zwischen Fabian und Justus vielleicht zuerst schlimmer, bevor sich die Situation entspannt. Die Jungen versuchen möglicherweise, ihren Vater wieder in ihre
Auseinandersetzung hineinzuziehen, indem sie einander
anschwärzen. Herr H. könnte sagen: »Das ist ein Problem
zwischen deinem Bruder und dir. Ich weiß, ihr werdet eine
Lösung finden.« Das zeigt den Jungen, dass ihr Vater
glaubt, dass sie miteinander auskommen können.

Herr H. kann eine Konsequenz folgen lassen

Wenn Schlagen, Beißen und Treten Teil der Auseinandersetzung sind, dann wird es auch zu einem Problem für Herrn
H. Dann kann er eine Konsequenz folgen lassen. Er kann sagen: »Ich fürchte, dass einer von euch verletzt wird. Ihr
könnt das Problem ohne schlagen lösen oder ihr geht für eine Weile auseinander.« Sollten die beiden Jungs die Hand-
greiflichkeiten fortsetzen, hält sich Herr H. an seine Ankün-
digung. Wenn Fabians Freunde da sind, wird er sie nach
Hause schicken und die beiden Jungen trennen müssen.

Herr H. kann jedem der Jungen helfen, Alternativen zu finden

Wenn Justus Fabian nie alleine lässt, ist das Fabian gegenüber nicht fair. Herr H. könnte aktiv zuhören, um herauszufinden, weshalb Justus seine Zeit nicht mit eigenen Freunden verbringt. Er könnte Justus helfen, andere Dinge zu finden, die er tun kann. Er könnte ihm helfen, Möglichkeiten zu finden, respektvoller zu sein. Vielleicht würde Fabian dann mehr Zeit mit Justus verbringen wollen.

Herr H. kann auch Fabian ermutigen, respektvoll zu sein. Vielleicht braucht Fabian Hilfe, um herauszufinden, wie er am besten mit Justus umgehen kann.

DENKEN SIE ÜBER DEN STREIT IHRER KINDER NACH

Überlegen Sie, wann Ihre Kinder streiten.
Fragen Sie sich:

1. Was mache ich normalerweise, wenn unsere Kinder sich streiten?
   Ist meine Reaktion hilfreich?
2. Was kann ich anders machen?
   Entscheiden Sie, was Sie das nächste Mal tun werden, wenn Ihre Kinder sich streiten.
   Halten Sie sich an Ihren Plan.

Wie reagieren wir auf Lügen und Stehlen?

Manchmal lügen Teenager. Manchmal nimmt ein Teenager etwas, das ihm nicht gehört. Das bedeutet nicht, dass unser Teenager zu einem Lügner oder einem Dieb heranwächst.

Erwachsene lügen auch

Die meisten Eltern sehen Lügen als ein Zeichen, dass ihr Teenager ihnen nicht vertraut. Aber Erwachsene lügen ebenfalls, z.B. in folgenden Situationen:

- Das Telefon klingelt, als die Eltern gerade mit niemandem sprechen möchten. Die Eltern sagen zu ihrem Teenager: »Sag ihr, dass ich nicht zu Hause bin.«

- Um Geld zu sparen, geben Eltern vor, dass ihr 13-jähriger Sohn noch keine 12 Jahre alt sei, damit sie eine billigere Eintrittskarte für das Kino bekommen.

Das mag sich nicht nach viel anhören. Aber was lernen junge Menschen, wenn ihre Eltern nicht ehrlich sind? Sie lernen, dass es manchmal in Ordnung ist zu lügen.

Teenager kennen die Notlügen, die Erwachsene benutzen, nur zu gut.

Lügen hat ein Ziel

Teenager lügen möglicherweise, um Aufmerksamkeit von ihren Eltern oder von Gleichaltrigen zu bekommen. Vielleicht lügen sie auch, um einer Bestrafung zu entgehen oder um sich zu rächen. Manchmal lügen Teenager, um ihre Freunde zu beeindrucken.

BEISPIEL

Charlotte ist 16. Ihre Familie ist gerade von Bayern nach Nordrhein-Westfalen gezogen. Charlotte fährt gerne mit ihrem Skateboard. Sie möchte sich mit einer Gruppe anfreunden, in der viel Skateboard gefahren wird. Charlottes Mutter, Frau O., hört, wie ihre Tochter am Telefon mit einem ihrer neuen Freunde spricht. Sie erzählt, dass sie in Bayern einen berühmten Skateboarder gekannt hat. Sie fügt hinzu, dass Skateboardszenen für Musikvideos mit ihr gedreht worden sind. Frau O. weiß, dass Charlottes Geschichten nicht wahr sind.

Was kann Frau O. machen?

Frau O. ist wahrscheinlich betroffen, Charlotte beim Lügen zu ertappen. Dennoch handelt es sich um Charlottes Problem, wenn sie ihren Freunden Lügen erzählt.

Frau O. kann sich entscheiden, die Lügen zu ignorieren

Mit der Zeit wird sich Charlotte mit ihren neuen Freunden wahrscheinlich besser fühlen. Dann wird sie nicht mehr das Gefühl haben, dass sie lügen muss, um von ihren Freunden akzeptiert zu werden. Andererseits werden die Freunde Charlotte vielleicht nicht glauben. Die Konsequenz, die sich daraus ergibt, wenn ihre Freunde sie beim Lügen ertappen, wird ihr vielleicht helfen, in Zukunft eine bessere Entscheidung zu treffen.

Frau O. kann Charlotte positive Aufmerksamkeit schenken

Charlottes Lügen sagen ihrer Mutter, dass sie sich sehr unsicher fühlt. Ohne über die Lügen zu sprechen, kann Frau O. Charlotte positive Aufmerksamkeit schenken. Sie könnte Eigenschaften hervorheben, die sie zu einer guten Freundin machen. Frau O. könnte zum Beispiel sagen: »Danke, dass du meine Bücher in die Bibliothek gebracht hast. Ich weiß es zu schätzen, dass ich mich auf dich verlassen kann.« Sie könnte auch sagen: »Du bist oft in der Lage, die positive Seite von Situationen zu sehen. Das hilft mir, wenn ich mich schlecht fühle. Ich bin sicher, deine Freunde schätzen das auch an dir.«

Frau O. kann aktiv zuhören und Ich-Aussagen benutzen

Frau O. könnte sich entscheiden, Charlotte eine Chance zu geben, über ihre Gefühle zu sprechen. Sie könnte zu ihrer Tochter sagen: »Ich habe gehört, was du heute am Telefon gesagt hast. Mir scheint, dass du deine Freunde beeindrucken möchtest.« Wenn Charlotte bereit ist zu sprechen, hat Frau O. die Chance, ihr zu helfen, über die möglichen Konsequenzen von Lügen nachzudenken: »Wenn ich höre, dass du Lügen erzählst, bin ich besorgt, dass deine neuen Freunde herausfinden werden, dass du nicht die Wahrheit sagst. Hast du darüber nachgedacht, was dann passieren wird?«

Frau O. kann Charlotte helfen, Alternativen zu finden

Alternativen zu erforschen, kann Charlotte helfen, »laut zu denken«. Sie kann dadurch erkennen, dass es wahrscheinlich Wege gibt, ohne zu lügen Freunde zu finden. Charlotte erfährt dadurch auch, dass ihre Mutter glaubt, dass sie fähig ist, Freunde zu finden.

Alternativen erforschen kann Ihrem Teenager helfen, »laut zu denken«.

Lügen ist eng verbunden mit Vertrauen

Wenn unser Teenager uns anlügt, werden unsere Rechte nicht respektiert. Dann handelt es sich um unser Problem. Bei einer einmaligen Lüge entscheiden wir uns vielleicht, das Problem zu ignorieren. Wenn wir das jedoch zu oft tun, signalisieren wir unserem Teenager, dass sich Lügen lohnt – dass es funktioniert.

BEISPIEL

Kilian ist 14. Freitagabends will er oft bei seinem Freund Knut über Nacht bleiben. An einem Samstagmorgen kommt Kilian nach Hause und riecht nach Bier. Sein Vater, Herr M., stellt fest: »Du riechst nach Bier. Habt ihr gestern Abend Bier getrunken?« »Nein«, erwidert Kilian, »wir haben nichts getrunken, aber Knuts Vater hat ein paar Freunde zu Besuch gehabt und sie haben getrunken. Deshalb rieche ich jetzt wahrscheinlich nach Alkohol.« »Aha«, meint Herr M. dazu.

In der nächsten Woche kommt Kilian müde und schlecht gelaunt nach Hause. Seine Augen sind blutunterlaufen. Seine Mutter, Frau M., ist besorgt: »Kilian, du siehst aus, als hättest du einen Kater. Habt ihr getrunken?« Kilian antwortet: »Mama, ich hab dir doch gesagt, dass wir nichts trinken!« Frau M. lässt nicht locker: »Aber du kommst immer wieder sehr müde nach Hause.« Kilian verteidigt sich: »Die ganze Woche habe ich viel für die Schule zu tun und ich schlafe wenig. Es ist ganz normal, dass ich am Samstag müde bin.« Frau M. hat einen Vorschlag: »Vielleicht solltet ihr hier übernachten.« Kilian antwortet aufgebracht: »Traust du mir nicht?« Frau M. meint dazu: »Natürlich vertraue ich dir, aber ...« Kilian unterbricht ungehalten: »Knut hat viel mehr Fernsehkanäle und er wohnt ganz in der Nähe der Schule. Wir sind schnell beim Fußballstadion. Ich bin gerne bei ihm!« Frau M. seufzt: »In Ordnung, in Ordnung. Dann mach mal besser einen Mittagsschlaf.«

277

Was können Herr und Frau M. tun?

Im Grunde ihres Herzens wissen Herr und Frau M., dass Kilian Alkohol getrunken hat. Sie wollen dieser Tatsache jedoch nicht ins Auge sehen. Stattdessen akzeptieren sie lieber seine Lügen. Was lernt Kilian daraus? Er lernt, dass sich Lügen für ihn auszahlen. Er wird ermutigt, weiter zu lügen und daraus eine Gewohnheit werden zu lassen. Vielleicht lernt er auch, dass seine Eltern nicht wirklich an ihm interessiert sind. Außerdem erlaubt ihm die Haltung seiner Eltern, weiter zu trinken. Kilians Eltern müssen einen Weg finden, mit den Lügen *und* dem Alkoholkonsum ihres Sohnes umzugehen.

Sie können Ich-Aussagen benutzen und aktiv zuhören

Herr und Frau M. können zu Kilian sagen: »Wir sind besorgt, wenn wir angelogen werden. Wir wissen, du machst etwas, von dem du weißt, dass es falsch ist.« Kilian wird darauf vielleicht antworten: »Ich verstehe nicht, weshalb ihr mir nicht vertraut!« Daraufhin könnten seine Eltern aktiv zuhören und eine Ich-Aussage benutzen: »Du findest, dass wir unfair sind, weil wir dir nicht vertrauen. Aber wenn du nicht ehrlich bist, fühlen wir uns auch nicht fair behandelt. Wir würden dir gerne vertrauen, aber im Augenblick können wir nicht.« Kilians Eltern bleiben dabei ruhig. Vielleicht werden sie dann mehr über die Ereignisse an den Freitagabenden erfahren.

Sie können Konsequenzen folgen lassen oder über mögliche Konsequenzen verhandeln

Kilian muss mit den Folgen seiner Lügen leben. Vielleicht sagen seine Eltern: »Weil du dich entschieden hast, uns anzulügen, gehst du diesmal Freitagnacht nicht weg. Nächste Woche bekommst du wieder Gelegenheit, uns die Wahrheit zu sagen.« Sie könnten ihren Sohn auch fragen: »Wir können Lügen nicht akzeptieren. Was willst du tun, um unser Vertrauen wieder zu gewinnen?«

Herr und Frau M. könnten Wahlmöglichkeiten anbieten

Für zukünftige Übernachtungen am Freitag könnten sie verschiedene Wahlmöglichkeiten anbieten:

✓ »Du kannst zu Knut über Nacht gehen, wenn uns sein Vater versichert, dass ihr keinen Alkohol trinkt. Ansonsten könnt ihr beide, Knut und du, gerne hier schlafen.«

✓ »Wir können dich zum Fußballspiel fahren und dich abholen. Wir nehmen Knut auch gerne mit. Oder du findest etwas, das du zu Hause tun kannst. Du entscheidest.«

✓ »Du kannst mit deinen Freunden gerne hier sein, vorausgesetzt ihr trinkt nichts Alkoholisches.«

Wir schaffen Voraussetzungen, die den Teenager ermutigen, die Wahrheit zu sagen

Teenager brauchen Freiräume und Vertrauen. Vertrauen ist eine schwierige Angelegenheit. Wir können nicht verhindern, dass wir irgendwann von unserem Teenager angelogen werden. Indem wir uns jedoch an folgende Richtlinien halten, erleichtern wir es unserem Teenager, die Wahrheit zu sagen.

Wir setzen vernünftige Grenzen

Wir stellen keine unrealistischen Erwartungen auf. Zu allem »nein« zu sagen ist unrealistisch: »Du darfst diesen Film nicht sehen.« »Nein, du darfst nicht mit Katrin fahren.« »In unserem Haus hörst du keine solche Musik!« »Ich möchte nicht, dass du dich mit Diana triffst!« Wenn unser Teenager dauernd »Du *darfst nicht*« zu hören bekommt, dann denkt er vielleicht, dass er keine andere Möglichkeit hat als zu lügen.

279

Wir spielen nicht Detektiv

»Wo bist du gewesen?« »Mit wem warst du zusammen?« »Was hast du gemacht?« »Warum hast du das gemacht?« Zu viele geschlossene Fragen bringen unseren Teenager möglicherweise dazu zu lügen.

Schnalle dich an und fahre mit niemandem, der sich nicht selbst anschnallt. Wenn die Band Lieder spielt mit Schimpfwörtern drin, halte dir die Ohren zu. Wenn du auch nur einen siehst, der trinkt, ruf mich an, ich hole dich sofort ab. Ich möchte nicht von den Nachbarn zu hören bekommen, dass du dich schlecht benommen hast. Flirte nicht, lass dich nicht befummeln. Rauche keine Zigaretten. Bleibe mindestens 10 km unter der Geschwindigkeitsgrenze. Wenn Leute von dieser unmöglichen Schule da sind, geh woanders hin... Viel Spaß!

Blah blah blah blah blah blah blah blah blah blah blah blah blah blah blah....

Es ist nicht realistisch, alles zu verbieten.

Wir sorgen dafür, dass unser Teenager keine Angst zu haben braucht, die Wahrheit zu sagen

Wenn Eltern ihren Teenager bestrafen oder ihn herabsetzen, machen sie es schwer für ihn, die Wahrheit zu sagen.

Was können wir tun, damit unser Teenager keine Angst und genug Vertrauen hat, um ehrlich zu uns zu sein? Wir sind respektvoll. Wir lassen Konsequenzen folgen, statt zu strafen.

BEISPIEL
Tessa, 17 Jahre alt, betritt das Zimmer. Sie ist offensichtlich traurig.
   Sie berichtet ihrer Stiefmutter, Frau F.: »Ich habe am Freitag das Training geschwänzt. Mein Trainer hat das herausgefunden und gesagt, dass ich diese Woche nicht spielen darf. Ich kann nicht verstehen, warum ich das gemacht habe!« Frau F. antwortet: »Du klingst sehr enttäuscht, weil du nicht spielen darfst.«

Frau F. sagt nicht: »Wie kannst du dich erdreisten, nicht zum Training zu gehen?« oder: »Du hast mich wirklich enttäuscht!« Sie weiß, dass Tessa sich sowieso schon schlecht fühlt. Frau F. sagt auch nicht: »Dafür gibt's Hausarrest!« Der Trainer hat bereits eine Konsequenz auf Tessas Fehlverhalten folgen lassen. Weil ihre Stiefmutter respektvoll bleibt, weiß Tessa, dass sie keine Angst zu haben braucht, ihrer Stiefmutter die Wahrheit zu sagen – selbst dann, wenn sie etwas falsch gemacht hat.

Wir erwarten Ehrlichkeit von unserem Teenager

Wir manipulieren nicht, um unseren Teenager bei einer Lüge zu ertappen. Das zeigt unserem Teenager, dass wir von ihm *erwarten*, dass er lügt. Wir lassen ihn dadurch wissen, dass wir ihm nicht vertrauen können.

Wir zeigen, dass wir die Wahrheit zu schätzen wissen

»Ich bin nicht bereit zu akzeptieren, was du getan hast, und wir müssen darüber sprechen, wie wir damit umgehen. Aber ich weiß, dass es viel Mut gekostet hat, es mir zu erzählen. Ich bin sehr froh, dass du das getan hast.«

281

Lügen ist ein Zeichen für ein Problem in unserer Beziehung. Wenn unser Teenager uns anlügt, tun wir alles, um die Kommunikation mit ihm zu verbessern.

Unser Teenager hat uns angelogen – was können wir tun?

1. **Wir brechen nicht in Panik aus!** Ein oder zwei Lügen machen unseren Teenager nicht gleich zu einer schlechten Person. Es bedeutet weder, dass unser Teenager nun dauernd lügen wird, noch dass wir unserem Teenager niemals wieder vertrauen können. Wir erinnern uns daran, dass wir die Tat vom Täter trennen wollen.

2. **Wir benutzen Ich-Aussagen.** »Wenn du mir nicht die Wahrheit sagst, bin ich wirklich enttäuscht, weil ich mich bisher immer auf das verlassen konnte, was du mir gesagt hast.« Dadurch sagen wir unserem Teenager, wie wir uns fühlen. Es zeigt, dass wir unseren Teenager noch immer respektieren.

3. **Wir gehen mit dem Ereignis sachlich um.** Wir beschuldigen nicht. Wir beziehen uns auf die spezifische Situation. Wenn nötig, lassen wir logische Konsequenzen folgen: »Ich weiß, deine Freunde waren hier, als wir weg waren, weil ich den Rauch riechen kann. Das nächste Mal, wenn wir ausgehen, gehst du entweder mit uns oder zu Tante Renate.«

Je mehr Akzeptanz, Ermutigung und Vertrauen in Ihrer Beziehung eine Rolle spielen, desto weniger wahrscheinlich ist es, dass Ihr Teenager Sie anlügt.

Auch Stehlen hat ein Ziel

Manchmal stehlen Teenager um der Aufregung willen oder um ihre Freunde zu beeindrucken. Beim Stehlen kann es aber auch darum gehen, Aufmerksamkeit zu erlangen, Macht zu demonstrieren, oder sich zu rächen.

BEISPIEL

Julia ist 15. Sie geht mir ihrer Freundin Caroline einkaufen. Sie probiert eine Bluse und eine Hose an. Caroline meint: »Julia, du siehst einfach voll cool aus! Die musst du dir kaufen!« Julia schaut sich die Preise an und sieht, dass beide zusammen 80 Euro kosten. Julia sagt: »Niemals, ich hab nicht so viel Geld.« Caroline meint dazu: »Vielleicht würde deine Mutter sie dir kaufen.« Julia weiß es besser: »Bestimmt nicht – ich bekomme monatlich 30 Euro für Kleidung.« Caroline erwidert: »Vielleicht bekommst du einen Vorschuss für nächsten Monat.« Für Julia ist klar: »Nein, das wird meine Mutter niemals tun.« Caroline drängt weiter: »Julia, das sieht so cool aus.« Julia sagt nichts mehr. Aber sie kann nicht aufhören, über die Sachen nachzudenken.

Am gleichen Abend sieht Julia den Geldbeutel ihrer Mutter, Frau N., in der Küche liegen. Frau N. ist im Badezimmer. Julia öffnet den Geldbeutel und sieht ein Bündel mit 20-Euroscheinen. Schnell nimmt sie sich vier davon.

Am nächsten Tag geht Julia nach der Schule wieder in das Geschäft. Sie kauft die Hose und die Bluse. Am gleichen Abend kommt Frau N. in Julias Zimmer, um gute Nacht zu sagen. Am Morgen hatte sie bereits bemerkt, dass 80 Euro in ihrem Geldbeutel fehlen. Jetzt sieht sie Julias neue Hose und ihre neue Bluse. Sie schaut sich die Preisschilder an. Sie ist schockiert und verletzt und sagt zu Julia: »Wie ich sehe, hast du dir etwas Neues gekauft.« Julia reagiert gereizt: »Was soll das denn heißen?« Frau N. entgegnet: »Weshalb sollte es irgendetwas heißen?« »Du hast diese merkwürdige »Schnüffelstimme«, die ich so hasse.«, giftet

Julia. Frau N. bleibt ruhig: »Julia, hast du Geld aus meinem Geldbeutel genommen, um die Sachen zu kaufen?« Julia starrt Frau N. mit zusammengekniffenen Augen an und sagt: »Wie hätte ich es mir sonst kaufen können? Es würde Monate dauern, bis ich das Geld zusammengespart habe mit dem bisschen Geld, das ich jeden Monat von dir bekomme! Keine meiner Freundinnen muss ihre eigenen Klamotten kaufen!«

Was kann Frau N. tun?

Frau N. ist verletzt. Sie möchte am liebsten sagen: »Wie kannst du es wagen, dir einfach Geld von mir zu nehmen!« Sie fragt sich: »Wie konnte es geschehen, dass meine eigene Tochter so verwöhnt ist?« Sie denkt kurz darüber nach, zu Julia zu sagen: »Das reicht! Du hast Hausarrest!«

Aber Frau N. möchte mit Julia nicht in einen Rachefeldzug verwickelt werden. Sie denkt darüber nach, was sie erreichen möchte: Julia zu helfen, für ihre Fehler Verantwortung zu übernehmen und sie zu ermutigen, nicht wieder zu stehlen.

BEISPIEL

Frau N. spricht über ihre Gefühle, indem sie eine Ich-Aussage trifft: »Wenn du mich bestiehlst, bin ich verletzt und enttäuscht. Ich möchte dir vertrauen, aber es sieht so aus, als ob ich das nicht könnte.« Julia sagt: »Ich hasse es, immer mein Geld sparen und mich entscheiden zu müssen, was ich kaufen kann und was nicht. All meine Freunde haben mehr Geld als ich.« Frau N. hört aktiv zu: »Fühlst du dich benachteiligt, weil deine Freunde sich mehr Kleidung kaufen als du?« Julia starrt ihre Mutter wütend an. Sie sagt zynisch: »Du hast es erkannt!«

Frau N. bleibt respektvoll: »Wie willst du mir die 80 Euro zurückgeben?« Julia erwidert: »Das wird ewig dauern, mit dem bisschen Geld, das ich bekomme!« Frau N. antwortet: »Du bekommst genug, um mir das Geld in weniger als drei Monaten zurückzuzahlen.« Julia wehrt sich: »Aber dann habe ich überhaupt kein Geld!« Frau N. denkt weiter: »Gibt es eine Möglichkeit, wie du dir etwas dazuverdienen kannst?« Julia funkelt ihre Mutter an: »Schon möglich, aber das bedeutet, dass ich babysitten muss, und das hasse ich!«

Frau N. erkennt, dass Julia noch immer auf Konfrontation aus ist. Sie bleibt ruhig und respektvoll: »Bitte denke heute darüber nach. Morgen Abend kannst du mir sagen, was du tun möchtest, um mir das Geld zurückzuzahlen. Ich bin sicher, dir fällt etwas ein.«

Wenn ein Teenager im Geschäft stiehlt

Wenn wir glauben, dass unser Teenager etwas aus einem Geschäft gestohlen hat, fragen wir, woher es kommt. Wir lassen unseren Teenager die Konsequenzen seines Verhaltens erfahren. Wir könnten sagen: »Du musst es zurückbringen. Möchtest du, dass ich mitgehe?« Wenn die Polizei beteiligt ist, geraten wir nicht in Panik. Etwas mit der Polizei zu tun zu bekommen, kann eine einschneidende Wirkung für viele Teenager haben. In Kapitel 5, Seite 212, geht es auch um Ladendiebstahl.

EIN WORT ÜBER WIEDERHOLTES LÜGEN UND STEHLEN

Wenn Ihr Teenager immer wieder lügt und stiehlt, handelt es sich um ein ernstes Problem. Holen Sie sich Hilfe für Ihren Teenager. Sprechen Sie mit dem Vertrauenslehrer, dem Schulsozialarbeiter an der Schule Ihres Teenagers oder einem Arzt Ihres Vertrauens, der Ihnen einen Therapeuten für Kinder und Jugendliche empfehlen kann.

Was ist mit Liebe, Partnerschaft, Sexualität und Sex?

Manche Eltern gehen mit den Themen Liebe, Partnerschaft, Sexualität und Sex um, indem sie sich *nicht* damit befassen. Sie vermeiden es, darüber zu sprechen, und hoffen, dass ihr Teenager alleine damit zurecht kommt und sich nicht in Gefahr bringen wird.

Andere Eltern versuchen, ihrem Teenager Sex zu verbieten. Sie sagen ihrem Teenager nur, dass es falsch ist, Sex zu haben und dass er warten soll. Sie helfen ihrem Teenager nicht zu erkennen, dass Sexualität und sexuelle Gefühle ebenso natürlich und normal sind wie Liebe und Partnerschaft. Diese Eltern helfen ihrem Teenager nicht, sich bezüglich seines Körpers in dieser Veränderungsphase gut zu fühlen.

Keine dieser Vorgehensweisen hilft einem Teenager, gute Entscheidungen hinsichtlich Sex zu treffen. Liebe, Partnerschaft und Sexualität sind Teil unseres Lebens. Wir können nicht zu unserem Teenager sagen, er solle nicht an Sex denken. Wir können ihn nicht zwingen, keine sexuellen Triebe zu haben und keine sexuellen Gefühle zu empfinden. Wir können seine Hormone nicht abschalten. Wir können außerdem den Einfluss bzw. den Druck nicht verhindern, den Fernsehen, Zeitschriften, Musik und Werbung ausüben. Was können wir tun, um unserem Teenager zu helfen, seinen Körper zu akzeptieren, partnerschaftliches Verhalten zu lernen, eine sexuelle Identität zu entwickeln, ein gleichberechtigtes Verhältnis zum jeweils anderen Geschlecht anzustreben und zu pflegen und darauf beruhend verantwortungsbewusste Entscheidungen zu treffen?

Wir sprechen darüber

Was wir unserem Teenager bezüglich unserer Einstellung zu Liebe, Partnerschaft, Sexualität und Sex sagen, ist abhängig von unseren Wertvorstellungen. Sie werden bei allen Eltern anders sein.

Wie immer gilt auch hier:

✓ Wir achten auf die Worte unseres Teenagers, seinen Gesichtsausdruck und seine Körpersprache.

✓ Wir stellen offene Fragen.

✓ Wir sprechen respektvoll über unsere Gefühle.

✓ Wir sind uns darüber im Klaren, dass die Entscheidung, Geschlechtsverkehr zu haben letztlich bei unserem Teenager liegt.

✓ Wir zeigen Vertrauen in die Fähigkeit unseres Teenagers, verantwortungsvolle Entscheidungen zu treffen.

Wenn wir über Liebe, Partnerschaft, Sexualität und Sex sprechen, reden wir mit unserem Teenager über seine Entscheidungsmöglichkeiten und deren Konsequenzen. Vielleicht ist die wichtigste Botschaft, die wir unserem Teenager geben können, dass es sich dabei wirklich um *Entscheidungsmöglichkeiten* handelt! Es ist wahr, dass jeder Mensch auch ein sexuelles Wesen ist. Das bedeutet jedoch nicht, dass jeder Mensch zu allen Zeiten Sex haben muss.

Wir sprechen über Entscheidungsmöglichkeiten

Teenager haben Sex aus einer Reihe von Gründen. Manche sehnen sich nach der Nähe und der Liebe, die mit Sex verbunden sein kann. Manche möchten die angenehmen Gefühle und die Aufregung empfinden, die mit Sex einhergehen. Andere wiederum fühlen sich möglicherweise durch ihren Freund oder ihre Freundin unter Druck gesetzt. Sie fürchten, dass sie diesen Menschen verlieren, wenn sie seinem/ihrem Verlangen nach Sex nicht nachgeben. Manche Teenager benutzen Sex als eine Möglichkeit, Aufmerksamkeit oder Macht zu bekommen, aber auch, um Rache zu nehmen. Wieder andere haben Sex mit dem Ziel, ein Baby zu bekommen. Diese Teenager sind oft äußerst entmutigt durch ihre bisherige Lebenserfahrung. Sie sind so licbcsbedürftig, dass ein Baby zu haben die einzige Möglichkeit für sie scheint, Liebe zu bekommen. Vielleicht glauben sie auch, dass ein Baby ihnen helfen wird, ihr Elternhaus zu verlassen und ihr eigenes Leben zu leben.

All diese Gründe haben eines gemeinsam: Sie sind eine Möglichkeit für den Teenager sich angenommen und dazugehörig zu fühlen. Miteinander zu sprechen, hilft uns, mehr darüber zu erfahren, weshalb unser Teenager Sex haben möchte. Es hilft uns zu erkennen, wodurch Sex unserem Teenager möglicherweise hilft dazuzugehören. Wenn wir das wissen, können wir unserem Teenager helfen, andere Wege zu finden Selbstvertrauen zu entwickeln und sich akzeptiert und dazugehörig zu fühlen. So helfen wir unserem Teenager, verantwortungsbewusste Entscheidungen zu treffen.

Beispiel

Constantin ist 16. In der letzten Zeit scheint Sex alles zu sein, worüber seine Freunde sich unterhalten. Constantin hat eine Freundin, die Eva heißt. Constantins Freunde machen sich über seine Freundschaft mit Eva lustig, weil sie wissen, dass er mit ihr noch keinen Sex hatte.

Constantins Vater, Herr F., spürt, dass Constantin sich deswegen unter Druck fühlt. Er kann sich vorstellen, dass Constantin darüber nachdenkt, mit Eva Sex zu haben. Er beschließt, mit Constantin darüber zu sprechen.

Herr F. beginnt ganz vorsichtig, indem er sagt: »Deine Freunde machen es dir nicht leicht mit Eva, nicht wahr?« Constantin ist peinlich berührt. Er sagt: »Sie sind einfach blöd. Ich wünschte, sie würden mich in Ruhe lassen.« Herr F. meint dazu: »Du hörst dich frustriert an.« Constantin gibt zu: »Eva und ich wollen keinen Sex haben. Meine Freunde würden sich über mich totlachen, wenn sie wüssten, wie wir das sehen.«

Herr F. weiß jetzt, dass Constantin noch keinen Sex mit Eva haben möchte. Er möchte seinen Sohn darin unterstützen und lässt ihn deshalb wissen, dass auch er das für eine gute Entscheidung hält. Aber er will das Gespräch noch nicht beenden. Deshalb fährt er fort: »Es muss schön sein, eine Freundin zu haben, die sich genauso fühlt wie du, die mit dem Sex auch gerne warten möchte.« Constantin sieht nicht so aus, als würde er seinem Vater zustimmen. Er sagt eine Weile nichts, dann meint er: »Sie möchte Jungfrau bleiben bis sie heiratet.« Herr F. ergänzt: »Und du respektierst das.« »Ja, … ich glaube schon«, sagt Constantin.

Beide fühlen sich in der Situation nicht besonders wohl. Herr F. kann sehen, dass Constantin sich nicht ganz sicher ist. Er denkt ein paar Minuten nach und sagt dann: »Constantin, deine Entscheidung zeigt, dass du Evas Gefühle respektierst und ich bin froh darüber. Ich kann mir denken, dass das für dich nicht einfach ist.« Herr F. sieht seinem Sohn an, dass ihm das Gespräch peinlich ist. Constantin brummt: »Jaaa.« Herr F. fügt hinzu: »Es gibt Wege, die dir den Umgang mit deinen sexuellen Gefühlen erleichtern. Fußball, Basketball oder schwimmen sind sicher Möglichkeiten.« Constantin erwidert: »Ja, ich weiß.« Herr F. lässt Constantin wissen: »Wenn der Umgang mit deinen Freunden – oder mit Eva – dir weiterhin Sorgen macht, spreche ich gerne mehr mit dir darüber.« Constantin antwortet: »Danke.« Herr F. lächelt aufmunternd und meint: »Hast du Lust mit mir das Fußballspiel anzuschauen?«

In diesem Gespräch ist eine Menge passiert. Herr F. hat erfahren, dass Constantin sich nicht sicher ist, ob er Sex haben möchte. Das gilt für viele Teenager. Dadurch, dass so viel über Sex gesprochen wird, ist es nur zu leicht anzunehmen, dass alle Teenager Sex haben möchten. Das ist jedoch nicht immer der Fall – weder für Mädchen noch für Jungen. Herr F. hat Gelegenheit gehabt, Constantin zu zeigen, dass es in Ordnung ist, über Sex und seine Gefühle für Eva zu sprechen. Er hat seinen Sohn wissen lassen, dass es überhaupt nicht falsch ist, sexuelle Gefühle zu haben. Er hat außerdem eine von vielen Möglichkeiten vorgeschlagen, mit diesen Gefühlen umzugehen.

Das Wichtigste bei diesem Gespräch allerdings war, dass Herr F. die Tür geöffnet hat für weitere Gespräche über Liebe, Partnerschaft, Sexualität und Sex. Er hat die Tür nur ein Stück weit aufgemacht. Er wird sie in den kommenden Wochen und Monaten für weitere Gespräche offen halten.

Es ist leicht anzunehmen, dass alle Teenager Sex haben wollen. Es ist jedoch nicht immer der Fall – weder bei Mädchen *noch* bei Jungen.

Was kann Herr F. noch tun?

Herr F. kann mit Constantin nicht nur in Krisenzeiten, sondern auch im ganz normalen täglichen Umgang über Liebe, Partnerschaft und Sexualität im Gespräch bleiben. Herr F. möchte sicher gehen, dass sein Sohn eine gesunde sexuelle Identität entwickelt, aber auch die Konsequenzen sexuellen Verhaltens kennt. Er möchte Constantin auch zuhören. Es folgen einige Themen, über die die beiden miteinander sprechen könnten.

Sexualität und sexuelle Beziehungen als Teil der Lebensqualität

Herr F. kann seinem Sohn Zugang zu qualifizierten Informationen und Aufklärungsangeboten verschaffen, damit er freie und verantwortungsvolle Entscheidungen treffen kann.

Die Konsequenzen sexuellen Verhaltens

Herr F. kann mit Constantin über die Möglichkeit sprechen, AIDS zu bekommen oder andere durch sexuellen Umgang bzw. Geschlechtsverkehr übertragene Krankheiten wie Herpes, Syphilis, Chlamydia oder Gonorrhöe. Er kann darüber sprechen, wie besonders leicht eine junge Frau schwanger werden kann – selbst dann, wenn ein Kondom oder andere Verhütungsmittel benutzt werden. Er kann darüber sprechen, wie eine Schwangerschaft das Leben eines Mädchens, eines Jungen und deren Familien verändert. Eine Schwangerschaft wirft große Fragen auf wie Adoption, Abtreibung und frühe Heirat. Was könnte das bedeuten für die Zukunftspläne eines Teenagers? Was würde es für das Baby bedeuten?

Enthaltsamkeit

Herr F. könnte mit Constantin über die Möglichkeit sprechen, auch weiterhin enthaltsam zu sein und keinen Geschlechtsverkehr zu haben. Was sind die Konsequenzen in diesem Fall? Es besteht keine Gefahr einer Schwangerschaft. Das Risiko einer Krankheit ist gering. Für einige Teenager ist Enthaltsamkeit mit positiven Gefühlen verbunden. Sie können einem Teenager helfen, Selbstbewusstsein zu gewinnen. Viele Teenager sind emotional nicht so weit, Sex zu haben. Indem sie mit dem Geschlechtsverkehr warten, geben sie sich mehr Zeit, reifer und erwachsener zu werden. Zu warten, um dann älter zu sein und eine starke Beziehung/Partnerschaft zu haben, ist ein Zeichen echten Verantwortungsbewusstseins.

Alkohol, Drogen und Sex

Herr F. könnte auch über die Verbindung zwischen Alkoholgenuss, der Einnahme anderer Drogen und Sex sprechen. Viele Teenager verlieren ihre Willenskraft, wenn sie auch nur eine geringe Menge Alkohol zu sich nehmen. Das gilt auch für illegale Drogen wie Marihuana, oder Pillen, wie z.B. Ecstasy.

Vergewaltigung nach einer Verabredung (Date Rape)

Herr F. muss mit Constantin auch darüber sprechen, wann es sich um Vergewaltigung handelt. Beide, sowohl Mädchen als auch Jungen, müssen verstehen, dass eine Vergewaltigung dann vorliegt, wenn jemand zum Geschlechtsverkehr gezwungen wird. Ein Teenager muss wissen, dass die Eltern oder andere Erwachsene für ihn da sind, um ihm zu helfen, wenn er oder sie zu sexuellen Handlungen gezwungen wurde.

Verantwortungsbewusster Sex

Herr F. muss mit Constantin auch darüber sprechen. Verantwortungsbewusster Sex bedeutet, dass zwei Menschen etwas tun, das beide wollen. Es bedeutet auch, beim Geschlechtsverkehr Sicherheitsvorkehrungen zu treffen: Kondome zu benutzen, verlässliche Geburtenkontrolle zu betreiben und regelmäßig einen Arzt aufzusuchen.

Manche Eltern möchten nicht über verantwortungsbewussten Sex sprechen. Vielleicht sind sie der Meinung, dass ihr Teenager keine Form sexuellen Verhaltens zeigen sollte – einschließlich Selbstbefriedigung – und damit Ende der Diskussion. Vielleicht sagt ihnen ihr Glaube, dass Kondome oder andere Formen der Geburtenkontrolle falsch sind. Es bleibt uns Eltern überlassen zu entscheiden, worüber wir mit unserem Teenager sprechen möchten. Gleichzeitig ist es wichtig, dass Teenager einen Ansprechpartner für die Themen Liebe, Partnerschaft, Sexualität und Sex haben.

Einige Teenager werden sich für Sex entscheiden, unabhängig davon, was die Eltern sagen. Vielleicht entscheiden wir uns, unserem Teenager hinsichtlich dieser Aspekte des Lebens nichts beizubringen. Auf jeden Fall müssen wir vorher darüber nachdenken, wie wir mit den Konsequenzen umgehen, wenn unser Teenager Geschlechtsverkehr hat.

Schwangerschaft im Teenageralter

Zu Schwangerschaften im Teenageralter kommt es aus verschiedenen Gründen, darunter folgende:

- Mangel an Information,
- ein Bedürfnis nach Liebe und Anerkennung durch das Baby – jemanden, den sie lieben können und der sie wiederliebt,
- Ablehnung der Werte der Familie,
- Rache an den Eltern,
- der Wunsch, einem schwierigen Familienleben zu entkommen.

Es handelt sich dabei um ein Problem der Mutter und des Vaters des Babys. Wir müssen unsere Gefühle, die Beziehungen in der Familie und die Umstände der jeweiligen Si-

tuation betrachten. Als Eltern der Mutter des Babys sind
wir zunächst möglicherweise geschockt oder lehnen unsere
Tochter ab. Vielleicht sind wir nicht bereit, die Schwangerschaft zu akzeptieren. Indem wir unsere Tochter ablehnen,
wird die Schwangerschaft jedoch nicht verschwinden. Unsere Tochter braucht Verständnis und Unterstützung – jetzt
noch mehr als je zuvor.

Unsere Tochter und wir können uns Hilfe und Unterstützung bei einem Arzt, einem Familientherapeuten, einem Vertreter der Kirche, der wir angehören, einem psy-
chologischen Berater für Kinder und Jugendliche oder
einer/m Sozialarbeiter/in des Jugendamts holen.*

Durch Hilfe von außen kann unsere Familie in schweren
Zeiten eine Stütze finden, wenn es sich als schwierig erweist, sachlich und logisch zu denken. Es ist sicherlich angebracht, die Eltern des Vaters des Babys zu treffen. Jeder
wird das Problem offen und ehrlich diskutieren müssen.

Die Eltern beider Teenager müssen versuchen zu verstehen
und zu akzeptieren, was geschehen ist. Indem wir die Situation akzeptieren, schaffen wir eine der Lösung des Problems
zuträgliche Atmosphäre. Wir vermeiden es zu sagen: »Ich
habe dich gewarnt.« oder »Das hab ich kommen sehen.« Wir
vermeiden auch Worte wie »sollte« oder »müsste«. Wir achten auf die Gefühle des Teenagers und reflektieren sie. Indem
wir die Gefühle des Teenagers bezüglich der Schwangerschaft verstehen, bauen wir gegenseitigen Respekt auf. Wir
verstärken auch sein Selbstbewusstsein und sein Selbstwertgefühl. Wir können mit dem Teenager zusammen Alternativen erforschen, was für ihn und das Baby am besten ist.

Wenn wir die Eltern des Vaters des Babys sind, müssen wir
seine Gefühle und Absichten herausfinden. Wir erforschen
mit ihm zusammen Alternativen, wie er verantwortungs-

---

* Information und Hilfe bekommen wir außerdem bei Pro Familia – Deutsche Gesellschaft für Familienplanung, Sexualpädagogik und Sexualbera-
tung e.V., Tel. 069-639002 www.profamilia.de, bei der Deutschen Arbeits-
gemeinschaft für Jugend- und Eheberatung e.V., Tel. 089-436109
www.dajeb.de oder bei der Ev. Konferenz für Familien- und Lebensbera-
tung e.V., Fachverband für Psychologische Beratung und Supervision,
www.kibnet.de

293

bewusst und realitätsbezogen handeln kann. Der Teenager muss sich darüber im Klaren sein, dass er gesetzliche Verpflichtungen hat. Sobald er Geld verdient, ist er als Vater des Kindes zu monatlichen Zahlungen verpflichtet bis das Kind erwachsen ist bzw. seine Berufsausbildung abgeschlossen hat.

Junge Ehe

Für viele Teenager mag eine Ehe als Weg erscheinen, dem Elternhaus zu entfliehen. Sie versuchen vielleicht, der Überwachung und Kontrolle durch die Eltern zu entgehen. Wenn unser Teenager schon sehr jung heiraten möchte, handelt es sich um ein gemeinsames Problem der Eltern und Teenagers. Indem wir die Idee einer Heirat bekämpfen, machen wir sie möglicherweise nur noch attraktiver.

In dieser Angelegenheit brauchen wir all unsere STEP Fertigkeiten. Möglicherweise ist es schwer für uns, Respekt zu zeigen, wenn wir glauben, dass eine Ehe in jungen Jahren keine gute Idee ist. Und dennoch müssen wir uns die Meinungen der beiden Teenager anhören. Unser Verständnis kann den beiden Teenagern helfen, herauszufinden und zu entscheiden, was sie möchten. Indem wir ihre Gefühle, Wertvorstellungen und Überzeugungen akzeptieren, verbessern wir die Chance auf eine verantwortungsbewusste Entscheidung.

Wir helfen den beiden Teenagern zu entscheiden, wozu sie jetzt heiraten möchten. Wir erforschen Alternativen mit ihnen. Vielleicht wollen sie frei sein von elterlicher Überwachung. Wir könnten sagen: »Es scheint mir, ihr möchtet beide mehr Freiheiten. Was könnte euch sonst noch helfen, euch mehr für euer Leben verantwortlich zu fühlen?« Wir helfen ihnen, auch andere Wege als die Ehe zu sehen. Indem wir zuhören, verstehen und Alternativen finden, schaffen wir eine von Liebe und Wertschätzung geprägte Atmosphäre.

Wenn sich ein Gespräch als unmöglich erweist, ist es notwendig, fachliche Unterstützung in Anspruch zu nehmen.

Wir informieren uns

Wenn es um Geschlechtsverkehr und die Folgen geht, gibt es viele Informationen, sowohl für Eltern als auch für Teenager. Wo finden wir sie?

- Viele Schulen, Gemeinden und Familienbildungsstätten haben Broschüren, Bücher und Informationsblätter, ebenso wie Kliniken, Krankenhäuser und Arztpraxen. Buchhandlungen und Büchereien führen Abteilungen mit Büchern für Eltern und Teenager. Wenn wir unserem Teenager Bücher oder Videos (www.bzga.de) geben, sprechen wir auch mit ihm darüber.

- Kirchliche und andere Organisationen (zum Beispiel: VHS, AGS) bieten Diskussionsgruppen für Eltern und Teenager an.

- Im Fall einer Krankheit, Vergewaltigung oder Schwangerschaft finden wir sowohl bei den auf Seite 292 in der Fußnote genannten Organisationen als auch bei der Telefonseelsorge und im örtlichen Telefonbuch unter Notfallhilfe die notwendige Unterstützung.

Was tun wir, wenn es um den Gebrauch von Alkohol und anderen Drogen geht?

Es ist kein Geheimnis, dass Teenager großem Druck ausgesetzt sind, Drogen zu nehmen. Es gibt eine große Zahl verschiedener Drogen, deretwegen wir besorgt sind!

WAS IST UNTER DEM BEGRIFF *DROGE* ZU VERSTEHEN?

- Bier, Wein und höherprozentige Alkoholgetränke sind Drogen.

- Einige Inhaltstoffe in Zigaretten sowie das Koffein in Kaffee und alkoholfreien Getränken sind Drogen und können abhängig machen.

- Viele Tabletten wie Aspirin, auch Schlafmittel, die nicht verschreibungspflichtig sind, ebenso wie Pillen, die helfen, wach zu bleiben, können leicht selbst von Kindern vor dem Teenageralter erworben werden.
- Legale Drogen – verschreibungspflichtige Medikamente – können von Teenagern relativ leicht beschafft werden.
- Illegale Drogen wie Marihuana, Speed, Kokain und synthetische Drogen (zum Beispiel Ecstasy) werden auf vielen Teenagerpartys genommen.
- Auch Drogen, die inhaliert werden können, stehen Teenagern zur Verfügung. Manche Teenager inhalieren Haushaltsprodukte wie Klebstoff, Farbenverdünner und Gase aus Spraydosen, um ein Rauschgefühl zu erzeugen.

Wie können wir unserem Teenager helfen, auf Drogen zu verzichten?

Wenn es um das Thema Teenager und Drogen geht, haben viele Eltern richtig Angst. Sie wissen, dass Drogen gefährlich sind. Sie wissen auch, dass ihr Teenager die Möglichkeit hat, sie zu benutzen. Deswegen neigen manche Eltern zur Panik, wenn es um Alkoholkonsum und den Genuss anderer Drogen geht. Wenn das passiert, dann vergessen Eltern vielleicht einige der besten Möglichkeiten, ihrem Teenager zu helfen. Die Eltern meinen es gut, aber sie sind besorgt. Deshalb benutzen sie geschlossene Fragen, wie zum Beispiel: »Du nimmst keine Drogen, oder?« Statt ihren Teenager zu ermutigen, zeigen sie, dass sie geradezu erwarten, dass ihr Teenager Drogen nimmt. Sie geben Befehle statt Wahlmöglichkeiten. Sie versuchen zu kontrollieren statt Orientierung und Anleitung zu geben. Sie verhängen Strafen statt Konsequenzen folgen zu lassen.

Denken wir daran: Die beste Art, unserem Teenager zu helfen, die richtige Entscheidung bezüglich Drogen zu treffen, ist die Anwendung der erzieherischen Fertigkeiten, die wir in diesem Buch gelernt haben. Wir können dadurch zwar nicht garantieren, dass unser Teenager keine Drogen nehmen wird, aber wir können viel tun, um ihm zu helfen, gute Entscheidungen zu treffen.

Die Fertigkeiten, die wir bei STEP für Eltern von Teenagern gelernt haben, können uns wie folgt helfen:

Wir bauen das Selbstbewusstsein unseres Teenagers auf

Bei jungen Menschen, die sich gut fühlen, ist es wahrscheinlicher, dass sie für sich selbst denken. Es ist weniger wahrscheinlich, dass sie irgendwelchem Druck nachgeben, wie z.B. sich von Freunden dazu überreden zu lassen, Drogen zu nehmen.

Wir leiten unseren Teenager dazu an, Entscheidungen zu treffen und Probleme zu lösen

Bei Teenagern, die Alternativen erforschen, um Probleme zu lösen, ist es wahrscheinlicher, dass sie über die Konsequenzen des Gebrauchs von Drogen nachdenken.

Wir ermutigen abwechslungsreiche Aktivitäten

Teenager können sich an Schulaktivitäten beteiligen wie Sport, Musikgruppen oder andere AGs (Arbeitsgemeinschaften). Kirchengemeinden bieten oft auch Aktivitäten an, an denen unser Teenager teilnehmen kann. Jugendzentren und Sportvereine haben ebenfalls ein reichhaltiges Programmangebot. Wenn es möglich ist, nehmen wir an den Aktivitäten unseres Teenagers teil. Wir bieten unsere Hilfe an.

Wir sind informiert

Manche Schulen halten Informationsabende für Eltern zum Thema Drogen ab. Manche bieten auch Diskussionsgruppen für Eltern an. Wir nehmen an diesen Treffen teil. Wir lernen dadurch eine Menge darüber, was in der Schule unseres Teenagers und in unserer Gemeinde oder unserem Stadtteil vor sich geht. Bei der Bundeszentrale für gesundheitliche Aufklärung, Ostmehrheimer Str. 220, 51109 Köln, Tel. 0221-8992-0, www.bzga.de, erhalten Eltern kostenlose Broschüren über die Themen Drogen, Sexualität, Gewalt etc. und Auskunft über Organisationen, die Eltern vor Ort weiterhelfen.

Wir sprechen mit unserem Teenager über Drogen

Bevor wir das tun, lernen wir die Tatsachen über Drogen kennen. Wir predigen nicht, sondern tauschen uns aus. Wir hören uns die Meinung unseres Teenagers bezüglich Drogen an. Wenn unser Teenager glaubt, dass Drogen »keine große Sache« sind, überreagieren wir nicht. Wir stellen offene Fragen. Wir hören weiterhin zu. Wir sagen unserem Teenager auch, wie wir uns fühlen. Wir beantworten die Fragen unseres Teenagers ehrlich.

Wir hören uns die Meinung unseres Teenagers über Drogen an

Es gibt viele Gelegenheiten herauszufinden, wie unser Teenager über Drogen denkt – Einladungen zu Partys, Nachrichten, Dokumentarfilme und -sendungen im Fernsehen über das Verhalten von Menschen, die Drogen nehmen. Wir fragen unseren Teenager nach seiner Meinung. Manchmal kommen wir genauso weit, wenn wir uns die Befürchtungen unseres Teenagers anhören und sie respektieren, als wenn wir unsere eigenen Bedenken äußern.

Wir lernen die Eltern der Freunde unseres Teenagers kennen

Das kann sich als schwierig erweisen, wenn unser Teenager älter wird und Freunde in verschiedenen Bereichen seines Lebens findet. Die Mühe lohnt sich trotzdem. Wir arbeiten mit anderen Eltern zusammen, um Aktivitäten zu planen, die sicher sind und die Spaß machen – auch ohne Drogen.

Wir führen Regeln für Partys ein

Es ist in Ordnung, Grenzen zu setzen. Es ist auch in Ordnung zu fordern, dass:

✓ bei Partys Erwachsene anwesend sind, die die Aufsicht führen,

✓ die verantwortlichen Erwachsenen miteinander vereinbaren, keinen Alkohol bei Jugendlichen unter 16, ab 16 Jahren nur Bier und Wein und auf keinen Fall andere Drogen vorrätig zu haben.

Wir vereinbaren mit unserem Teenager, dass er uns anruft, wenn auf einer Party Drogen genommen werden. Wir holen ihn ab und unterstützen ihn dadurch, bei seiner Entscheidung zu Drogen »nein« zu sagen.

WENN EIN TEENAGER RAUCHT ...

Viele Teenager fangen mit dem Rauchen an, um sich ihren Freunden anzupassen. Andere wiederum möchten Macht ausüben und ihren Eltern beweisen, dass sie tun können, was sie wollen. Rauchen macht abhängig.

✓ Möglicherweise hat Ihr Teenager das Rauchen ausprobiert, ist jedoch kein regelmäßiger Raucher. Sprechen Sie mit Ihrem Teenager über die Folgen des Rauchens. Machen Sie ihm klar, dass Sie nicht möchten, dass im Haus geraucht wird.

✓ Helfen Sie einem vom Rauchen abhängigen Teenager, damit aufzuhören. Erkundigen Sie sich bei

✓ Ihrem Arzt oder der Gesundheitsbehörde nach einer Maßnahme, die Ihrem Teenager helfen kann, das Rauchen aufzugeben. Ihr Arzt empfiehlt Ihnen vielleicht eine Methode, wie Ihr Teenager seine Abhängigkeit mindern kann, indem er spezielle Kaugummis kaut oder ein Hautpflaster benutzt.

✓ Rauchen Sie selbst nicht. Wenn Sie rauchen, dann überlegen Sie sich, ob Sie gemeinsam mit Ihrem Teenager das Rauchen aufgeben möchten.

Wir beobachten unser eigenes Verhalten im Umgang mit Drogen

Rauchen oder trinken wir? Greifen wir schnell zu Tabletten? Welche Botschaft geben wir unserem Teenager? Legale Drogen wie Alkohol und Medikamente können missbraucht werden. Wir haben die Möglichkeit, unserem Teenager den verantwortungsvollen Gebrauch durch unser Verhalten vorzuleben und ihm so Orientierung zu geben.

Wir fordern Ärger nicht heraus

Wir fordern Ärger heraus, indem wir unseren Teenager das ganze Wochenende alleine zu Hause lassen. In der Schule spricht sich schnell herum, wenn Eltern nicht zu Hause sind. Selbst ein Teenager, der keine Besucher möchte, hat am Ende vielleicht eine Party, die außer Kontrolle gerät. Wir denken darüber nach, ob wir viel Bier, Wein und andere alkoholische Getränke für unseren Teenager zugänglich vorrätig haben.

Woher wissen wir, ob unser Teenager Drogen nimmt?

Wir achten auf auffällige Veränderungen im Verhalten unseres Teenagers. Natürlich kann es auch aus anderen Gründen zu Veränderungen kommen. Bei manchen Drogen bemerken wir die Veränderungen an unserem Teenager nicht gleich. Wir kennen unseren Teenager am besten. Wenn wir nicht sicher sind, achten wir auf andere Hinweise, z.B.:

1. **Positive Einstellung gegenüber Drogen:** Zeitschriften oder Poster, die sich auf Drogen beziehen, eine Sammlung von Bierdosen, viele Witze über Drogen.

2. **Gesundheitliche Probleme:** blutunterlaufene Augen, erweiterte Pupillen, mangelndes Interesse am Essen, die ganze Zeit müde sein, ungewöhnliche Stimmungsschwankungen, Probleme, sich zu erinnern oder aufmerksam zu sein, schleppende Sprache, laufende Nase.

3. **Veränderungen im Aussehen:** schlecht gekämmt, nachlässige Kleidung, T-Shirts oder andere Kleidung, deren Aufschriften Drogen cool erscheinen lassen.

4. **Veränderungen im Verhalten:** schlechtes Abschneiden in der Schule, Schule schwänzen, außerschulische Aktivitäten ausfallen lassen bzw. ganz aufgeben, Geheimnisse haben, viel Geld haben, verstärkte Wutausbrüche und Streitlust, lügen, stehlen und betrügen.

5. **Veränderter Freundeskreis:** aufgeben von alten Freunden, neue Freunde finden, die wir Eltern nicht kennen, wenig Zeit zu Hause verbringen.

Selbst wenn mehrere dieser Merkmale zutreffen, wollen Eltern oft noch immer nicht akzeptieren, dass ihr Teenager möglicherweise Drogen nimmt. Diese Zeichen zu ignorieren, bringt unseren Teenager in Gefahr. Nicht nur das, es bringt der Familie vielleicht ernste rechtliche Probleme. Wir Eltern müssen uns der Gesetzeslage hinsichtlich unserer Verantwortung bewusst sein, wenn unser Teenager Drogen nimmt oder mit Drogen handelt.

Zwei Zeichen sagen uns, dass wir *sofort* handeln müssen:

- Besitz von Drogen (einschließlich Alkohol).
- Vorhandensein von Drogen oder Utensilien, die mit Drogen in Verbindung gebracht werden können, weil sie für den Drogenkonsum gebraucht werden.

Wenn wir diese Hinweise haben, müssen wir das Zimmer und alles, was sich im Besitz unseres Teenagers befindet, durchsuchen. **Normalerweise würden wir das nicht tun, sondern stets die Privatsphäre unseres Teenagers respektieren.** Wenn wir aber hinreichend Grund zu der Annahme haben, dass unser Teenager Drogen nimmt, müssen wir weitersuchen. Unseren Teenager zu befragen, wird wahrscheinlich nicht helfen. Ein Teenager, der Drogen nimmt, hat sich bereits entschieden nicht die Wahrheit zu sagen.

UTENSILIEN, DIE MIT DROGEN ZU TUN HABEN

Es folgt die Aufzählung einiger Utensilien, die für den Drogenkonsum gebraucht werden:

- Zigarettenpapier;
- Pinzette oder Nagelschneider/Klip;
- Wasserpfeife (oft aus Glas);
- Briefwaage;
- hypodermische Nadeln bzw. Spritzen;
- kleine Löffel;
- kleine Flaschen;
- Knospen, Samen, Blätter;
- kleine Plastiktüten;
- Rasierklingen;
- Feuerzeug oder Streichhölzer;
- Klebstoff oder Spraydosen;
- Zitronen.

Was ist zu tun, wenn wir glauben, dass unser Teenager Drogen nimmt?

Wenn wir herausfinden, dass unser Teenager vielleicht schon mit Drogen experimentiert hat, nutzen wir dies als Gelegenheit, mit ihm zu sprechen. Wir stellen klar, dass unser Teenager weiß, dass einige Drogen *tödlich* sein können – selbst wenn sie nur einmal oder in kleinen Dosen genommen werden.

Der regelmäßige Gebrauch von Alkohol oder anderen Drogen ist *Drogenmissbrauch*. Bei Drogenmissbrauch handeln wir. Wir erwarten nicht, dass wir alleine damit umgehen können. Wir bitten einen Arzt unseres Vertrauens oder einen Mitarbeiter der Drogenberatungsstelle um Hilfe. Information und Hilfe erhalten wir auch bei der Bundeszentrale für gesundheitliche Aufklärung, Tel. 0221-89920, www.bzga.de, oder beim Bundesverband der Elternkreise drogengefährdeter und drogenabhängiger Jugendlicher e.V., Tel. 030-5567020, und bei der Deutschen Hauptstelle gegen Suchtgefahren e.V. Tel. 02381-90150, www.dhs.de.

In der Schweiz bekommen wir Unterstützung unter www.infoset.ch (Schweizer Informationsportal zu Sucht, Drogen, Prävention und Hilfe) oder auch unter www.sucht schweiz.ch (Präventionsprojekte, Gesundheitspolitik, Forschung).

Manchmal brauchen wir mehr Hilfe

Vielleicht haben wir unsere STEP Fertigkeiten benutzt und haben dennoch Beziehungsprobleme mit unserem Teenager. Gewöhnlich ist es am besten, die ganze Familie mit einzubeziehen. Möglicherweise hilft Familientherapie. Aber manche Familienmitglieder – vielleicht auch unser Teenager – wollen keine Therapie oder Beratung. Wenn dem so ist, können wir unserem Teenager dennoch helfen, indem wir selbst einen Berater oder einen Therapeuten aufsuchen.

Wie begleiten wir unsere Teenager beim Umgang mit digitalen Medien?

Digitale Medien sind aus unserem Alltag nicht mehr wegzudenken und nehmen immer größeren Einfluss auf unser Leben. Die meisten Haushalte mit Jugendlichen (12–19 J.) sind mit vielen Mediengeräten ausgestattet: Smartphones, Computer, Laptops, Tablets, Spielkonsolen, Fernseher. Neun von zehn Jugendlichen sind täglich online. Man nennt Teenager auch »Digital Natives«, weil sie mit digitalen Medien aufwachsen oder aufgewachsen sind. Eltern von Teenagern (meistens »Digital Immigrants«, d.h. »in die digitale Welt Zugewanderte«) sind oft besorgt über solchen Medienkonsum ihres Nachwuchses.

Aus pädagogischer Sicht ist das anzustrebende Ziel die **Medienkompetenz der Teenager**. Es geht dabei um technisches und rechtliches Wissen (z.B.: »Mit welchem Medium bekomme ich am besten die vertrauenswürdige Information, die ich suche?«, oder: »Wie erstelle ich einen Blog oder Podcast?«), aber vor allem um den bewussten, rationalen Umgang mit Medien (wie z.B. die Fähigkeit, ein Medium auszuschalten, wenn es belastende Inhalte wiedergibt oder wenn ich dazu tendiere, andere Aktivitäten zu vernachlässigen). Um medienkompetent und fit für den Alltag – jetzt und in der Zukunft – zu sein, müssen Teenager immer wieder die Erfahrung machen, dass sie Medien beherrschen, statt von ihnen beherrscht zu werden. Sie müssen die Fähigkeit entwickeln, **Medien** für ihre eigenen Zwecke **selbstbestimmt und kreativ einzusetzen** – und dabei auch sich selbst und anderen gegenüber **kritisch zu sein und sozial verantwortlich** zu handeln.

Damit Eltern die Heranwachsenden in diesem Entwicklungsprozess angemessen begleiten können, ist es entscheidend, dass sie grundlegende Kenntnisse über die schnelllebige Welt der Neuen Medien erwerben und sowohl die

positiven Aspekte, die *Chancen,* als auch die *Gefahren*[1] erkennen.[2] Wichtig ist es auch, dass Eltern den Teenagern
vorurteilsfrei begegnen und respektvoll sowohl ihre Begleitung und Unterstützung anbieten als auch ihre Bedenken
äußern.

Grundsätzlich gilt auch hier das Prinzip, **Freiheit innerhalb altersgemäßer Grenzen** zu gewähren. Je älter der
Teenager wird, umso mehr Freiraum muss er bekommen,
um auszuprobieren, Erfahrungen mit Medien zu sammeln
und immer wieder neu Entscheidungen zu treffen. Daraus
erwächst seine Chance, Selbstdisziplin und Eigenverantwortung[3] zu entwickeln. Die STEP Fertigkeiten und die
STEP Haltung leisten dabei wertvolle Dienste.

Unsere Rolle, unsere Aufgabe als Eltern

Patentrezepte für die Begleitung der Teenager bei der Entwicklung ihrer Medienkompetenz gibt es nicht, da die Mediennutzung, der Entwicklungsstand und die Vorlieben der
Jugendlichen im Alter von 12 bis 18 Jahren verschieden
sind. Folgende Richtlinien geben Orientierung und zeigen
Möglichkeiten auf, die uns als Eltern zur Verfügung stehen:

• **Wir schaffen eine positive, offene Familienatmosphäre**, in der die Gefühle und Meinungen aller Familienmitglieder gehört, respektiert und geachtet werden. In diesem
Rahmen pflegen wir eine **gelingende Beziehung** zu unserem Teenager[4] und sind besser in der Lage, ihn – auch beim
sensiblen, konfliktträchtigen Thema »Umgang mit Medien«
– zu begleiten.

Dabei ist es wichtig, eine **Vertrauensbasis** aufzubauen
und zu erhalten. Wenn wir mit der Medienerziehung in
den frühen Jahren angefangen haben, fällt es uns leichter,

---

1 Chancen: digitale Kompetenzen für alle Lebensbereiche, Gefahren für die
  psychische und soziale Entwicklung.
2 Herzlichen Dank an Angela Stauten-Eberhardt und Claudia Popat, zertifizierte STEP Kursleiterinnen, für die Unterstützung bei diesem Thema.
3 s. Kap. 5, S. 213, Richtlinien zum Einsatz von Konsequenzen
4 s. Kap. 1, S. 50–54

305

darauf zu vertrauen, dass unsere Teenager verantwortungsvoll mit den Neuen Medien umgehen. Manchmal entsteht aber bei Eltern, die sich unsicher fühlen, ein Bedürfnis, das Medienverhalten ihrer 13- bis 14-Jährigen (z.B. im Internet surfen) zu »überwachen«. Die Überprüfung darf nicht hinter dem Rücken des Teenagers geschehen, nur so kann ein Vertrauensbruch vermieden werden.

Das gegenseitige Vertrauen wächst, wenn wir Eltern Interesse für die Medienvorlieben unseres Teenagers entwickeln – z.B. indem wir ihn fragen, was er an seinem Computerspiel besonders gut findet. Eine weitere Möglichkeit wäre, Medien ab und zu gemeinsam mit unserem Teenager zu benutzen und Spaß zu haben – z.B. Clips, Filme, Reportagen anzusehen, gemeinsam Internetseiten zu besuchen, Blogs zu lesen, Podcasts zu hören und darüber zu sprechen, Spiele zu spielen etc.

- **Wir reflektieren über die eigene Mediennutzung**

Den eigenen Medienkonsum zu überdenken und ggf. zu ändern ist ein wichtiger Schritt. Wir Eltern sind **Vorbild** für unsere Teenager – auch dann, wenn wir den Eindruck haben, dass sich Jugendliche nur für ihre Freunde interessieren.

Zum Beispiel müssen wir manchmal noch unbedingt die E-Mail eines Kollegen beantworten und verspäten uns beim Abendessen, oder wir nehmen einen Anruf auf unserem Handy während der gemeinsamen Mahlzeit entgegen. Unser Verhalten wird von den Teenagern registriert und zu den eigenen Handlungen in Beziehung gesetzt. Aus diesem Blickwinkel können wir vielleicht besser verstehen, dass es unserem Teenager schwerfällt, zu Tisch zu kommen, wenn das Computerspiel mit Freunden im Internet noch nicht zu Ende ist.

Durch das, was wir tun (mehr als durch das, was wir sagen), vermitteln wir unseren Teenagern die Werte, die uns wichtig sind.[1]

1 s. Kap. 2, S. 76–80

- **Wir führen Gespräche mit unserem Teenager
  über die Neuen Medien – Inhalte, Chancen und
  Risiken, Erfahrungen**

Indem wir mit unseren Teenagern Gespräche über das Thema führen, nehmen wir unsere Aufgabe wahr, Anregung, Anleitung, Anerkennung und damit Unterstützung zu geben. Wir setzen das Gespräch, das wir mit unseren Kindern zum Thema »Medien« vor ein paar Jahren angefangen haben[1], in den Teenagerjahren fort – auch wenn unsere Teenager mit zunehmendem Alter vielleicht nicht immer (gleich) so begeistert sind, mit uns darüber zu reden.

Indem wir uns Zeit nehmen und Interesse für die Begeisterung der Jugendlichen für die digitalen Medien und ihre aktuellen Entwicklungen (wie z B. KI) zeigen, öffnen wir die Tür für ein gelingendes Gespräch. Unser Teenager fühlt sich ernst genommen und teilt uns mehr über seine Gefühle, seine Gedanken, über seine Mediennutzung mit. Wir gehen zuerst auf die für den Teenager positiven Aspekte ein und stellen nicht nur die Risiken in den Vordergrund. Im Gespräch über ihre positiven und anregenden, aber auch über ihre weniger erfreulichen Erfahrungen können wir Meinungen und Wertvorstellungen austauschen und so auf ihre Medienkompetenzentwicklung einwirken.

Wir nutzen unsere Fertigkeiten für eine respektvolle Kommunikation – offene Fragen, aktives Zuhören und Ich-Aussagen[2].

Anregungen für Gespräche mit Teenagern werden im Abschnitt *Internet* – z.B. Suchmaschinen (S. 314) und Soziale Netzwerke (S. 315) – gegeben.

Auseinandersetzungen über das Thema Medien gehören in dieser Lebensphase dazu. Wir stellen uns den Konflikten, auch wenn sie für beide Seiten kraftraubend und anstrengend sind! Eine Kapitulation wäre nicht hilfreich. Wir atmen tief durch … und bleiben respektvoll!

---

1 s. STEP Das Elternbuch »Kinder ab 6 Jahre« – »Wie verhalten wir uns
   beim Umgang mit Medien«, S. 237 f.
2 s. Kap. 2 und 3

Indem wir in diesen Situationen *aktiv zuhören*, lassen wir erkennen, dass wir die Gefühle unseres Teenagers verstehen, dass er uns wichtig ist und wir uns um ihn kümmern. Aktiv zuhören schafft die Basis einer guten Beziehung.

Ich-Aussagen bieten die Möglichkeit, respektvoll miteinander über unsere Gefühle zu sprechen, ohne zu beschuldigen oder Drohungen und Verbote auszusprechen. Unsere eigene Sichtweise wird klar und respektvoll zum Ausdruck gebracht.

Falls das Vertrauensverhältnis mit unserem Teenager bzgl. des Umgangs mit Medien schon sehr zerrüttet ist, weil einfach zu viel vorgefallen ist und eine konstruktive Auseinandersetzung nicht möglich ist, sorgen wir dafür, dass diese wichtige Rolle von jemand anderem übernommen wird, wie z.B. dem Onkel, einem Freund von uns oder einem/r Lehrer/in.

- **Wir treffen Vereinbarungen mit unserem Teenager bzgl. der Mediennutzung**

Die Familienkonferenz bietet einen geeigneten Rahmen, um über die Mediennutzung zu sprechen. Anhand konkreter medialer Beispiele aus dem Alltag der Familie können wir erklären, welche Freiheiten wir uns vorstellen können und welche Grenzen uns wichtig sind. Gemeinsam vereinbaren wir Regeln und halten sie dann schriftlich in einem »**Medienvertrag**« fest.

Die STEP Kommunikations- und Kooperationsfertigkeiten[1] sind wertvolle Werkzeuge dabei.

Der Entwurf des Vertrags könnte – auf der Basis dieses Gesprächs – vom Teenager vorbereitet und in der nächsten Familienkonferenz besprochen werden. Die Endfassung wird von allen Familienmitgliedern unterschrieben.

Die Vereinbarungen beziehen sich auf alle Aspekte, die für den Teenager selber und für das Miteinander der jeweiligen Familie relevant sind: z.B. den Zeitrahmen für die Medien-

1 s. Kap. 4, Wessen Problem ist es? und Alternativen erforschen

nutzung, Regeln für die Nutzung des Internets und des Smartphones zu Hause, das finanzielle Budget, die vom Teenager gewünschte Unterstützung durch die Eltern etc.

Die Vereinbarung bzgl. der wöchentlichen Medienzeit betrifft sowohl das Internet als auch das Tablet, die Spielkonsole oder das Fernsehen. Die Jugendlichen können über diese Zeit frei verfügen. Da das Internet und sogar KI immer häufiger für die Schule verwendet wird, wird die Nutzungszeit für Hausaufgaben separat berücksichtigt.

Falls in unserer Familie bereits ein »Medienvertrag« existiert, überprüfen wir, ob die Grenzen altersgemäß und der Situation angemessen sind: Je älter die Jugendlichen werden, desto wichtiger ist es, auch immer wieder neue, erweiterte Handlungsspielräume und Verantwortlichkeiten auszuhandeln. Auch Ausnahmen sollten erlaubt sein. Absprachen müssen getroffen werden im Hinblick auf altersgemäße Inhalte und den Umgang mit Gefahren (s. Abschnitt *Internet*).

Bei der Aushandlung des Vertrags sprechen wir auch über die möglichen Konsequenzen bei Missachtung der vereinbarten Regeln. Unser Teenager wird eher bereit sein, die Verantwortung zu übernehmen und Konsequenzen einzuhalten, wenn er bei der **Aufstellung der Regeln und der Konsequenzen mitentschieden** hat. Unsere Haltung – freundlich <u>und</u> bestimmt – ist wichtig, damit unser Teenager Konsequenzen als Folge ihrer Entscheidungen empfindet und nicht als Strafe. **Selbstdisziplin ist das Ziel.** Es ist außerdem wichtig, dass beide Elternteile die Vereinbarungen konsequent einhalten.

Wir geben unserem Teenager eine positive Rückmeldung[1], wenn er den Zeitplan einhält!

Wenn Schwierigkeiten auftreten (z.B. eine nicht eingehaltene Vereinbarung), fangen wir unser Gespräch nicht mit Beschuldigungen an, sondern fragen zunächst nach,

---

1 s. Kap. 3 und 4, Thema Ermutigung

z.B. womit sich der Teenager medial so lange beschäftigt hat, und hören uns seine Sichtweise an.

»Verständnis, klare Grenzen und eine offene Gesprächskultur helfen, dass Teenager lernen, Verantwortung zu übernehmen und ihre Selbstständigkeit zu entwickeln.«[1]

Beispiele für Regeln und Vereinbarungen im Abschnitt *Internet* – Chatten (S. 318), Smartphone (S. 320).

- **Wir kooperieren mit anderen Erziehenden bzw. mit professionellen Fachkräften bei der Mediensozialisation unseres Teenagers**

  Wir profitieren vom **Austausch** mit anderen Eltern z.B. mit Freunden, in STEP Kursen oder bei thematisch fokussierten Elternabenden. Es ist entlastend zu erfahren, dass andere Familien den gleichen Fragen und Herausforderungen begegnen. In der Gruppe ist es einfacher, aufgrund vieler Ideen, Anregungen und Erfahrungen Lösungen zu finden. Beim Thema Kooperation[2] werden die Wertvorstellungen jeder Familie respektiert, aber das Ziel, die Medienkompetenz unseres Teenagers zu stärken, gemeinsam verfolgt. Auch über Foren im Internet gibt es Hilfen. Z.B. werden Fragen der Eltern von Mediencoaches auf der Website www.schau-hin.info beantwortet.

  Beispiele sinnvoller Kooperation sind in den Abschnitten *Cybermobbing/Cybergrooming* (S. 323) und *Computerspiele* (S. 326) zu finden.

  Wenn der Medienkonsum zu einem ernst zu nehmenden Problem wird und wir eine Abhängigkeit befürchten, ist es notwendig, **professionelle Hilfe,** z.B. bei Beratungsstellen, in Anspruch zu nehmen. – s. Abschnitt *Mediensucht/Medienabhängigkeit* (S. 331).

---

1 Leonie Lutz, AIM Bildungskongress 2025
2 s. Kap. 4

Besonderheiten der von Teenagern am meisten benutzten Medien

Die folgenden Informationen über *Chancen* und *Risiken*, die mit verschiedenen digitalen Medien[1] verbunden sind, helfen Eltern, zu entscheiden, worauf sie sich jeweils konzentrieren wollen, wenn sie ihre Teenager bei der Entwicklung der Medienkompetenz begleiten. Darüber hinaus wird auf die jeweils relevanten STEP Fertigkeiten (Verhaltensweisen und Haltungen) hingewiesen.

Internet

Um Bedeutung, Funktion und Faszination des Internets für Teenager zu verstehen, müssen wir uns an einige ihrer Grundbedürfnisse erinnern, die im ersten Kapitel dieses Buches zusammengefasst wurden: Teenager möchten eine eigene Identität finden und sich vom Elternhaus lösen – dazu gehören u.a. das Ausreizen und Übertreten von Grenzen. Sie wollen neue Erfahrungen sammeln und sich selbst erproben. Dabei geht es oft um den Wunsch nach Erlebnissen, Spaß, Unterhaltung, Anregung sowie Liebe und Sex. Selbstinszenierung ist Teil dieser Grundbedürfnisse. Für Teenager sind die Zugehörigkeit und Anerkennung durch Freunde entscheidend – weshalb dem, was gerade in der Peergroup (gleichaltrige Jugendliche) angesagt ist, immer mehr Gewicht beigemessen wird. Oft laufen die Wertvorstellungen der Eltern konträr zu den Wertvorstellungen der Gleichaltrigen.

Das Internet – unabhängig von der Zugangsart (über Computer[2], Tablet oder Smartphone) – hat einiges an **Vor-**

---

1 Auf den Umgang mit dem Medium Fernseher wird hier nicht speziell eingegangen, da Eltern mit diesem Thema gewöhnlich vertraut sind. Gerne verweisen wir auf ein Angebot von ARD und ZDF für junge Menschen (14–29) im Internet: www.funk.net.
2 Laut aktueller JIM-Studie ist der Anteil der Jugendlichen, die einen eigenen Computer besitzen, mit 73% deutlich höher als der Prozentsatz derjenigen mit einem eigenen Fernsehgerät (57%).

teilen zu bieten, das diesen **Grundbedürfnissen der Teenager entspricht**:

- unzählige Informationsangebote: Suchmaschinen *(Google etc.)*, Informationsquellen und Hilfen für Recherchen für die Schule *(Wikipedia, ChatGPT etc.)*, Videoportale *(YouTube)*, Musik, Podcasts *(Spotify)*
- vielfältige, grenzenlose Kommunikationsmöglichkeiten: Instant Messaging (z.B. WhatsApp, Instagram, Snapchat), soziale Netzwerke *(z.B. TikTok, X, Flickr)*, E-Mail
- Unterhaltung, Entspannung, Anregung, Abtauchen in andere Welten – allein und mit anderen:»Action«-Erlebnisse *(Spiele, Filme – auch über Liebe und Sexualität)*
- einen Raum, um sich selbst zu präsentieren, oder die Möglichkeit, ohne große Mühe Freunde mit ähnlichen Interessen zu finden *(z.B. durch eine eigene Website oder durch Videos bei Youtube* bzw. Likes/Fotos/Kommentare bei *Instagram, TikTok, WhatsApp)* und Spannendes über andere Leute zu erfahren, zu diskutieren, auszutauschen oder zu flirten *(z.B. Chats, Foren)*

Durch die Entwicklung des sogenannten Web 2.0 wandelt sich das Internet immer mehr von einem Konsum-Medium zu einer Plattform, die selbst gestaltet und mit Leben gefüllt werden kann. Kommunikation ohne Grenzen mit virtuellen oder realen Freunden kommt jugendlichen Bedürfnissen entgegen. 98 % aller Jugendlichen sind online!

Während Online-Kommunikation fasziniert, birgt sie aber auch zahlreiche **Risiken**, z.B.:

- ungeeignete und gefährdende Inhalte wie Pornografie, Gewalt, Autoaggression, Rassismus/Extremismus
- gefährdende Kontakte über einen Chat oder ein soziales Netzwerk
- Datenmissbrauch, Viren/Hacker
- Cybermobbing, Cybergrooming
- Verletzung von Urheberrechten, z.B. durch kostenlosen Download von Filmen/Musik

- Kostenfallen
- Fake News bis hin zu Deepfakes (KI)
- Suchtgefährdung

Meist stehen Jugendliche den Anwendungen im Netz sehr offen und interessiert gegenüber. Ihnen fehlt jedoch die Lebenserfahrung, das Web in all seinen Facetten richtig einzuschätzen. Dies ist auch ein Grund, warum ein eigener **Internetzugang im »Kinderzimmer«** frühestens ab 14 Jahren zu empfehlen ist. Aktuelle Empfehlung: Socialmedianutzung ab 16 Jahre.

Die mit zunehmendem Alter immer intensivere Internetnutzung steht oft nicht im Einklang mit dem Familienleben. Generelle Verbote funktionieren jedoch nicht – zumal das Internet heutzutage auch immer mehr Einzug in den Unterricht hält, für Schulaufgaben gebraucht wird und sogar den Schulerfolg zu beeinflussen scheint.[1]

Darüber hinaus könnte eine Folge eines generellen Verbots von z.B. Instagram oder WhatsApp sein, dass der Jugendliche von wichtigen Informationen aus seinem Freundeskreis abgeschnitten wird und dass er sich dadurch ausgeschlossen fühlt.

Folgende Internetanwendungen werden detailliert vorgestellt: **Suchmaschinen, Soziale Netzwerke, Chatten.**

Suchmaschinen[2]

Teenager benutzen u.a. Google, Bing oder Yahoo und Videosuchmaschinen wie YouTube.[3] Neben **wertvollen Informationen** und guten Unterhaltungsangeboten sind auch viele zweifelhafte, jugendgefährdende und sogar kriminelle Inhalte nur einen Suchbegriff entfernt. Jugendliche müssen

---

1 JIM Studie 2024: Haben Jugendliche keinen Computer oder Internetzugang, bewerten Sie dies als klaren Nachteil für schulisches Lernen. Im Schnitt verbringen Jugendliche 200 Minuten pro Tag online.
2 Detaillierte Informationen über Suchmaschinen unter www.klicksafe.de
3 Anders als die Kindersuchmaschinen (z.B. www.fragFINN.de) bieten sie keine gesicherten Surfräume.

verstehen, wie die Suchwerkzeuge funktionieren, um die Ergebnisse und die Gefahren bewerten zu können. Denn Beiträge werden von algorithmischen Prozessen gesteuert!

HINWEISE UND TIPPS FÜR ELTERN BZGL. DER NUTZUNG VON SUCHMASCHINEN:

✓ Unterstützen Sie Ihren jüngeren Teenager, indem Sie das **Formulieren von Suchbegriffen** gemeinsam mit ihnen üben. Die gefundenen Seiten können bewertet und die Seiten, die für gut befunden wurden, in der Favoritenliste bzw. als Lesezeichen gespeichert werden.

Für Teenager bis zum Alter von 12/13 Jahren wird empfohlen, dass Eltern – gemeinsam mit ihnen – einen sog. Familienfilter in den Einstellungen der Suchmaschine aktivieren. Achtung: Viele Websites, die für die Hausaufgaben benötigt werden, können dadurch ebenfalls blockiert werden. Wenn die Websites gebraucht werden, schalten Sie sie – zusammen mit dem Jugendlichen – wieder frei.

✓ Sprechen Sie mit Ihrem Teenager darüber, dass es **Kostenfallen** im Internet gibt und er deswegen besonders vorsichtig mit Bestellungen im Internet und bei der Eingabe persönlicher Daten sein muss.

Vereinbaren Sie **klare Regeln** – z.B. dass der Teenager Sie zunächst bei jedem Download oder bei jeder vermeintlich kostenlosen Bestellung vorher fragen muss.

✓ Sprechen Sie mit Ihrem Teenager über **Urheberrechte** von Fotos, Musik, Filmen etc. im Netz und über Tauschbörsen. Machen Sie Ihren Teenager auf die Risiken von illegalen Downloads aufmerksam. Zeigen Sie ihm bzw. informieren Sie sich gemeinsam, wo es legale Musikdownloads kostenlos gibt.

Vereinbaren Sie mit Ihrem Teenager, wie viel Geld für Downloads ausgegeben werden darf.

Soziale Netzwerke – z.B. Instagram

Instagram, TikTok, Snapchat, X, Flickr, WhatsApp etc. – Jugendliche mögen die Sozialen Netzwerke, die ihnen die Möglichkeit bieten, mit Menschen überall auf der Welt in Kontakt zu treten, solche mit gleichen Interessen zu finden und in Echtzeit mit ihnen zu kommunizieren (interne Nachrichten, Chats und Gruppen bzw. Foren). Besonders attraktiv ist die Selbstdarstellungsmöglichkeit/Inszenierung durch die kreativ gestalteten Profile – so können Teenager anderen zeigen, wer sie sind (oder gerne wären), was sie gerade machen *(Selfies)* und was sie bewegt – und erhalten dafür sofort die Rückmeldung der »Online-Community«. Auch das Spielen in einer Community ist möglich.

Community-Nutzung besitzt eine gewisse Gruppendynamik – dort, wo die Freunde sind, will man ebenfalls mitmachen. Häufig sind Jugendliche bei mehreren »Communities« gleichzeitig angemeldet und besuchen sie täglich. Im Gegensatz zum realen Leben kann in Sozialen Netzwerken relativ schnell ein großer »Freundeskreis« aufgebaut werden: Rund ein Viertel der Jugendlichen hat über 300 sogenannte »Freunde«!

Auch bei den Gesprächen über Soziale Netzwerke ist unsere **Haltung** als Eltern entscheidend. Es ist wichtig, die Gefühle, Wertvorstellungen und Überzeugungen unseres Teenagers zu respektieren, gleichgültig wie sehr sie von den eigenen abweichen – vorausgesetzt das Verhalten unseres Teenagers entspricht den gemeinsam vereinbarten Regeln für die Internetnutzung. Es ist notwendig, seine Begeisterung wahrzunehmen und sich mitzufreuen. Gleichzeitig ist es legitim, dass wir mit ihm über unsere Ängste und Befürchtungen sprechen, die unserer Fürsorge zugrunde liegen.

Richtlinien für die Gesprächsführung
mit Ihrem Teenager:

✓ *Erkennen Sie die Kompetenz Ihres Teenagers auf diesem Gebiet an.* Und gestehen Sie ihm zu, dass er möglicherweise mehr Ahnung hat als Sie selbst. Das schafft eine positive Grundstimmung, gibt ihm Selbstvertrauen und ermutigt zum gegenseitigen Austausch. Solch ein Rollenwechsel ist in der Regel sehr förderlich für die Beziehung. Falls Sie sich selber mit sozialen Netzwerken nicht so gut auskennen, bitten Sie Ihren Teenager um Hilfe. *Lassen Sie sich bestimmte Funktionen erklären etc.*

✓ Bitten Sie Ihren Teenager, Ihnen *die eigene Instagram-Seite zu zeigen, und sprechen Sie mit ihm darüber.*

Wichtig: Fragen Sie ihn, wie er seine Freunde im Netz findet und wer sie sind. So können Sie ihm helfen, zwischen echten Freunden, Bekannten und flüchtigen oder sogar gefährlichen Kontakten zu differenzieren.

Stellen Sie sicher, dass Ihr Teenager die aktuellen Bedingungen für den Schutz der Privatsphäre beachtet – denn die Nutzungsbedingungen ändern sich häufig und sind standardmäßig nicht immer auf der sichersten Stufe eingestellt.

Interessieren Sie sich auch dafür, welche Freunde Ihr Teenager im realen Leben hat.

Akzeptieren Sie aber, wenn er seine Eltern nicht als Follower haben will. Eine Kontrolle Ihres Jugendlichen über Soziale Netzwerke ist völlig zwecklos. Eine gute Vertrauensbasis zu Ihrem Teenager bleibt wichtig, auch wenn die Peergroup in den Teenagerjahren einen wesentlichen Einfluss hat.

✓ *Stellen Sie sicher, dass Ihr Teenager auch weitere Regeln für die Internetnutzung beachtet*[1] – z.B. Preisgabe persönlicher Daten, Fotos auf Instagram (Prinzip: »Welche Daten möchte ich der Welt auf ewig präsentieren?«), Datenschutzrichtlinien/Gefahr von Datenmissbrauch (z.B. das Passwort niemals anderen anvertrauen, Standorte deaktivieren), Werbung, Urheberrechte (Hochladen von Fotos oder Videos), Kostenfallen.

✓ *Ermutigen Sie Ihren Teenager,* Dinge nicht nur kritisch zu hinterfragen, sondern selbstbewusst auch einmal *»gegen den Strom zu schwimmen«.* Finden Sie Argumente und Beispiele, die zeigen, warum man sich nicht immer blind nach der Mehrheit richten sollte.

✓ *Sprechen Sie mit Ihrem Teenager über Cybermobbing.* Vergewissern Sie sich, dass er weiß, was er tun muss, um Cybermobbing zu vermeiden, sowie Wege kennt, mit Cybermobbing umzugehen, wenn dies doch eintritt.

✓ *Sprechen Sie mit Ihrem Teenager über die Gefahr der Internetsucht.* Überlegen Sie gemeinsam, welche Präventionsmaßnahmen Sie schon vereinbart haben (z.B. Zeitgrenzen für die Mediennutzung) und ob eine weitere Maßnahme hilfreich oder notwendig wäre.

Chatten

Beim Chatten treffen sich Jugendliche im Internet und kommunizieren miteinander – ohne großen Aufwand, jederzeit und weltweit. In Online-Communities, Z.B. in sozialen Netwerken, speziellen Chatrooms und auf Instant-Messaging- und Gaming Plattformen *(Roblox)* ist es möglich, in Echtzeit zu zweit oder in der Gruppe Text-

---

1 s. www.klicksafe.de, www.jugendundmedien.ch

Nachrichten auszutauschen. *Instant Messengers (IM)* sind Software-Programme, die auf dem PC, Tablet oder Handy installiert werden müssen oder in sozialen Netzwerken wie Facebook integriert sind. Sie ermöglichen den Jugendlichen auch, Fotos, Video- und Audiodateien auszutauschen, einander durch Webcam-Übertragungen zu sehen und zu hören, über Internet preiswert zu telefonieren bzw. spezielle Spiele mit den Freunden zu spielen. Beliebte Instant Messengers sind vor allem *WhatsApp, Signal* und *Telegram.*

In öffentlichen Chaträumen können Teenager schnell neue Leute kennenlernen, selbst bestimmen, wann und mit wem sie kommunizieren möchten, und es wird sichtbar, wer gerade online ist. Das Chatten ist kostenlos.

Neben den vielen positiven Aspekten bergen Chats und IM auch **Risiken** und Probleme, denn durch die Verwendung eines »Nickname« (d.h. Spitzname), bleibt in Webchats die wahre Identität eines Chatters verborgen. Viele Chaträume sind nicht für Jugendliche geeignet, da diese gegen den Datenschutz verstoßen und Belästigungen zulassen. In einem öffentlichen Chat gibt es hingegen oftmals Filterungen und/oder eine Moderation durch den Anbieter, um unerwünschte Kontaktversuche von Fremden zu unterbinden.

Risiken können durch ein generelles Chat- oder Instant-Messenger-Verbot nicht vermieden werden. Denn, es besteht die Gefahr, dass Teenager diese Medien heimlich oder bei Freunden nutzen und sich bei aufkommenden Problemen nicht trauen, Eltern um Hilfe zu bitten.[1]

Deswegen ist es besonders wichtig, mit unserem Teenager zu vereinbaren, dass er sich an folgende **Chat-Regeln** hält:

- Für jüngere Teenager: geeignete Chats zusammen mit den Eltern aussuchen.
- Ausschließlich moderierte Chaträume nutzen.

---

1 Hilfe finden betroffene Jugendliche unter: nummergegenkummer.de, Projuventute,ch, rataufdraht.at.

- Keine Erwachsenen-Chats nutzen.

- Sicherheitsregeln beachten, um nicht Opfer eines Chat-Partners zu werden, der sich als jemand ausgibt, der er in Wirklichkeit nicht ist. Dazu gehört:

  - Nickname verwenden, der nichts über Namen, Alter und Geschlecht aussagt. Nicht geeignet wäre z.B. sophie13hamburg

  - Name, Adresse und Telefonnummer niemandem bekannt geben oder niemandem von Ereignissen erzählen, über die man durch Medien mehr von sich preisgibt, als man möchte

  - Kein Profilbild erstellen oder Fotos versenden, auf denen man gut zu erkennen ist und auf keinen Fall kompromittierende Fotos posten.

- »Chatiquette« (respektvolle Umgangsformen) beachten.

- Bei einer seltsamen, unangenehmen oder belästigenden Ansprache den Kontakt sofort abbrechen *(Ignore-Funktion)* und mit einer erwachsenen Vertrauensperson (z.B. Eltern) darüber sprechen sowie den Vorfall dem Chat-Moderator melden *(Alarm-Button)*.

- Bei jugendgefährdenden Chats (z.B. bei sexueller Belästigung) einen Screenshot machen und bei der Polizei Anzeige erstatten. Achtung: Genaue Uhrzeit, Chatraum, Channel und Nickname notieren. Auf keinen Fall sollten die Täter/innen – z.B. im Falle der Zusendung von Kinderpornografie – vorgewarnt werden. Es ist wichtig, alles so zu belassen, wie es ist, und sich umgehend bei der Polizei zu melden!

- Niemals eine Internetbekanntschaft ohne Begleitung einer erwachsenen Person treffen. Den Treffpunkt immer an einem öffentlichen Ort ausmachen.

- Keine Beleidigungen oder illegale Inhalte wie Pornografie, Gewalt gegen Mensch oder Tier, rassistische Inhalte etc. verbreiten.

Smartphone

98 % der 13- bis 19-Jährigen besitzen ein Smartphone![1]

Dieses Multimediagerät vereint multiple Funktionen: Telefon, Videotelefon, Fernseher, mobilen Internetzugang, Musikplayer, Film- und Fotokamera, Kalender, Adressbuch, Notizbuch sowie die Möglichkeit, zusätzliche kleine Programme – »Apps« genannt – zu installieren und anzuwenden, z.B. bezahlen mittels Smartphone *(Mobile Payment)*, Google Maps, DB Navigator, etc. Jugendliche haben ihr Smartphone immer und überall dabei und nutzen es als mobile Informationsquelle, vielfältiges Kommunikationsmittel, persönliches »Unterhaltungscenter«, modisches Zubehör sowie Symbol für Erwachsenwerden und Zugehörigkeit zur Altersgruppe.

Wie für andere digitale Medien brauchen Eltern – die oft erst als Erwachsene selber Erfahrungen mit dem Smartphone machen – Unterstützung, um ihre Teenager bei der Weiterentwicklung der Medienkompetenz zu begleiten.

FOLGENDE TIPPS VON MEDIENEXPERT/INNEN HABEN SICH ALS HILFREICH ERWIESEN:

✓ Machen Sie den **Kauf** eines Smartphones von Preis und Qualität abhängig, aber auch[2] vom Alter, von der Medienerfahrung und dem verantwortungsvollen Umgang Ihres Teenagers mit dem Internet am heimischen PC.

Wählen Sie den Tarif, der zum Kenntnisstand und zu den von Ihrem Teenager benutzten Funktionen passt.

✓ Sprechen Sie ausführlich mit Ihrem Teenager über die **Nutzung des Smartphones**

1 JIM Studie 2024
2 Expertenempfehlung: frühesten ab 12 Jahre

- die Funktionsweise und Sicherungseinstellungen seines Smartphones
- die wichtigsten Regeln bzgl. der Internetnutzung – s. Abschnitt *Internet* (S. 311 ff.)
- die sichere Nutzung der Apps, die er sich wünscht. Ggf. sehen Sie sich gemeinsam **geeignete Websites mit Tipps und Hinweisen**[1] an, damit Ihr Teenager den App-Check durchführt, bevor er eine App installiert.
  Machen Sie Ihren Teenager darauf aufmerksam, dass **öffentliche WLANs** in Cafés und Schnellrestaurants **vielfach ungesichert** sind und so ein Zugriff Dritter auf das eigene Smartphone möglich wird.

✓ Treffen Sie **Vereinbarungen** mit Ihrem Teenager bzgl. der Smartphone-Nutzung, des Zeitrahmens und der Kostengrenzen.

Empfehlung: Vereinbaren Sie **smartphonefreie Zeiten**, damit Ihr Teenager lernt, sich bewusst aus der ständigen Erreichbarkeit, die das Smartphone mit sich bringt, zurückzuziehen, und ausreichend Zeit ganz im Hier und Jetzt verbringt. Das kann z.B. beim gemeinsamen Essen sein, bei gemeinsamen Ausflügen, bei Aktivitäten mit Freunden oder bei den Hausaufgaben. Das Smartphone sollte ab einer bestimmten Uhrzeit zumindest in den Offline-Modus geschaltet werden; dann funktioniert die Weckfunktion des Handys, Nachrichten oder Status-Updates werden jedoch nicht mehr angezeigt. So agieren Sie präventiv gegen Schlafmangen (und dadurch entstehende schlechtere Konzentration und Schulleistungen) sowie gegen FOMO.[2]

---

1 z.B. www.handysektor.de
2 Fear of Missing Out – Angst etwas Wichtiges zu verpassen

✓ Schließen Sie einen **Medienvertrag** und halten Sie darin Vereinbarungen und Konsequenzen bei Nichteinhaltung der Vereinbarungen schriftlich fest.

Hinweis: Vermeiden Sie es, mit einem Smartphone-Verbot zu drohen – Ihr Teenager wird sich vielleicht sonst bei problematischen Situationen rund um das Smartphone nicht mehr an Sie wenden.

✓ Machen Sie **Cybermobbing**, Cybergrooming, Happy Slapping und Sexting[1] in Ihrer Familie auch dann zum Thema, wenn (noch) nichts passiert ist.

Unsere Teenager müssen nicht nur vor problematischen Inhalten geschützt werden, sondern auch davor, entsprechende Inhalte selbst zu erstellen oder weiterzuleiten und so zu veröffentlichen oder andere Straftaten zu begehen.[2]

In diesem Zusammenhang könnten Sie mit Ihrem Teenager über Liebe, Freundschaft und Sexualität[3] sprechen. Drängen Sie sich keinesfalls auf, sondern beantworten Sie die Fragen, die Ihr Teenager zu den Themen hat. Wenn Sie keine passenden Antworten in der Situation haben, geben Sie dies zu, und erklären Sie sich bereit, die Antwort zu finden. Zu diesem Thema siehe auch nächsten Abschnitt – »Cybermobbing«

---

1 »Happy Slapping«: andere zu filmen, während diese körperlich belästigt, drangsaliert oder gequält werden, und die Filme im Internet zu verbreiten,
»Sexting«: das Verschicken von Fotos oder Filmen, die Jugendliche in anzüglichen Posen oder nackt zeigen

2 www.klicksafe.de – Elternabende Smartphones, Apps und Mobiles Internet

3 s. Kap. 7, S. 286

✓ Anregung: Einmal im Jahr veranstaltet www.han dysektor.de ein **gemeinsames Handyfasten**. In einem Tagebuch werden die Erlebnisse ohne Handy festgehalten. Nutzen Sie dies als Anlass, um mit der gesamten Familie an der Aktion teilzunehmen.

Cybermobbing, Cybergrooming

Unter Cybermobbing versteht man das absichtliche Beleidigen, Bedrohen, Bloßstellen oder Belästigen anderer mithilfe moderner Kommunikationsmittel – meist über einen längeren Zeitraum.[1] Cybergrooming ist das gezielte Ansprechen Minderjähriger, um sexuelle Kontakte anzubahnen. Cybermobbing und Cybergrooming findet entweder im Internet (z.B. durch E-Mails), auf Instant Messenger, in Sozialen Netzwerken, durch Handyaufnahmen und deren Weitergabe oder durch Videos auf Portalen wie YouTube statt. Der Täter (»Cyber-Bully« genannt), der meistens aus dem Bekanntenkreis des Opfers stammt, handelt in der Regel anonym, sodass das Opfer nicht weiß, von wem die Angriffe stammen. Bilder, Kommentare, Profile im Web können nur in den wenigsten Fällen wirklich gelöscht werden.

Cybermobbing ist meist Teil von Gruppendynamiken und geht oft auch mit Mobbing jenseits des Netzes einher. Verletzende Inhalte, die online extrem schnell verbreitet werden, und das, was außerhalb des Netzes passiert, machen Cybermobbing aus.[2]

Zusätzlich zur Aufklärungsarbeit, die in vielen Schulen zum Thema Cybermobbing/Cybergrooming stattfindet, können wir Eltern mit unseren Jugendlichen über **Regeln**

---

1 Ausführliche Informationen zu Cybermobbing unter www.klicksafe.de
2 Aus einer repräsentativen Sinus-Jugendstudie 2024/2025 im Auftrag der Barmer Krankenkasse geht hervor, dass 62% der 2.000 befragten Jugendlichen Cybermobbing-Erfahrungen (aktiv, passiv, indirekt) gemacht haben. 16% waren selber von Mobbing im Internet betroffen.

sprechen, die eingehalten werden müssen, **um beides zu vermeiden:**

- Sichere Passwörter für Computer, E-Mail, Soziale Netzwerke etc. benutzen und nicht weitergeben.
- Nur unbedenkliche Inhalte veröffentlichen.
- Private und persönliche Daten (E-Mail-Adresse, Wohnadresse, Handynummer oder private Fotos) nicht weitergeben.
- Darauf achten, mit wem und wo man welche Informationen austauscht oder veröffentlicht, damit keine peinlichen oder kompromittierenden Inhalte und Bilder an Personen gelangen, die diese missbrauchen könnten.

Cybermobbing ist für das Opfer eine traumatische Erfahrung, die Langzeitfolgen haben kann. Eltern können ihre Teenager auf eine **effektive Reaktion zu Cybermobbing** vorbereiten, indem sie über folgende **Richtlinien** mit ihnen sprechen[1]:

- Ruhe bewahren, das Selbstwertgefühl und das Selbstvertrauen aufrechterhalten sind die Voraussetzungen, um dem Cybermobbing effektiv ein Ende zu setzen.
- Sich gegen Cybermobbing wehren:
  Es ist wichtig, den/die Täter/in – mit Unterstützung des Online-Anbieters des Sozialen Netzwerks, Videoportals bzw. Instant Messaging – sofort zu sperren bzw. zu blockieren.
  Bei Cybermobbing per Smartphone die Handynummer ändern.
  Vorfälle, die illegal sein könnten, den Behörden melden.
- Nicht auf Belästigungen und Beleidigungen antworten:
  Dadurch erreicht der/die Täter/in die gewünschte Reaktion des Opfers nicht und gibt möglicherweise auf.
  Eine Antwort des Opfers verursacht i.d.R. die Eskalation von Mobbing.

1 http://www.saferinternet.at/cyber-mobbing/tipps/

- Beweise sammeln: Durch Screenshots, Chat-History etc. kann der Vorfall deutlich und glaubhaft dargestellt bzw. der/die Täter/in gefunden werden.
- Mit erwachsenen Vertrauenspersonen (z.B. Eltern, Vertrauenslehrer/in oder Sozialpädagog/in) reden, die weiterhelfen können. Hilfe erhalten Opfer kostenlos und anonym bei der *Nummer gegen Kummer*: 116 111 oder bei www.juuuport.de, www147.ch, rataufdraht.at telefonisch bzw. online.
- Opfer unterstützen und den Vorfall melden: Wenn Freunde oder Bekannte zu Opfern werden, ist es wichtig, ihnen zur Seite zu stehen. Wenn der/die Täter/in merkt, dass das Opfer nicht alleingelassen wird, hören die Beleidigungen oft schnell auf.

ZUR **EFFEKTIVEN UNTERSTÜTZUNG** SEITENS DER ELTERN GEHÖRT AUCH IHRE ANGEMESSENE REAKTION, WENN CYBERMOBBING EINTRITT:

✓ Achten Sie auf Warnsignale (u.a. sichtbare Angst und Rückzug des Teenagers ins eigene Zimmer nach dem Surfen im sozialen Netzwerk oder dem Lesen von WhatsApp, körperliche Symptome wie Übelkeit, Schlafprobleme oder Kopfschmerzen), und kommen Sie einfühlsam mit dem Teenager ins Gespräch.

✓ Nehmen Sie den Teenager beim Gespräch ernst, geben Sie ihm nicht die Schuld für negative Online-Erfahrungen und bieten Sie Unterstützung an.

✓ Reagieren Sie nicht mit einem Handy- und Internetverbot – das würde als Strafe empfunden werden. Trotz Belästigungen sind Smartphone und Internet noch immer ganz wichtig für Freizeit und Schule.

✓ Stellen Sie die vermeintlichen Täter/innen oder deren Eltern nicht ohne Rücksprache mit Ihrem Teenager zur Rede. Besser ist es – sofern die Täter/innen aus der Schule kommen –, sich in Absprache/gemeinsam mit dem Teenager an die Lehrer/innen zu wenden, damit das Gespräch im Klassenverband gesucht werden kann.

Cybermobbing wird gesetzlich noch nicht direkt bestraft. Jedoch bieten verschiedene Handlungen der Täter/innen die Möglichkeit, rechtliche Maßnahmen gegen sie zu ergreifen[1].

Computerspiele (Gaming)

Die Faszination von Computerspielen, die heutzutage schon in den ersten Jahren der Kindheit entsteht, nimmt in den Teenagerjahren zu. Am Computer, an der Konsole oder am Smartphone zu spielen ermöglicht Teenagern, viele **Bedürfnisse zu stillen und Wünsche zu erfüllen: z.B.** zusammen mit ihren Freunden spannende, aufregende Abenteuer in virtuellen Spielwelten zu erleben, durch Erfolgserlebnisse Bestätigung zu finden, an Misserfolgen ohne Gesichtsverlust zu arbeiten, bis alles unter Kontrolle ist, sich selbst in verschiedenen Rollen zu inszenieren, Tagträume und Fantasien auszuleben, sich vom Alltag zurückzuziehen und sich innerhalb der Familie »Freiraum« und Abgrenzung zu verschaffen.

Computer spielen kann sehr zeitintensiv sein: Wer in einem Computerspiel den ersten Frust überwunden und herausgefunden hat, wie man das Spiel erfolgreich bewältigen kann, vergisst im »**Flow**« – im Spielfluss zwischen dem Wechsel von Anstrengung und Erfolg – häufig die Zeit. Computerspiele sind für Teenager auch Thema des Austausches – online, spielbegleitend über die integrierte Chat-

326

1 www.klicksafe.de

funktion oder in Internetforen, aber auch beim realen Miteinander im Freundeskreis und auf dem Schulhof. Es sind besonders die Jungs ab 12 Jahren, die große Begeisterung für diese Art von Spielen entwickeln.

Vielen Eltern sind diese Begeisterung, diese Leidenschaft fremd, u.a. weil sie nicht auf eigene Erfahrung während ihres Heranwachsens zurückgreifen können. Sie machen sich – oft mit Recht – Sorgen wegen des hohen Zeitaufwands, den Teenager für ihr Hobby aufbringen, und wegen des Einflusses der Spiele auf die Entwicklung der Persönlichkeit.

Viele **Erkenntnisse und Empfehlungen von Medienexperten** – die beim Umgang mit dem Internet allgemein helfen (vgl. S. 311–314 ff.) – können Ihnen als Eltern auch beim Thema Computerspiele mehr Sicherheit bei der Begleitung der Teenager bringen:

✓ Der Bereich der Computerspiele ist extrem **dynamisch und innovativ**. Informationen über Genres (z.B. Action Adventures, Gesellschaftsspiele, Rollenspiele, Shooter, Sportspiele, Strategiespiele), neue Angebote und Trends (Spiele, die »in« sind) sowie pädagogische Beurteilungen der Spiele finden Sie am besten im Internet auf spezialisierten Websites[1], die kontinuierlich aktualisiert werden.

✓ Vor dem **Kauf** von Geräten/Konsolen machen Sie sich mit den umfangreichen Funktionen vertraut, um bewusst über den Kauf zu entscheiden bzw. mit Ihrem Teenager über die Nutzung dieser Funktionen und die damit verbundenen Risiken zu sprechen. Auch hier sind **Regeln für Kauf und Nutzung** sowie ein Medienvertrag hilfreich (s. Abschnitt »Unsere Rolle/Aufgaben als Eltern«, S. 305).

1 wie www.klicksafe oder www.saferinternet.at

✓ Beim Kauf von Spielen berücksichtigen Sie die Interessen des Teenagers im realen Leben (z.B. Sport, Unterhaltung etc.) und beachten Sie die Alterskennzeichnung von Spielen (**USK-Regeln**)! Bei jüngeren Kinder sind nur Spiele ohne Chatfunktion geeignet. Die Chatfunktion ist die ideale Plattform für Cybergrooming.

Gibt es jüngere Geschwister, die beim Spielen im Raum dabei sind, müssen die benutzten Spiele auch für sie geeignet sein. Denn: Auch wenn sie noch nicht aktiv mitspielen, sind sie durch aufmerksames Zuschauen ebenfalls am Spiel beteiligt. Vereinbaren Sie für solche Situationen Regeln mit allen Kindern.

✓ Unter den Spielen, die einen besonders hohen Reiz ausüben, viele Stunden am Tag und über lange Zeiträume zu spielen, sind vor allem solche, die über das Internet mit anderen Personen gespielt werden können (**Online-Spiele**).

Dazu gehören kleine Browserspiele (z.B. Jump-'n'-Run- oder Gesellschaftsspiele), Strategie-Browserspiele, Online-Actionspiele, Online-Sportspiele oder Egoshooter (z.B. *Counterstrike*) und Online-Rollenspiele (z.B. *World of Warcraft, League of Legends*). Neue Entwicklungen sind »Social Games« – kostenlose Programme, die in den sozialen Netzwerken integriert sind oder auf Roblox. Nur Mitglieder am jeweiligen sozialen Netzwerk können das Spiel spielen und darüber sehr leicht in Kontakt miteinander treten – deswegen vermischt sich das Spiel mit der darüber hinausgehenden **sozialen Interaktion**.

Achtung: Es gibt Spiele, die zunächst kostenfrei und ab einem bestimmten Level kostenpflichtig werden. Eine vorherige Information über evtl. entstehende Kosten ist sinnvoll.

Da bestimmte zeitlich aufwendige Aufgaben in Online-Rollenspielen sich nur gemeinsam erledigen lassen, kann sozialer Druck entstehen (wer dabei fehlt, lässt seine Mitstreiter im Stich und wird ggf. aus der Gruppe ausgeschlossen). Außerdem werden Online-Spiele laufend erweitert und haben kein Spielende – wodurch das Aufhören erschwert wird.

Als Eltern können Sie Folgendes[1] tun, um Ihren Teenagern **Orientierung beim Umgang mit Online-Spielen** zu geben:

✓ Spielen Sie ab und zu zusammen mit Ihrem Teenager Online-Spiele. Die gemeinsamen Erfahrungen erleichtern es, die **Faszination dieser Spiele zu verstehen**, die Vorteile (z.B. Förderung wichtiger Kompetenzen wie Zeitmanagement und Multitasking) zu sehen und mit Ihrem Teenager besser über Online-Spiele reden zu können.

✓ Lassen Sie sich die Spiele von Ihrem Teenager **erklären** – er freut sich, in die Expertenrolle schlüpfen zu können.

✓ Thematisieren Sie den **kommerziellen Aspekt** dieser Spiele. Sprechen Sie mit Ihrem Teenager über die wirtschaftlichen Absichten der Spielehersteller, und formulieren Sie klare Regeln für den Kauf virtueller Gegenstände.

✓ Helfen Sie Ihrem Teenager beim **Ausstieg aus dem Spiel,** wenn er Hilfe braucht – z.B. durch den Hinweis auf die Option »Diese Anwendung blockieren« auf Facebook (sodass Ihr Teenager keine Benachrichtigungen, Geschenke oder Einla-

---

1 angelehnt an »Social Gaming im Griff behalten – Tipps für Eltern« – www.klicksafe.de

> ladungen bekommt) oder durch ein konkretes
> Angebot, etwas anderes, das ihm Spaß macht, ge-
> meinsam mit Ihnen oder mit den Freunden im
> realen Leben zu unternehmen.

Auf die Frage, ob **Gewaltspiele** zur Anwendung von Gewalt führen, antworten die Medienexperten unterschiedlich:

Weitgehende Einigkeit besteht darin, dass das soziale Umfeld (wie Familie oder Freundeskreis) auf Menschen einen deutlich größeren Einfluss hat als die Medien. Trotz der gestiegenen Verbreitung von gewalttätigen Computerspielen in den letzten Jahrzehnten, ist die Gewalt bei Jugendlichen in dieser Zeit gesunken.[1]

Dagegen, ebenfalls basierend auf Beweisen – erbracht durch Experimente im Labor und in Feldstudien –, argumentiert der Neurobiologe Manfred Spitzer[2] wie folgt:

»Es ist nicht egal, was Kinder und Jugendliche den ganzen Tag tun, denn dies hinterlässt Spuren in ihren Gehirnen. Bei Computerspielen sind dies zunehmende Gewaltbereitschaft, Abstumpfung gegenüber realer Gewalt, soziale Vereinsamung (!) und eine geringere Chance auf Bildung.«

Einige Tipps für Sie als Eltern zum Thema Gewaltspiele:

✓ **Achten Sie auf Alterskennzeichen**: USK! Spiele mit den Kennzeichen »ab 16«, »ab 18« und Spiele ohne Alterskennzeichen enthalten in der Regel Gewaltszenen, die nicht für Kinder und junge Teenager geeignet sind.

---

1 ARD-Sendung »Machen Fernsehen oder Computerspiele gewalttätig?«, 2023

2 Digitale Demenz – Wie wir uns und unsere Kinder um den Verstand bringen, Droemer Verlag, 2012, S. 203

✓ Sprechen Sie früh mit Ihren Kindern und später mit Ihren Jugendlichen über das Thema Medien und Gewalt.[1] Tauschen Sie sich respektvoll über Wertvorstellungen aus. Bieten Sie Ihren Teenagern **Entscheidungsfreiraum** innerhalb von Grenzen an. Versuchen Sie, nicht zu verallgemeinern, und vermeiden Sie Begriffe wie »Killerspiele« – damit verhärten Sie bloß die Positionen.

✓ **Kooperieren Sie** mit anderen Eltern von 13-/14-Jährigen – ansonsten können Ihre Teenager die Vereinbarungen problemlos bei ihren Freunden umgehen.

Mediensucht/Medienabhängigkeit

»Der Junge sitzt den ganzen Nachmittag vor dem PC und spielt sein neues Computerspiel! Ist der etwa schon süchtig?« »Ist meine Tochter medienabhängig? Sie guckt immer auf ihr Smartphone und ist besorgt, dass sie eine Story verpasst, die auf Snapchat von ihren Freunden gepostet wurde!« Das fragen sich Eltern so manches Mal, wenn sie ihre Teenager erleben, die kaum noch von den digitalen Medien wegzulocken sind.

Bei vielen Jugendlichen gibt es unterschiedlich lange Phasen, in denen bestimmte Medien einen wichtigen Platz in ihrem Leben einnehmen. Wenn Jugendliche z.B. ein neues Computerspiel entdecken oder einem *Clan* (Mannschaft, die in einem Online-Spiel gemeinsam agiert) beitreten, ist es nicht ungewöhnlich, dass dem Computerspiel oder dem Online-Kontakt viel Zeit eingeräumt wird.

Es ist noch kein Grund, sich Sorgen zu machen, wenn Computerspiele oder Online-Kontakte in sozialen Netzwerken in einer bestimmten Lebensphase eine größere Bedeutung haben, gleichzeitig aber **Freundschaften im realen Le-**

---

1 s. Kap.6, Umgang mit Wut und Gewalt, S. 253 f.

ben weiter gepflegt, **andere Hobbys** (z.B. Sportverein, Musikgruppe) nicht aufgegeben werden, genug **Zeit zum Schlafen** bleibt und die **Schulleistungen** nicht durch die Medienaktivitäten leiden.

Unsere Aufgabe als Eltern besteht darin, mit unseren Jugendlichen hinsichtlich **ihrer Interessen in allen Lebensbereichen** im **Gespräch** zu bleiben – sowohl was Medien anbelangt als auch das Geschehen in Schule und Freizeit. Dabei ist es entscheidend, ihnen **Alternativen zur Mediennutzung** (Freizeitangebote – auch gemeinsam mit der Familie, Sport, Musik, Kultur, gesellschaftliches Engagement) anzubieten und diese zu fördern – sodass die Jugendlichen **ihr Selbstwertgefühl** auch auf diese Weise **stärken** können. Darüber hinaus wollen wir unsere **Teenager ermutigen**, die **Stärken,** die sie in der virtuellen Welt beweisen, **auch im realen Leben einzusetzen:** z.B. Konzentrationsfähigkeit, Beharrlichkeit sowie die Fähigkeit, Absprachen einzuhalten.

Wir agieren damit präventiv, denn vor allem, wenn Misserfolge und Stress das reale Leben von Jugendlichen bestimmen, können die Erfolge im Computerspiel als Ersatz für fehlende Bestätigung in anderen Lebensbereichen dienen, zu übermäßigem Medienkonsum führen bzw. zu einer möglichen Suchtentwicklung.

Medienabhängigkeit ist eine ernst zu nehmende Gefahr. Wenn Jugendliche täglich viele Stunden vor dem Computer verbringen, verändert das nicht nur ihre Wahrnehmung, ihr Raum- und Zeitempfinden, ihre Gefühlswelt und ihre Fähigkeit, sich im realen Leben zurechtzufinden, es **verändert auch ihr Gehirn.**

Der Neurobiologe Manfred Spitzer warnt[1]: »*Medienkonsum löst nicht nur Sucht nach Medien aus, sondern steigert bedingt durch die Verminderung der Selbstkontrolle generell*

---

1 Digitale Demenz – Wie wir uns und unsere Kinder um den Verstand bringen, Droemer Verlag, 2012, S. 272

Suchtverhalten … Medienkonsum in der Kindheit mindert somit nicht nur die Chancen auf Bildung und Erhalt der Gesundheit im Erwachsenenalter, denn beides kann als Indiz für geringe Selbstkontrolle und somit als Risikofaktor für Suchtverhalten gewertet werden …«

Wenn Sie den Verdacht haben, dass Ihr **Teenager Gefahr läuft, medienabhängig zu werden,** dann raten Medienexperten:

✓ Überprüfen Sie, ob er mehrere der folgenden **Symptome** zeigt:

- Zeiten der Mediennutzung nehmen immer mehr zu.
- Müdigkeit, Schlafmangel wegen Mediennutzung nehmen überhand.
- Rückzug von den Aktivitäten der Familie, der Freunde, dem sozialen Leben.
- Andere Freizeitaktivitäten werden immer seltener, Hobbys, Musik, Sport etc. werden vernachlässigt.
- Probleme in der Schule nehmen zu: Fehlzeiten, Verspätungen, Leistungsabfall.
- Aggressivität, Unruhe, Depressivität oder Apathie[1] treten verstärkt auf und vor allem dann, wenn das digitale Medium nicht genutzt werden kann.
- Versuche, von den Medien zu lassen, bleiben erfolglos.
- Nahrungsaufnahme (wenn sie erfolgt) wird an den Computer verlagert.

---

1 s. Kap. 6, S. 240 f., Umgang mit Stimmungsschwankungen, und Kap. 7, S. 295 f., Umgang mit Alkohol und Drogen

✓ Suchen Sie nach **Gründen für den übermäßigen Medienkonsum**. Fragen Sie sich, mit welchen aktuellen Problemen im realen Leben der intensive Medienkonsum zu tun hat:

- Was fehlt meinem Teenager im realen Leben?
- Welche unbefriedigten Wünsche und Bedürfnisse hat er?
- Wo liegen seine Sorgen und Probleme?
- Wie fühlt er sich?

Einige Antworten werden Sie vielleicht selber finden. Suchen Sie das **Gespräch** mit Ihrem Teenager – zum richtigen Zeitpunkt, in einer ruhigen Atmosphäre.[1]

✓ Entschuldigen Sie Ihren Teenager **nicht** bei Dritten mit Ausreden, die seinen **Medienkonsum verschleiern** sollen. Unterstützen Sie Ihren Teenager nicht beim Drang, sich nicht vom Computer weg zu bewegen, indem Sie ihn dort rundum versorgen. Denn für die Entwicklung eines Problembewusstseins ist es erforderlich, die oder den Spielenden mit den negativen Auswirkungen ihrer/ seiner Mediennutzung zu konfrontieren. Seien Sie freundlich <u>und</u> bestimmt!

✓ **Verändern Sie etwas am Umfeld:** Bieten Sie Ihrem Teenager Alternativen zur Mediennutzung an, die er attraktiv findet. Ermutigen Sie ihn, zuvor ausgeführte Hobbys wieder aufzunehmen.

✓ **Vermeiden Sie plötzliche radikale Maßnahmen,** wie das Computerspiel generell zu verbieten oder den Computer aus der Wohnung zu verbannen. (Siehe dazu auch die Ausführungen zum Smartphone, S. 320.)

---

1   s. Kap. 2, S. 89 f., aktives Zuhören, und Kap. 3, S. 108 f., Ich-Aussagen; außerdem S. 307 f.

✓ Suchen Sie auch Unterstützung durch **professionelle Beratung.** Wenn Ihr Teenager nicht akzeptieren kann, dass er Hilfe braucht, dann machen
Sie ihm deutlich (durch eine Ich-Aussage), dass
Sie Probleme mit der aktuellen familiären Situation haben, die Sie ohne seine Mitwirkung nicht
lösen können. Sehr häufig kann so die Bereit-
schaft geweckt werden, gemeinsam eine Sucht-
beratungsstelle aufzusuchen.

✓ Suchen Sie **Selbsthilfegruppen** auf oder stöbern
Sie im Internet nach Berichten anderer Eltern, die
das gleiche Problem hatten. (Siehe dazu auch
Websites in Deutschland, in der Schweiz, in Österreich, Luxemburg und Belgien.)

Beratungs- und Hilfsangebote, wenn unser Teenager Symptome von Medienabhängigkeit zeigt

Wenn unser Teenager es mit unserer Hilfe nicht schafft,
seinen täglichen Medienkonsum einzuschränken, dann suchen wir eine Suchtpräventionsstelle auf und informieren
uns z.B. auch auf Internetseiten und in Broschüren weiter.

Viele Mitarbeiterinnen und Mitarbeiter örtlicher Sucht-
beratungsstellen bieten inzwischen bei Problemen der Medienabhängigkeit Rat und Hilfe an. Bislang können wir
aber noch nicht bei allen Beratungsstellen qualifizierte Hilfen zu spezifischen Fragen der Medienabhängigkeit finden.
Sollte in unserer Region keine Anlaufstelle zur Verfügung
stehen, die uns bei Fragen zur Medienabhängigkeit helfen
kann, können wir uns um Hilfe z.B. an folgende Institutio-
nen wenden oder dort Informationen zu weiteren örtlichen
Beratungsstellen einholen:

Deutschland:

- Onlineangebot der **Bundeszentrale für gesundheitliche Aufklärung (BZgA)** www.ins-netz-gehen.de: Selbsttests (Wissen über Medien, Suchttest), Tipps, Beratungsstellen nach Wohnort.

- **Fachverband Medienabhängigkeit e. V.** www.fv-medienabhaengigkeit.de: Adressen von Einrichtungen in ganz Deutschland, die auf Beratung und Behandlung Medienabhängiger spezialisiert sind.

- **ESCapade,** www.escapade-projekt.de: Präventionsprogramm, das sich an Familien mit Kindern im Alter zwischen 13 und 18 Jahren richtet. U.a. online Suchttest.

- **Hotline Verhaltenssucht 0800 1 529 529** (kostenlos) Anonyme und kostenlose Beratung von Betroffenen und Angehörigen.

- **Selbsthilfegruppen** bieten gegenseitige Unterstützung und Erfahrungsaustausch. Im Internet finden sich folgende Websites: www.onlinesucht.de, www.rollenspielsucht.de oder www.aktiv-gegen-mediensucht.de.

Schweiz:
Safe Zone ist eine Dienstleistung des Bundesamtes für Gesundheit in Zusammenarbeit mit den Kantonen, Suchtfachstellen und weiteren Partnern.

www.safezone.ch ist das schweizerische Portal für Online-Beratung zu Suchtfragen, inkl. Onlinesucht. Alle Beratungsangebote sind kostenlos und anonym.

Unter »Hilfe vor Ort« finden Interessenten Beratungsstellen, Therapieeinrichtungen und Anlaufstellen in ihrer Umgebung (Suche in einer umfassenden Datenbank).

Selbsttests sowie Informationen zu Angeboten der Selbsthilfe sind ebenfalls auf diesem Portal zu finden – u.a. gibt es einen Link zur Website der nationalen **Anlaufstelle** für Fragen rund um Selbsthilfe und Selbsthilfegruppen zu gesundheitlichen und sozialen Problemen, www.selbsthilfeschweiz.ch.

Österreich:
Auf der Plattform www.gesundheit.gv.at finden Jugendliche und Eltern Informationen, wo sie Beratung und Hilfe bei Mediensucht erhalten können.

Luxemburg:
Betroffene erhalten Hilfe bei ZEV (Zenter fir exzessiivt Verhalen) sowie bei BEE SEUCRE Helpline.

Belgien:
Anlaufstelle Zentrum für Cybersicherheit.

Heutzutage gehört Medienkompetenz zu den sozialen Kompetenzen unserer Kinder und Jugendlichen. Die besondere Herausforderung für uns als Eltern ist, unsere Teenager in einem Bereich zu begleiten, in dem wir nicht auf eigene Erfahrung zurückgreifen können, in dem wir oft weniger wissen als sie. D.h., es empfiehlt sich, zusammen *mit* unseren Teenagern und manchmal *von* ihnen dazuzulernen und so unsere Aufgabe als Eltern wahrzunehmen. Kontinuierlich aktualisierte Informationen finden Eltern unter:
www.schau-hin.info, www.medien-kindersicher.de, www.klicksafe.de, www.147.ch, www.rataufdraht.at.

Unsere respektvolle, wertschätzende Haltung, die Kommunikations- und Kooperationsfertigkeiten, die wir bei STEP lernen, sowie der Mut, nicht perfekt zu sein, unterstützen uns auf dem Weg, unsere Teenager so zu begleiten, dass sie sich zu selbstbewussten, verantwortungsvollen Erwachsenen entwickeln.

Literaturempfehlungen:
Lutz Leonie, Osthoff Anika: Begleiten statt verbieten, Kösel 2022
Müller, Silke: Wir verlieren unsere Kinder, München 2023
Müller, Silke: Wer schützt unsere Kinder, München 2024
Haidt, J: Generation Angst, Rowohlt 2024

Sie haben einen weiteren Schritt gemacht

In Kapitel 7 haben Sie viele Möglichkeiten gesehen, Ihre STEP Fertigkeiten zu nutzen. Durch das ganze STEP Buch für die Erziehung von Teenagern hindurch haben Sie viele Möglichkeiten kennengelernt, wie Sie Ihrem Teenager helfen können, selbstständig, unabhängig und verantwortlich zu sein. Sie helfen, indem Sie

- Respekt für sich und Ihren Teenager zeigen;
- die Ziele des Verhaltens Ihres Teenagers verstehen;
- Ihre Reaktion (Haltung und Verhalten) ändern;
- Kooperation erwarten;
- Ihren Teenager ermutigen;
- auf Gefühle achten und darüber sprechen;
- Ihrem Teenager Gelegenheiten geben, Entscheidungen zu treffen;
- Grenzen setzen und Wahlmöglichkeiten geben;
- zusammenarbeiten, um Probleme zu lösen.

All diese Fertigkeiten brauchen Übung. Bleiben Sie dran, seien Sie beharrlich und ausdauernd. Seien Sie geduldig mit sich selbst und mit Ihrem Teenager. Wenn Sie Schwierigkeiten haben, denken Sie erneut über die Herausforderung nach, die Erziehung mit sich bringt:

- Ihren Teenager zu ermutigen, gesund, voller Selbstvertrauen, kooperativ, selbstständig und unabhängig zu sein,
- eine tragfähige, erfüllende Beziehung zu Ihrem Teenager aufzubauen,
- Ihrem Teenager zu helfen, ein verantwortungsvoller Erwachsener zu werden.

Erinnern Sie sich an Ermutigung

Um sich selbst und Ihrem Teenager zu helfen, erinnern Sie sich an Ermutigung. Niemand ändert sich, wenn er sich nicht ermutigt fühlt. Es folgen die Grundsteine für Ermutigung:

1. Konzentrieren Sie sich auf Worte und Gefühle. Hören Sie zuerst zu, wenn Sie gehört werden wollen.

2. Erkennen Sie Ihre Stärken und besonderen Eigenschaften und die Ihres Teenagers. Bauen Sie darauf auf.

3. Betrachten Sie die Probleme aus einer anderen Perspektive, und erkennen Sie die positive Seite. Sehen Sie Herausforderungen als Chance, etwas zu verbessern, und nutzen Sie Ihren Sinn für Humor.

4. Konzentrieren Sie sich auf Bemühungen und Verbesserungen. Warten Sie nicht auf Perfektion. (Sie würden sehr lange warten!)

5. Ermutigen Sie sich selbst. So schaffen Sie die Voraussetzung für die Ermutigung, die Sie Ihrem Teenager geben.

STEP ERMUTIGUNG

Konzentrieren Sie sich auf die Gefühle Ihres Teenagers. Arbeiten Sie daran, diese Gefühle so vollständig wie möglich zu verstehen, und zeigen Sie, dass Sie verstehen. Um sich selbst zu helfen, tun Sie Folgendes:

✓ Achten Sie auf die Worte, den Tonfall und die Handlungen Ihres Teenagers.

✓ Überlegen Sie, was Ihr Teenager fühlt und was er glaubt.

✓ Hören Sie aktiv zu.

✓ Bleiben Sie beim Thema und reagieren Sie nur auf das, was Ihr Teenager sagt.

✓ Betrachten Sie die Situation mit den Augen Ihres Teenagers.

Nehmen Sie sich Zeit, zuzuhören. Sie zeigen dadurch Ihrem Teenager, dass Sie sich um ihn kümmern und dass Sie Verständnis haben.

FÜR IHRE FAMILIE

Halten Sie weiterhin Familienkonferenzen ab. Beim nächsten Treffen:

- sprechen Sie über die getroffenen Vereinbarungen,
- arbeiten Sie zusammen, um Probleme zu lösen,

- schmieden Sie gemeinsam Pläne,
- lassen Sie Ihren Teenager und Ihre jüngeren Kinder sprechen. Bringen Sie Ihre Vorschläge nach und nach ein,
- haben Sie Spaß!

Erinnern Sie sich daran, dass alle Familienmitglieder spüren müssen, wie wichtig ihre Meinungen und Vorschläge sind.

NUR FÜR SIE

SEIEN SIE stolz AUF DAS, WAS SIE bereits erreicht HABEN

Ein Elternbuch durchgearbeitet oder einen Elternkurs besucht zu haben ist eine Leistung. Es beweist, dass Sie fähig und bereit sind, neue Ideen in Betracht zu ziehen. Sie holen sich Hilfe zur Selbsthilfe, um sich weiterzuentwickeln.

- ✓ Was ist in Ihrer Familie jetzt neu, anders und positiv?
- ✓ Was würden Sie sich für Ihren Teenager wünschen, in einem Jahr, in fünf und in zehn Jahren?
- ✓ Wie können Ihre eigenen Fähigkeiten zusammen mit den Prinzipien von STEP Ihnen und Ihrem Teenager in Zukunft helfen?

Erinnern Sie sich, dass es nur zu leicht ist, sich darauf zu konzentrieren, was Sie noch nicht erreicht haben. Es ist jedoch viel wichtiger, zu wissen, *was Sie schon erreicht haben.*

Wie geht es weiter?

Der nächste Schritt liegt bei Ihnen! Ihr Teenager wird zu einem Erwachsenen – das wird jedoch nicht über Nacht geschehen. Vielleicht haben Sie gedacht, dass STEP »Leben mit Teenagern« Ihren Teenager ändern wird. Jetzt wissen Sie, dass andere sich nur ändern, wenn Sie sich selbst verändern. Geduld und ein Sinn für Humor können Ihnen helfen weiterzumachen, wenn die Situation entmutigend scheint.

Um eine bessere Beziehung zu Ihrem Teenager zu bekommen, setzen Sie realistische Ziele. Zuerst entwickeln Sie den Mut, nicht perfekt zu sein. Viele von uns tun alles, um perfekte Eltern von perfekten Teenagern zu sein. Vielleicht sind unsere Absichten gut, aber was wir bekommen, ist oft nicht das, was wir wollten. Daran zu glauben, dass wir alle aus Fehlern lernen, setzt Sie und Ihren Teenager weniger unter Druck. Sie fühlen sich besser und die Chance wächst, dass Ihr Teenager kooperativer wird und sich mehr auf sich selbst verlassen kann.

Setzen Sie sich ein Ziel, um sowohl Ihren Teenager als auch sich selbst zu ermutigen. Denken Sie darüber nach, wodurch Sie sich respektiert und geschätzt fühlen. Seien Sie davon überzeugt, dass Sie mit der Zeit eine erfüllende und tragfähige Beziehung zu Ihrem Teenager erreichen.

Die Teenagerjahre sind eine Zeit der Herausforderung. Ihr Teenager probiert neue Verhaltensformen und -muster aus. Ihr Teenager baut auch eine einzigartige Identität auf. Sehen Sie Entwicklungen in Richtung Selbstständigkeit und Unabhängigkeit nicht als Rebellion, sondern als Weg, einzigartig zu werden. Die Beziehung zwischen Teenager und Eltern beeinflusst, was während der Teenagerjahre geschieht. Mit Mut, Hoffnung, Kreativität und Konzentration auf Ermutigung und Kooperation können sich alle Beziehungen verbessern.

Zusammenfassung

1. Welche STEP Fertigkeit Sie im Umgang mit Ihrem Teenager anwenden, ist abhängig von der jeweiligen Situation.

2. Um zu wissen, was Sie tun sollen, fragen Sie sich, um wessen Problem es sich handelt, welches Ziel des Fehlverhaltens Ihr Teenager verfolgt, welches Erziehungsziel Sie haben und wie Sie am besten helfen können.

3. Erwarten Sie von all Ihren Kindern, den Teenagern und den jüngeren Kindern, dass sie miteinander auskommen und Probleme unter sich aushandeln.

4. Wenn Ihr Teenager lügt oder stiehlt, lassen Sie ihn die Folgen seines Verhaltens erfahren.

5. Sprechen Sie mit Ihrem Teenager offen über seine Entscheidungsmöglichkeiten hinsichtlich Liebe, Partnerschaft, Sexualität und Sex und die Konsequenzen und Verantwortlichkeiten, die damit einhergehen.

6. Alkohol, Zigaretten, Pillen aus der Apotheke, Medikamente, Inhalierstoffe und illegale Substanzen sind Drogen.

7. Um Ihrem Teenager zu helfen, gute Entscheidungen hinsichtlich Drogen zu treffen:
   - bauen Sie das Selbstbewusstsein Ihres Teenagers auf,
   - leiten Sie Ihren Teenager dazu an, Entscheidungen zu treffen und Probleme zu lösen,
   - ermutigen Sie gesundheitsförderliche Aktivitäten,
   - seien Sie gut informiert,
   - sprechen Sie mit Ihrem Teenager über Drogen,
   - lernen Sie die Eltern anderer Teenager kennen,

- führen Sie Familienregeln bezüglich Partys ein,
- beobachten Sie Ihren eigenen Umgang mit Drogen,
- fordern Sie Ärger nicht durch zu enge Grenzen oder grenzenlose Freiheit heraus.

8. Um die Medienkompetenz Ihres Teenagers zu stärken

- informieren Sie sich sowohl über die positiven Aspekte *(Chancen)* als auch über die Gefahren *(Risiken)*, die mit den neuen Medien verbunden sind,
- schaffen Sie eine positive Familienatmosphäre und begegnen Sie Ihrem Teenager ohne Vorurteile, mit Respekt, Vertrauen und Konsequenz,
- seien Sie Vorbild für die Mediennutzung,
- führen Sie Gespräche mit Ihrem Teenager über die Inhalte, Chancen und Risiken der neuen Medien,
- treffen Sie Vereinbarungen mit Ihrem Teenager bzgl. der Mediennutzung und, wenn notwendig, lassen Sie logische Konsequenzen folgen. Das Ziel ist Selbstdisziplin.
- unterstützen Sie Ihren Teenager in Gefahrsituationen wie Cyber-Mobbing oder Medienabhängigkeit.

9. Sie können die Sicherheit Ihres Teenagers nicht garantieren. Aber Sie können Ihre erzieherischen Fertigkeiten nutzen, Ihrem Teenager zu helfen, ernsthafte Probleme zu vermeiden und verantwortungsvolle Entscheidungen zu treffen.

Tabelle 7

»Schritt für Schritt als Eltern fit«

1. **Entscheiden Sie, um wessen Problem es sich handelt.**
   Fragen Sie sich:
   - Werden meine Rechte missachtet?
   - Ist unser Teenager nicht fähig, die Verantwortung für dieses Problem zu übernehmen?
   - Könnte jemand verletzt werden?
   - Könnte das Eigentum von jemandem beschädigt werden?

2. **Erkennen Sie das Ziel des Fehlverhaltens.**
   Achten Sie darauf,
   - wie Sie sich fühlen,
   - was Sie tun,
   - wie Ihr Teenager reagiert.

3. **Achten Sie auf Ihr Erziehungsziel.**
   Fragen Sie sich:
   - Möchte ich Aufmerksamkeit schenken, oder will ich meinem Teenager helfen, sich auf sich selbst verlassen zu können?
   - Möchte ich zeigen, wer hier das Sagen hat, oder will ich meinem Teenager helfen, selbstständig, unabhängig und verantwortungsbewusst zu sein?
   - Möchte ich mich rächen oder zeigen, dass ich verstehe?
   - Möchte ich meinen entmutigten Teenager aufgeben oder ihm helfen, Selbstvertrauen zu gewinnen?

4. **Entscheiden Sie sich für eine der STEP Fertigkeiten.**
   Benutzen Sie nur eine oder kombinieren Sie mehrere:
   - Ignorieren Sie das Fehlverhalten, wenn es Ihrem Teenager hilft, zu kooperieren.

- Hören Sie aktiv zu.
- Benutzen Sie Ich-Aussagen, um mitzuteilen, wie Sie sich fühlen.
- Strafen Sie nicht. Bieten Sie Wahlmöglichkeiten an, und lassen Sie Ihren Teenager aus den Konsequenzen lernen.
- Erforschen Sie Alternativen.

5. Ermutigen Sie Ihren Teenager und sich selbst immer wieder.

Um Ihrem Teenager zu helfen:

- Ermutigen Sie bei Bemühungen und Fortschritten, und loben Sie bei Erfolgen.
- Lieben und akzeptieren Sie Ihren Teenager.
- Glauben Sie an Ihren Teenager.
- Schätzen Sie Ihren Teenager.
- Bemerken Sie, wenn Ihr Teenager sich Mühe gibt oder Fortschritte macht.

Um sich selbst zu helfen:

- Haben Sie Geduld mit sich.
- Erinnern Sie sich daran, dass Ihr Teenager nicht ein Teil von Ihnen ist, sondern eine eigenständige Person.
- Stecken Sie sich realistische Ziele.
- Benutzen Sie positive innere Dialoge.
- Achten Sie auf Ihre Gesundheit.
- Seien Sie humorvoll.
- Haben Sie den Mut, nicht perfekt zu sein.

Um Ihrer Familie zu helfen:

- Behandeln Sie einander mit Respekt.
- Erwarten Sie Kooperation.
- Halten Sie Familienkonferenzen ab, um Probleme zu lösen und Spaß miteinander zu haben.

Register

347

Mit **STEP** zu mehr Erziehungs- und Handlungskompetenz

STEP bietet die Prinzipien einer demokratischen Kindererziehung als Antwort auf die Herausforderungen unserer Zeit, auch aus der Erkenntnis heraus, dass weder die autoritäre noch die antiautoritäre Kindererziehung den Anforderungen der heutigen Gesellschaft geecht wird. Die Grundidee des Konzepts ist die Gleichwertigkeit von Eltern und Kinder bzw. Lehrer/innen und Schüler/innen als würdige Menschen sowie das Recht und die Pflicht aller zu gegenseitigem Respekt.

Prof. Dr. K. Hurrelmann, der das STEP Programm in Deutschland wissenschaftlich begleitet, betrachtet STEP als »ein zutiefst demokratisches und humanes Konzept. Es zielt darauf ab, Menschen unterschiedlicher Generationen feste und klar strukturierte Regeln für den Umgang miteinander an die Hand zu geben.«

Folgende **STEP** Bücher sind bei **Beltz** bereits erschienen:

Das Elternbuch
Die ersten 6 Jahre
ISBN 978-3-407-22877-2

Das Elternbuch
Kinder ab 6 Jahre
ISBN 978-3-407-22875-8

Das Buch für Lehrer/innen
Wertschätzend und professionell den Schulalltag gestalten
ISBN 978-3-407-22926-7

Informationen über STEP Elternkurse bei zertifizierten Kursleiter/innen und Ausbildung zum/zur Kursleiter/in:
www.instep-online.de, www.instep-online.ch und www.instep-online.at